一億三千万人のための『論語』教室

高橋源一郎
Takahashi Genichiro

河出新書
012

はじめに　ぼくたちの大好きなセンセイ

こんにちは。

これから、「一億三千万人のための『論語』教室」を開講します。

ここでは、みなさんにはあの有名な『論語』を読んでいただくつもりです。省略なしの完全版で。それが、ほんとうに、みなさんにとって素晴らしい体験になるといいな、と思っています。

最初に、少しだけ、この変わった本（ぼく自身は、変わっているとは思いませんが）ができた由来についてお話しします。

ざっと二十年ほど前、二十世紀から二十一世紀に移り変わる頃、ある編集部から『論語』を翻訳しませんか、という依頼がありました。「世界の大古典」というような大きな企画だったと思います。そこでは、『聖書』や『コーラン』も登場する予定でした。

けれども、そのプロジェクトは、いつの間にかなくなりました。まあ、よくあることなんですが。

声をかけられたぼくは『論語』を読み、びっくりしたのです。お、おもしろい……これ。

『論語』なんていうと、確かに、ものすごく有名で、昔のエライ人はみんな読んでるし、というか、日本でも中国でも、ものすごく長い間、勉強する上での超必読文献だったし、その中の名言だっていまもずいぶん使われています。

「巧言令色《こうげんれいしょく》には、鮮《すくな》いかな仁《じん》」とか「十有五《じゅうゆうご》にして学に志《こころざ》し、三十にして立ち、四十にして惑《まど》わず」とか。もちろん、意味もなんとなく知っている。こういうことばを作った孔子先生という人は、まあ、人生のキャッチコピーを作った人なんだろう。その程度の関心しかなかったのです。

あまりに有名だと、妙な情報ばかり入ってきて、わかった気になってしまう。『論語』も孔子先生も、ぼくにとって、そんなものの代表だったのです。正直にいって「古い」と思ってました。親孝行をしろとか、君主を大切にしろとか、なにいってんの、って感じです。こんなものを読んで喜ぶのは、功成り名遂げた経営者の「おれスゴくね?」的伝記本の読者ぐらいじゃないか。なんとなくそう思っていたのです。

でも、ほんものの『論語』はちがいました。ぜんぜん、ちがう。

そして、もともとの企画がなくなっても、ひそかに、『論語』を現代語に「翻訳」する作業を続けていたのでした。

みなさんは、ご存じないかもしれませんが（ぼくも知りませんでした）、『論語』っていうのは、一筋縄ではいかない本なんです。まず、元の漢字の読み方から、いろんな解釈がある。だから、当然、その中身だって、それを翻訳する人によってかなり、いや、まるでちがう。っていうか、バラバラです。

さらに、もうひとつ大切なことがあります。孔子先生は、全部をいわないのです。

そうそう、書き忘れていましたが、『論語』は、孔子先生が主宰している私塾での講義録を中心に、先生が、いろんなところで話したことばを採録したものです。

聖書に福音書ってありますよね。「マタイによる福音書」「マルコによる福音書」「ルカによる福音書」「ヨハネによる福音書」ってやつです。あれもみんな、キリストの弟子が、キリストのことばを書き留めたもの。だから、みんな、少しずつちがいます。

いま、ぼくたちが「ソクラテス」の本だと思って読んでる『パイドロス』とか『饗宴』

とかだって、みんな、弟子のプラトンがいわば「口述筆記」したものです。

キリストもソクラテスも、そして、孔子先生も、直接ことばを書いて残したりはしませんでした（孔子先生は『春秋』という歴史書を書いたという説もありますが、疑わしいといわれています）。どうしてなんでしょうか。

もしかしたら、書いたことばとして残すと、それを読んだみんながその文字に囚われてしまって、もともと大切にしていた「思い」を忘れてしまうかもしれないと危惧したんじゃないでしょうか。

それならぼくにもわかります。ぼくたち作家は、「あること」を伝えようと思ったら、そのことを直接には書かない。間接的に、ほのめかすように、そのことに気づいてもらいたいからヒントは書くけれども、全部は書かない。それは、読者にも参加してもらいたいからです。

小説は、作者と読者が協力して造り上げるプロジェクトだからです。

『論語』も『聖書』も『パイドロス』や『饗宴』にも謎が残っています。だからこそ、二千年以上もの間、人びとは、この難攻不落の高峰にアタックし続けてきたのかもしれません。

正直にいいます。『論語』の翻訳を、細々と初めた頃、孔子先生がほんとうはなにをいいたいのか、まったくわかりませんでした。意味はわかりました。現代の日本語に翻訳することもできました。でも、自分で訳した文章を見て、「なに、これ?」と思ったのです。そして、決めたのです。孔子先生がいうことがわかるまで決してこの人のもとを離れまいと。そう、ぼくは、二千五百年前の孔子先生の弟子たちがそうであったように、黒板の前で（そんなものなかったかもしれませんが）、ぼくたちの方を見ながら、なにかを伝えようとしている先生の言葉を食い入るように聞いたのです。

その作業は中断をはさんで、ざっと二十年つづきました。ああ、良かった。生きている間に、この本を完成させることができて。

だから、これは、孔子先生の教室に二十年通っている間に、ぼくがとったノートです。その間に、すっかり孔子先生と仲良くなってしまったので、ぼくは、孔子先生のことを、親しみをこめて「センセイ」と呼ぶようになりました。

最初は気難しかったセンセイも、だんだん心を開いてくれるようになって、そして、いつしか、ぼくの相談に乗ってくれるようになりました。遥か時を超えて、です。

一つだけ例をあげてみますね。

レッスン3に、こんな短い一節があります。

「子曰く、君に事《つか》うるに礼を尽せば、人は以て諂《へつら》いとなすなり」

ぼくがいちばん頼りにしていた宮崎市定さんの『論語』では、こんなふうに訳されています。というか、これだけ。後は何もなし。

「子曰く、君主の前へ出て礼儀どおりにすると、今の人はそれを卑屈にすぎると言う」

うん。そうなんだろうな。まちがってはいない。でも、なんだか、ものたりない。そんな気がするんです。

だから、ぼくはセンセイの顔をじっと眺め、要するに、この『論語』全体でセンセイがなにをいおうとしているのかをずっと考えたのです。この、短いことばの中で、センセイがほんとうに伝えたかったメッセージはなんだろうって。
そして、ぼくが書き留めたセンセイのことばは、こうなったのでした。

「君主の前で、礼儀通り、きちんと挨拶《あいさつ》をすると、いまの人は、そういうのって『卑屈』じゃないか、っていいますね。そういう考え方もあるでしょう。『権威』の前に頭を下げるなんてダメだ、という人も多いですね。わたしは、逆に、その考え方こそ、単に形式を重んじていると思うんです。あなたが、誰かに会うとするでしょう。その人がどんな人物なのかわからない。だったら、その人がどんな考え方で、どんなすごい人なのかわかるまで、きちんと応対しないんですか？　そもそも、ある人の『中身』がどうなのか、どうすればわかるんです？　いや、『中身』がないから、尊敬しなくていい、っていうんですか？　『礼』の本質は、形式にあるのではありません。その人がそこにいる、そのことだけで、リスペクトできる、と考えるのです。わかりますか？　それは、そこにいるその相手への、深い気配りであり、思いやりでもあるのです。そして、そのことによって、その相手も、尊敬されるべき存在へとなってゆく。そういう、ダイナミックな思考こそ、『礼』なんです。知らない人だから尊敬しなくていい、それでお終《しま》い、という考え方と、どちらが素敵か、ちょっと考えればわかるんじゃないですか」

センセイがいま、突然、ぼくたちの前に現れ、世界でなにが起こっているかを知ったら、きっと、こういったと思います。

「やれやれ、わたしが生きていた頃とほとんど変わってないんだねえ」

これから始まる、この『論語』教室は、「超訳」でも、ぼくの創作でもありません。ある意味で、これ以上、厳密な翻訳はないんじゃないかと思っています。なにしろ、あんなに時間がたっても、センセイの『論語』はまったく古びていなかったんですから。

おせっかいなぼくは、キリストよりもずっと昔の時代に生きたセンセイのことばを、いまのみなさんに伝えるために、ほんの少しだけ現在風にアレンジし、ほんの少しだけ通訳としてお手伝いをしているだけです。

では、どうぞ、二千五百年前の白熱教室へ。

一億三千万人のための『論語』教室　目次

＊本書の「訓読」部分につきましては、宮崎市定氏『現代語訳　論語』（岩波現代文庫）を定本として使用いたしております。ルビは「参考文献」（P５３２）他を参考の上、加筆しております。

レッスン1

学而

1 子曰く、学んで時に之《これ》を習う。亦《ま》た悦《よろこ》ばしからずや。朋《とも》あり、遠方より来《きた》る。亦た楽しからずや。人知らずして慍《いきど》おらず。亦た君子《くんし》ならずや。

センセイはこうおっしゃった。

「いくつになっても勉強するのはいいものですよねえ。みんなでこの教室に集まって一緒に勉強してる時は特に楽しいですね。だってひとりじゃセンセイだってつまらないですよ。それと同じで、友だちが遠くからわざわざ話しに来てくれるのも嬉しいですよねえ。みんなもそうでしょう？　ひとりじゃ生きていても寂しいですしね。でも、その代わり誰かに会ってその人が自分をぜんぜん知らなくて『あんた誰？』とかいわれたりするとムカツいて、クソ誰とも会うんじゃなかったよとか思ったりするんです。人間てほんと勝手なんですよねえ。みなさんは、そんなことで腹を立てるような人にならないでくださいね。そんなのツマラナイでしょ。自分は自分、でもひとりでいるより他の人といると楽しい、ぐらいな感じで生きてください。それでいいんです」

（超訳？　いえいえ、このあまりにも有名な一節はみなさんご存じでしょうけど、意味がわからなかったんじゃないんですか？　だいたい「学んで時に之を習う」は、「折にふれて勉強する」とか訳されていて、それと「朋あり、遠方より来る」とまるで関係ないように見える。表面的にわかるのに、センセイのいってることがぜんぜんわからなかったんです。ここでぼくは超強力な助っ人に手伝ってもらうことにしました。あらゆる論語研究の中でもっとも革新的で正確といわれている宮崎市定さんの『論語の新研究』（岩波書店）です。これはすごい。最初の「学んで時に之を習う」はただ勉強するんじゃない「（弟子たちが集まり）温習会《おさらい》をひらく」ことなんだそうです。つまり、（センセイの）学校にみんなが集まって、センセイの前であれやこれや議論する、そういうのが楽しいといってるわけですね。わいわいがやがやあるいは喧々諤々《けんけんがくがく》議論したりするのがいい。友だちが来ると楽しい。ひきこもりはいかんよ、といってるわけです。でも、他人と会ったりすると、今度はその人が自分をどう思っているか、それが気になる。ほんとに人間は不便な生きものです。基本は、みんなと楽しく、でも他人の目は気にするな。なるほど）

2　有子《ゆうし》曰く、其の人となりや孝悌《こうてい》にして、上《かみ》を犯すを好む者は鮮《すくな》し。上を犯すを好まずして、乱を作《な》すを好む者は未だ之れ有らざるなり。君子は本《もと》を務む。本立ちて道生ず。孝

悌なる者は、其れ仁《じん》の本《もと》たるか。


センセイの弟子の有子がこんなことをいった。

「親孝行でしかも兄弟思い、そういう人間は、社会に出てからも目上の者に反抗するなんてこともしないでしょうね。でもって、目上に楯突《たてつ》かない人間は、当然だけれど王様に対して反乱を起こすなんてことは絶対しないはずです。わかりますか、わたしのいいたいこと。っていうか、これ、センセイがふだんおっしゃってることなんですが。なにごともスタート時点が大事だってことです。まずは親や兄弟を大切にすること。そうすれば、後は自然についてくるものです。まあ、全部、センセイの受け売りですけど」

3 **子曰く、巧言令色《こうげんれいしょく》には、鮮いかな仁。**

センセイはこうおっしゃった。

「くれぐれもいっておきますけど、猫なで声でしゃべる人とへらへら笑ってる人にだけは気をつけるように。そんな人には『仁』なんかありません。たいていバカですよ。というか、バカ以下です、ふつう」

（さて、「仁」という言葉について考えてみることにしましょう。「仁」は『論語』の最重要単語にして、最頻出《ひんしゅつ》単語です。しかし、どうもこの「仁」という言葉がわからない。「仁」は最高の道徳、すなわちヒューマニズムということになっている。ヒューマニズムというと人間主義だ。人間第一。そこまではいいんだが、じゃあ、人間というのがなにかということがわかりにくい。センセイは『論語』で、人間についていろいろしゃべっているので、付き合っているうちにはわかるかもしれません。それまでは「仁」はただ「仁」だということにしておいて、訳していくことにしましょう。「子曰」はもういいですね）

4 **曾子《そうし》曰く、吾は日に三たび吾が身を省《かえり》みる。人の為に謀《はか》りて忠《ちゅう》ならざるか。朋友《ほうゆう》と交わりて信ならざるか。習わざるを伝うるか。**

これもまた、センセイの弟子で、曾子という人がこんなことを呟いたことがある。いかにも、センセイの弟子らしいことばじゃないですか。

「ぼくは一日に三回は、反省タイムを持つことにしてる。相談されたとき、ほんとに真剣に回答したのか。それから、友だちと話をしたとき、適当にあいづちをうったりしなかったか。それから、よく知らないことを、知ったかぶりをしてしゃべったりしなかったか、ってね」

5 子曰く、千乗《せんじょう》の国を道《おさ》むるには、事を敬《つつし》みて信あり、用を節して人を愛し、民を使うに時を以《もっ》てす。

「政治のやり方の基本はですね、まず大きな事業はしないこと！　公約は守ること！　それから税金を使ってるんですから無駄遣いしないこと！　もちろん、税金は安くすること！　あと、農民のみなさんに手伝ってもらう時はもちろん農閑期にすること！　これ世界の常識」

（いまも昔も変わらないみたいです。いろいろと）

6 子曰く、弟子《ていし》、入りては則《すなわ》ち孝《こう》、出でては則ち悌《てい》、謹みて信あり、汎《ひろ》く衆を愛して仁に親しみ、行って余力あれば則ち以て文《ぶん》を学べ。

「修行中のみなさんはこれからいうことを注意して聞いてください。まだ家でゴロゴロしている間は、親を大切にしなさいね。養ってもらってるんだからそれぐらいやっても罰は当たらないんじゃないですか。社会人になったら、役に立つ人間になりなさいね、当たり前だけど。それから細かいことをいうようですが約束だけは守りなさいね。それからいろんな人と付き合うのはいいんですけど、仲良くするならマジメな人とにしなさいね。あとで後悔しますからね。それだけのことをやって、それで余裕があったら、その上で勉強してください。勉強だけやってもろくな人間になりませんからね。わかりましたか？」

7 子夏《しか》曰く、賢賢《けんけん》たるかな易の色や、とあり。父母に事《つか》えては能《よ》く其の力を竭《つく》し、君に事えては能く其の身を致し、朋友と交わり、言いて信あらば、未だ学ばずと曰うと雖《いえど》も、吾は必ず之を学びたりと謂《い》わん。

次も、センセイの弟子の子夏という人のことばです。もうはっきりいって、これはセンセイのことばそのものといって過言ではないですね。

「古いことばに『トカゲの色は置かれた環境で変化するが、これはまこと理にかなってる』というものがあるが、ほんとうに味わい深い。いいですか、これを人間にたとえると、親に対しては『孝子』になって、全力で親孝行をし、王様に対しては、『忠臣』になって、身命を賭してお仕えし、友人に対しては、『親友』になって、絶対にいい加減なことはしゃべらないようにする、ということです。これがすべてきちんとできてる人は、仮にですよ、まだまだ勉強が足りないと世間の人たちからいわれても、わたしはそうは思いませんね。この人こそ、真に『学問』ができる人というべきなんです。いちばん大切なのは、実践です。トカゲになれ、ってことですね」

8 子曰く、君子重からざれば威《い》あらず。学べば固《こ》ならず。忠信を主とし、己に如《し》かざる者を友とするなかれ。過ちては改むるに憚《はば》かること勿《なか》れ。

「いいですか。センセイは前から気になっていたんですけどね、みなさん、最近ちょっと浮ついてるように見えるんですよ。それじゃあ、バカに見えちゃうんじゃないかなあ。確かにほんとうに頭がいい人は、ぱっと見、遊び人に見えたりするんですけど、みなさんはそうなってないんですよね。ただのおバカさんに見えちゃう。いや、だから、もうちょっとマジメにやりましょうね。まず、友だちとの付き合いから変えてみるのもいいですよね。ギャグばかりいってるやつと付き合うのもムナシいでしょう？　でも自分の方にも問題があると思ったらとにかくすぐ直すことですよ。妙な意地なんかはったって仕方ないとセンセイは思うんですよ」

9　曾子曰く、終りを慎しみ、遠きを追うとあり、民の徳、厚きに帰せしかな。

さて、曾子が彼の生徒たちに向かってこんなことをいったそうです。

「古い時代のことばに『年老いてゆく親をきちんと最後まで優しく看取《みと》ろう、そして、自分たちの先祖への深い感謝の気持ちを忘れないでいよう』というものがある。これは人間としてたいへん素晴らしいモラルというべきだが、かつては、そんなモラルがふつうだったのだ」

10 **子禽《しきん》、子貢《しこう》に問うて曰く、夫子《ふうし》の是の邦《くに》に至るや、必ずその政《まつりごと》を聞く。之を求めたるか。抑《そもそ》も之を与えられしか。子貢曰く、夫子は温良恭倹譲《おんりょうきょうけんじょう》にして以て之を得たり。夫子の之を求めしや、其れこれ、人の之を求むると異なるか。**

弟子の子禽が、先輩の子貢にこんな質問をした。

「あの、ちょっと訊いていいですか?」

「いいよ、なに?」

「センセイって、どの国にいっても政府関係者から相談事を持ちこまれるじゃないですか。それって、センセイが積極的に売りこんでるからですかね。それとも向こうから、どうしても、ってことでそうなってるんですか」

「ああ、そのことだけどね、センセイって、いつもニコニコしてて、優しくって、威張らないし、さっぱりしてるでしょ。だから、ただ政治の話を訊かれるだけじゃなくなっちゃうんだよね。もしかしたら、センセイの中に、その国の政治を動かしてみたいという気持ちもあるかもしれないけど、でも、ふつうそういう野心家がやるようなことはしないんだよね、センセイって」

11　子曰く、父在《いま》すときは其の志《こころざし》を観、父没すれば其の行《おこない》を観る。三年父の道を改むることなし。孝と謂うべきなり。

「親孝行の具体的な例を話してみましょう。まず、お父さんが生きているときは、なんでもお父さんのいう通りにしてあげましょうね。それから、お父さんが死んでしまったら、生きていたときなにをしていたか、どんな人だったか思い出してあげるんです。その上で、ですけど、三年間はお父さんが生きていたらやっただろうなあと思うことだけをやるんです。そんなの奴隷《どれい》じゃないかと思うかもしれないけど、ほんとに子どもは親の奴隷なんですよねえ。でも、『孝』ってそういうものなんだから我慢してくださいね」

（金正日さんはこの（11）をちゃんと守っていたようだ。すごい。孝の人！）

12 **有子曰く、礼をこれ用うるには、和を貴しと為す。先王の道も斯《これ》を美と為せり。小大に之に由《よ》らば行われざる所あればなり。和を知りて和するも、礼を以て之を節せざれば、亦行うべからざるなり。**

有子の名言にこんなやつがある。

「ちょっと『礼』の話をしますね。『礼』というのは、簡単にいうとルールということです。最小でふたりから、最大で国家単位まで、この社会は『礼』という名のさまざまなルールで成り立ってます。ここまではオーケイ？　まあ、当たり前ですよね。でも、このルールは運用が難しいんです。だって、法律みたいに厳密に文字化されたルールもあれば、『暗黙のルール』なんてのもあるわけ。そこで大事なのはなにか。これが『和』です。これも簡単にいうと、みんなで歩み寄る、ってことですね。隣国のニッポンでは、ショートクタイシって人が十七条憲法の中で『和をもって貴しと為す』って条項をいれて、それがいちばん大切だっていってるでしょ。あの有名な条文、実は、わたしのこの名言からとったんですよ、エッヘン。まあ、それはともかく、古《いにしえ》の王様たちの政治が最高だっていうのも、彼らが、この『和』を重んじたからですね。彼らは、なにごとも規則でがんじがらめに縛るのは逆効果だって、知っていたんです。さすが、ですよ。だからといって、『和』ばっかりというのもダメ。もう、なにかもめたら、すぐ妥協、すぐ話し合い、すぐ中断、ってことになったら、混乱しちゃうでしょ。そういうときには、きっちりした『礼』の出番ってことです。ルール厳守！　まあ、政治なんていうものは、厳密で原理的なルールの遵守と現実的な妥協の間を、いつも揺れ動くものなんですよ」

13　有子曰く、信は義に近ければ、言うこと復《ふく》すべきなり。恭は礼に近ければ、恥辱に遠ざかるなり。因にて其の親を失わざれば、亦た崇《たっと》ぶべきなり。

有子が、こんないいことをいっているので、聞いてやってください。

「『付き合い』というものについてじっくり考えてみましょう。まず、一般的な関係の場合です。誰かとなにかを約束したとします。そして、その約束が、社会正義にはずれないものなら、そのまま約束を実行すればいいでしょう。でも、そうじゃなかったら。誕生会でちょっと挨拶《あいさつ》してくれればいいよ、っていうんで、出かけてみたら、振りこめ詐欺《さぎ》グループの親玉の結婚披露パーティだったとか。その場合には、約束を守る必要はないってことです。『義』がないんだから、『信』を守らなくてもいいんです。さて、次に、王様とかそういった類の『目上』の人と付き合う場合。これは、当然、へりくだってかまいません。露骨でなければ、いいかえれば、『礼』、社会的なルールの範囲内なら問題ないから、いくらでも頭を下げても大丈夫です。あいつ、へこへこしやがって、なんていわれる心配はありません。そして、最後、ただもう付き合いが長くなってるだけの間柄の人たちとの場合です。もうそろそろ、人間関係も整理しなきゃならない、って思っちゃダメです。人間関係に、『人生がときめく片づけの魔法』は不要なんですよ。淡いもの、遠いもの、すべてを含めての人間関係なんですからね」

14　子曰く、君子は食に飽くを求むるなく、居に安きを求むるなし。事に敏《びん》にして言に慎し

み、有道《ゆうどう》に就いて正す。学を好むと謂うべきのみ。

「みなさん！　センセイはちょっと腹を立てています。最近みなさん、タルんでるんじゃないですか。ここは学校でしょう？　てゆーか、あなたたちはいわゆる内弟子でしょう。だったら、それらしい態度をとってほしいんですよね、センセイとしては。細かいことはいいたくないんですけど、腹がパンパンになるまで食べちゃってその後勉強できるんですか。それから、食べすぎたせいなのか知りませんがなにもしないでぼんやりしている人も多いんですよね。それで、そのまま横になって片肘ついて、哲学とか文学の話をしてる人。ほんと、いったいなにを考えてるんでしょうかねえ。センセイは悲しいですよ。なにかすることがあるでしょ、なにか！　もう、しっかりしてくださいね。子どもじゃないんだから。黙って、そこらを片づける！　わかんないことがあったらまず先輩に訊く！　学問が好きですっていうんだったら、そういう態度をとってほしいんですよね」

（センセイと弟子は一種の学校の中で共同生活を送っていたようです。だから、センセイの話はけっこう、一般論ではなく、具体的な、目の前の現実の生活についてだったみたいです）

15 子貢曰く、貧にして諂《へつら》うなく、富みて驕《おご》るなきは何如《いかん》。子曰く、可なり。未だ貧にして道を楽しみ、富みて礼を好む者に若《し》かざるなり。子貢曰く、詩に云う、切するが如く磋《さ》するが如く、琢《たく》するが如く磨《ま》するが如し、と。其れ斯れの謂いか。子曰く、賜《し》や、始めて与《とも》に詩を言うべきのみ。これに往くを告げて、来るを知る者なればなり。

弟子の子貢がいいました。

「貧乏だからといって金持ちにぺこぺこしない。金持ちだからといって貧乏人をバカにしない。人間はそうあるべきですよね、センセイ」

するとセンセイはこうおっしゃった。

「そんなのは当然じゃないですか。もっと大事なことはですね、他人からどう見えるかとか他人をどう見るかとかじゃなくて、自分の生き方をキチッとするということなんですね」

すると、また子貢がいいました。

「そうか！『詩経《しきょう》』という本の中にですね、人生勉強というものは、象牙《ぞうげ》を切った後にダイヤモンド粉で磨いたり、彫刻した後に砥石《といし》ですべすべにするようなものだって書いてあったんですけど、センセイのおことばを聞いていまその意味がやっとわかりましたよ」

センセイはおっしゃった。

「子貢くん、きみは頭がいいねえ。センセイは、すっかり感心しちゃいましたよ。『詩経』をわかってるって感じですね。ちょっと教えただけで、けっこう深いところまで摑《つか》んでるみたいで、ほんとに嬉しくなっちゃいましたよ」

（センセイはけっこう弟子を誉める、誉める、誉めちぎる。ホモセクシュアルな匂いすらなきにしもあらず）

16　子曰く、人の己を知らざるを患《うれ》えず、人を知らざるを患うるなり。

「みなさんにもいっておきたいんですけどね。おれのことを誰も理解してくんない、とか文句をいっちゃいけません。そんなことどうでもいいじゃないですか。よく考えてみてください。みなさんが相手のことをぜんぜん理解できてなかったら、最悪でしょ。同じことなんですよ。学問の方から、おれのことを理解してないぜっていわれちゃいますよ」

レッスン2

為政

17 **子曰く、政《まつりごと》を為すに徳を以《もっ》てす。譬《たと》えば北辰《ほくしん》の其所に居りて、衆星《しゅうせい》の之《これ》に共《むか》うが如きなり。**

「みなさんは、『王様は徳で支配するのであって権力で支配するのではない』という格言を知ってますね。人望があつい王様は北極星みたいなもので、その周りを家来や人民がぐるぐる自然に回転していくわけです。実際には、そんなこと滅多にないんですけどね」

18 **子曰く、詩は三百、一言にして以て之を蔽《おお》えば、曰く、思い邪《よこしま》なし。**

「『詩経《しきょう》』には三百の詩が載ってるわけですが、わたしの感じではみんな同じ雰囲気を持ってると思うんですね。なんていうか、どの詩も『ピュアな心』で書かれてるって感じ？」

19 子曰く、之を道《みちび》くに政を以てし、之を斉《ととの》うるに刑を以てすれば、民免《まぬか》れて恥なし。之を道くに徳を以てし、之を斉うるに礼を以てすれば、恥ありて且つ格《ただ》し。

「いいですか、権力というものはすごく怖いものです。たとえば、法律に頼ってですね、なにか悪いことをするとすぐ罰しようとするでしょう。すると、誰だって、最初に、どこかに抜け道はないかなって考えるに決まってるんです。そうしたら、その抜け道を防ぐために、また法律を作る。それで、また人々は抜け道を考える。ほんと、悪循環ですよね。というか、なんか、やってられない、って感じですよね？　政治家の方も民衆の方も。そうじゃなくて、まず根本に、誰でも納得できるような美しい理想を置いてみてはどうでしょう。それから、その『理想』を実行するために、強制するとか、法律でしばるとか、といった方法ではなく、本来、人間ひとりひとりが持っているはずの、美や正義を大切に思ったり、他人を大事にしようと思ったりする考え方、まあ、それを『徳』っていうんですが、それに訴えるんです。政府がそういうやり方で来たら、民衆のみなさんだって、狡《ずる》賢《がしこ》くやろうなんて恥ずかしくてできなくなっちゃうんですよ」

（なんだか、「平和憲法」についてしゃべってるみたいですね）

20 子曰く、吾れ十有五《じゅうゆうご》にして学に志《こころざ》し、三十にして立ち、四十にして惑《まど》わず。五十にして天命を知り、六十にして耳順《みみしたが》う。七十にして心の欲する所に従って矩《のり》を踰《こ》えず。

「わたしが学問の道を歩こうと思ったのは十五のときです。三十になったときには自信満々だったし、四十では怖いものなんかなかったですし、でも五十になったとき、自分の限界がわかったんですね。六十になると、誰のことばでも素直に聞くことができるようになりましたね。で、七十になったときには、なんでも好きなことをやってんのに、人にイヤがられるようなことは一つもなかったってわけです」

21 孟懿子《もういし》、孝《こう》を問う。子曰く、違《たが》うこと無かれ、と。樊遅《はんち》御《ぎょ》たり。子これに告げて曰く、孟孫《もうそん》、孝を我に問いしに、我対《こた》えて、違うこと無かれと曰えり。樊遅曰く、何の謂《いい》ぞや。子曰く、生きては之に事《つか》うるに礼を以てし、死しては之を葬むるに礼を以てし、之を祭るに礼を以てせよとなり。

魯《ろ》の国の大臣だった孟懿子がセンセイにこんな質問をしたことがある。

「ぜひ、お訊きしたいのですが、親孝行とはどんなことをすればいいのでしょう」

するとと、センセイはあっさりとこうお答えになった。

「『礼』を、つまり基本的ルールを守ればいいだけですよ」

孟懿子は黙ってうなずいた。センセイのひとことでもうわかったのである。

その帰り道、センセイは、御者《ぎょしゃ》をしていた弟子の樊遅にいきなりこんなことをいった。

「さっき、孟懿子さんがわたしに『親孝行とはどんなことをすればいいのでしょう』というから、わたしは『「礼」を、つまり基本的ルールを守ればいいだけですよ』と答えたんだ。それですっかりわかったみたいだったよ」

「うっ」樊遅は思わず呻き声をあげそうになった。お、おれにはわからん……。

「センセイ、すいません。おれ、『礼』の基本的ルールがわかってないみたいです」

センセイは肩をすくめていった。

「いいですか。親が生きてるときには、孝行をする。亡くなったら、きちんとお葬式をする。そして、命日になったらみんなで集まって、育ててもらった感謝の気持ちを忘れないようにする。それだけ！」

（ちょっと、これ、孟懿子さんをネタにして、樊遅を教育したってことみたいですね。効果あったんでしょうか）

22 **孟武伯《もうぶはく》、孝を問う。子曰く、父母は唯だ其の疾《やまい》をこれ憂う。**

さて、今度は、孟懿子の息子の孟武伯がセンセイに質問をしたことがある。

「センセイ、親孝行とはなにをすればよろしいのでしょうか」

すると、センセイは孟武伯の肩に手を置くと、優しく、こうおっしゃった。

「きみの場合にはね、孟くん、健康でいればいいんだよ。それだけ」

（こうやって、センセイのおことばを読んでいくと、センセイは、相手によって絶妙に回答を変えていることがわかる。もしかしたら、孟武伯くんは、通常の孝行は全部やっているので、こんなことをいったのかもしれないし、実は、健康に問題を抱えていたので、そういったのかもしれませんね）

23
子游《しゆう》、孝を問う。子曰く、今の孝なる者は是れ能《よ》く養うを謂《い》う。犬馬に至るまで、皆な能く養うことあり。敬せずんば何を以て別《わか》たんや。

子游が、親孝行というものはどうあるべきか、について訊ねた。すると、センセイは、こうおっしゃった。
「最近では、ご飯を食べさせて眠る場所を与えておけば、それで、親孝行ということになっているようですね。そんなの、はっきりいって、犬や馬を飼うのと同じじゃないですか。人間なんですから、それにプラス、敬う心がないようじゃ、とても『親孝行』とはいえませんよね」

24
子夏《しか》、孝を問う。子曰く、色難《かた》し。事あれば弟子《ていし》その労に服し、酒食《しゆし》あれば先生に饌《せん》す。曾《すな》わちこれを以て孝と為すか。

子夏が、親孝行とはどういうことをすればいいのかと質問しました。すると、センセイは、こうおっしゃった。

「いちばん大切なのは、なにをしてあげるかじゃなくて、なにかをしてあげる時、自然に滲《にじ》み出てくる感情なんですよ。満員電車に妊婦が乗ってきたら、さっと席をゆずってあげるものでしょ、ふつう。それから、若者と老人がいるとしますよね、そのとき、やらなきゃならない仕事があったら、たいへんな方を若者がするものでしょ。食べ物が目の前にあったら、若者は美味《おい》しい方を老人にあげるでしょ。そんなの当たり前じゃないですか。だから、そういうことを親にやってあげただけじゃあ、孝行をしたということにはならないってわけなんです」

25 **子曰く、吾、回《かい》と言う。終日違わず、愚なるが如し。退いて其の私を省すれば、亦《また》以て発するに足る。回や愚ならず。**

「顔回《がんかい》と話していると、あの人は、一日中はいはい返事をしてばかりいるので、こいつ頭悪いのとちがうかと思うんですね。ところが、他のところでなにをしているか見ていると、わたしのいったことをちゃんとわかってるみたいなんですよ。なかなかのもんですよ、あの人は」

26 **子曰く、其の以てする所を視、其の由《よ》る所を観、其の安んずる所を察すれば、人焉《いずく》んぞ廋《かく》さんや。人焉んぞ廋さんや。**

「いいですか、人間というものを知りたかったら、まず、その人がなにをしているかじっくり見るんです。それから、次に、その人がそんなことをする理由を考えてみる。そして、最後に、その人が自分のやったことのどこに満足しているかを見極める。そこまでやれば、その人のことははっきりわかります。隠そうと思っても、隠せないもんなんですよ、人間の中身なんて」

27 **子曰く、故《ふる》きを温《たず》ねて新しきを知れば、以て師と為るべし。**

「昔のことを研究するぐらい誰にだってできるんですよ。大切なのは、そうやって研究したことの中から、いまに役立つなにかを見つけてくることですね。そういう人じゃなくちゃ、先生なんかやっちゃいけませんよ」

（はい、わかりました！）

28 **子曰く、君子は器ならず。**

「よく聞いてくださいね。あなたたちは、なにも考えず人に使われてるだけの道具じゃないんです。人間なんですから、自分の頭で考えてなにごともするようにしてください」

29 **子貢《しこう》、君子を問う。子曰く、先《ま》ず行え。其の言は而《しか》る後にこれに従う。**

子貢が、知識人にとっていちばん大切なことはなにかと訊ねた。すると、センセイは、はっきりこうおっしゃった。

「いちばん大切なことは、なんだと思います？」

「よく考えることだと思います。わたしたちはセンセイから立派な知識をたくさん教えていただいたのですから。それに恥じないようにしなければなりませんもの」

「ちがいます。わたしの話をよく聞いていればわかるんですけどねえ。それは、とにかく、なんでもやってみることなんです。考えるのはあとでいいんです。考えるのはみんな得意なんだから、あとで十分なんです。まちがってもいいから、とにかく、行動に出てみる。それしかないんです」

（センセイ、いいことといってます。まずアクション！　これが原則なんだって）

30　**子曰く、君子は周《しゅう》して比せず。小人《しょうじん》は比して周せず。**

「いいですか、人と付き合うときは、分け隔てなく、が原則ですよ。気の合う人間とだけ付き合うようになっちゃ、お終《しま》いですからね」

31 **子曰く、学んで思わざれば罔《くら》し。思って学ばざれば殆《あや》うし。**

「いいですか、教わるばかりで自分の頭で考えるということをしないとバカになっちゃいます。でも、他人の意見を聞いたり知識を教わったりしないと、自分の中に閉じこもって考えてばかりいると、すごくヤバいことになっちゃうから、気をつけてください」

（はい！　わかりました！）

32 **子曰く、異端を攻《おさ》むるは、斯《こ》れ害なるのみ。**

「最新流行の思想ばかり追っている人がいるけど、結局なんの役にも立たないんですけどね」

（昔からこういわれていたのか……）

33
子曰く、由《ゆう》や、女《なんじ》に之を知るを誨《おし》えんか。之を知るをば之を知ると為し、知らざるを知らずと為す。これ知れるなり。

センセイは子路《しろ》（由）にこうおっしゃった。
「子路くん、きみに、『知る』ということがどういうことなのか教えてあげましょう。自分がどこまで知っていて、どこから先は知らないのか、そのことがはっきりわかっている状態のことを『なにかを知っている』、というんですよ」
（まことにもってその通り、というしかないじゃありませんか）

34
子張《しちょう》、禄《ろく》を干《もと》むるを学ばんとす。子曰く、多く聞きて疑わしきを闕《か》き、慎んで其の余を言えば尤《とが》め寡《すく》なし。多く見て殆うきを闕き、慎んで其の余を行えば悔い寡なし。言って尤め寡なく、行って悔い寡なければ、禄その中に在り。

弟子の子張が、センセイにこんな質問をした。

「ぼくも早く仕事について、給料をもらえる生活をしたいんですが、どうしたらいいんでしょう」

早い話が就職の相談である。もちろん、センセイはイヤがらずにこうおっしゃった。センセイの「学び」には、就職問題が欠かせないものだったからだ。ここが、「象牙の塔」ではない、センセイの「学校」の一大特徴だったのである。

「身も蓋《ふた》もない質問ですね。いいでしょう、ちゃんと答えますね。まず、若いころは、つまり今は、見聞を広めることです。とりあえず、あらゆるところに出かけて行って、耳を澄まして、あらゆることばを吸収することです。若者に必要なのは性能のいいアンテナなんですよ。わかりますね。そうやって、アンテナに飛びこんできたことばの中には、ノイズもたくさんあるわけです。その中から、これはいい、これは確かだ、というものを選んで、それを自分のことばとして使ってみなさい。そうすれば、あいつなにいってんだよバカみたい、と思われることもないでしょう。それから、いろんなところに行っていろんなものを見て歩くことです。かつて小田実という日本人は、若い頃に、世界中を放浪して『何でも見てやろう』という本を出し、とんでもない大ベストセラーになりましたが、そういうことをやってください。もちろん、そのアンテナには、玉石混交、おかしな『電波』も混じってますよね。だから、おかしいなと思えるものは捨て、これは確かだ、役に立つことだ、と思えるものを自分でもやってみることです。そうすれば、ああやっちゃったよ、と後悔することもないでしょう。わかりますね。こんなふうに、ことばについても、行動についても、広く採集して、じっくりと選んで自分のものとしたら、なに、仕事の口なんて、向こうからやって来るものなんですよ」

（ナイス、センセイ！　就活に悩む学生の相談に乗ってやって！）

35
哀公《あいこう》問うて曰く、いかにすれば則《すなわ》ち民服せん。孔子対えて曰く、直《なお》きを挙げて、これを枉《まが》れるに錯《お》けば民服せん。枉れるを挙げて、これを直きに錯けば、民服せざらん。

魯の君主、哀公がセンセイにこんな質問をした。

「どうしたら、国民に政府を信頼してもらえるだろうか。ぜひ、教えを乞いたいのだが」

すると、センセイは哀公に向き合うと、はっきりこうおっしゃった。

「よくお聞きください。大切なことは、行政のトップにウソをつかない人を置くことです。

そうすれば、黙っていても、国民は政府を信頼するようになります。その逆に、ウソつきをトップに据えてご覧なさい、政府への信頼は地に落ちて、誰も信用しなくなってしまいます」

（センセイ、つらすぎて、わたし、この部分を平静な気持ちでは訳せません……ちょっと、現代日本に降臨して「喝！」ってやってもらえないでしょうか）

36 **季康子《きこうし》、民をして敬忠《けいちゅう》にして、以て勧《すす》めしめんにはこれを如何《いかん》せんかと問う。子曰く、之に臨むに荘《そう》を以てすれば敬し、孝慈《こうじ》ならしむれば忠なり。善を挙げて不能を教えしむれば勧まん。**

魯の政府の大臣であった季康子が、センセイにこう訊ねた。

「センセイ、国民が心の底から君主に敬愛の情を抱き、しかも勤勉に働いてもらうためには、どうすればよろしいでしょうか」

すると、センセイはこうおっしゃった。

「よろしい。お答えしましょう。君主たる者は、いかなるときでも堂々としていなければなりません。不安そうに見えたり、ちょっとしたことで一喜一憂したり、おしゃべりだったりしちゃダメです。安心感を与えるのが、君主の役目なんですから。そうすれば、自然に国民から慕われるようになるでしょう。それから、親は子どもを慈しみ、子どもは親に孝行を尽くす、どの家庭でもそんなことが行われていれば、自然に、人びとは君主を尊敬し、従おうとするものです。そういう家庭を作り出す条件を整えるのが、君主の仕事というわけですね。そして、最後に、誠実で立派な人物を積極的に登用し、その人たちに腕をふるわせることができれば、ああ、この国の政治は悪くない、働きがいがあるな、と国民みんなが思うようになって、黙っていても、みんな一生懸命働くようになるものなんです」

（センセイ、なんか、ここもつらいです……）

37　**或るひと孔子に謂いて曰く、子は奚《なん》すれぞ政を為さざるや。子曰く、書に云う、孝なるか惟《こ》れ孝、兄弟に友なり、有政《ゆうせい》に施す、と。是れ亦た政を為すなり。奚すれぞ其れ政を**

為さずと為さんや。

ある人がセンセイにいった。センセイはどうして、政治に関わろうとなさらないんですか。すると、センセイはこうおっしゃった。

「『書経《しょきょう》』という本に、こんなことが書いてあります。子どもが親に対して孝行をする、それから、友だちに対しては敬愛と友愛の情をもって接する、そういうことをみんながしていると、世の中のことはみんなうまくいく、と。政治というものは世の中が円滑《えんかつ》に動くようにするためにあるのですから、別に政治家にならなくても、政治に関わっているのと同じってことなんですよ」

38 子曰く、人にして信なくんば、其の可なるを知らざるなり。大車《たいしゃ》に輗《げい》なく、小車《しょうしゃ》に軏《げつ》なくんば、それ何を以て之を行《や》らんや。

「ほんとに心にとめておいてほしいのですが、人間、信用がなくなったらお終いなんです。

もう使い途《みち》なんかありません。引き手のない馬車や大八車みたいなもので、動かしようがないんです」

39 **子張問う、十世《じっせい》知るべきか。子曰く、殷《いん》は夏《か》の礼に因《よ》る、損益する所知るべきなり。周は殷の礼に因る、損益する所知るべきなり。其れ周を継ぐ者あらんに、百世《ひゃくせい》と雖《いえど》も知るべきなり。**

弟子の子張が、センセイにこんな質問をした。

「センセイ、ちょっとヘンな質問かもしれませんが、いいですか。これから十世代後の世界がどんなふうになっているか、予測できます？」

すると、センセイは、こんなふうにお答えになった。

「子張、いい質問ですね。いいでしょう。答えましょう。十世代というとざっと三百年後のことですね。遥か未来だから、予測は難しい……かというと、決してそうではありません。こういうとき、役に立つのが歴史の知識なんですよ。殷の国はどうだったかというと、夏の社会制度を基本にして、それをあちこち改良してできています。それから、殷を継いだ周はどうだったかというと、やはり、殷の制度を基本にして、それを改良することで成り立っているわけです。もちろん、その後、周王朝を受け継ぐものが現れるでしょうが、そこに暮らしているのが人間で、同じように社会というものがある限り、根本が変わることはないと思います。たとえ、百代、三千年ののちであってもね」

（センセイ、ものすごく説得力ありますよ。だって、ほんとに、センセイのこのことばから二千五百年もたってるのに、人間や社会のあり方がまるで変わってないんですからね。残念なことに）

40 **子曰く、其の鬼《き》に非《あら》ずして之を祭るは諂《へつら》いなり。義を見て為さざるは勇なきなり。**

「みなさんの家では、ほとけさまを祭っていますね。それは人として当然のことだと、センセイは思うんです。でも、自分の家のご先祖さまやほとけさまでもないものを祭っているとしたら、それは、なにか、自分の利益を考えてのことなんじゃないでしょうか。いったん、そういうことになってしまったら、止めるのはたいへんですよ。祭りは急に止まりませんからね」

「センセイ、それはなにかの比喩ですか？」

「どう受け取ってもらってもかまいませんが、こうはいえるんじゃないでしょうか。あなたたちも、なにかを祭ったり、奉ったりするようになるかもしれませんね。それはいいんです。人間は弱いものだということは、センセイだって知ってますから。なにかに頼りたくなるのも無理はないんです。でも、いいですか、それがやっぱりインチキだと思ったら、祭るのを止める勇気だけはなくさないでください。お願いします」

（「義を見て為さざるは勇なきなり」は有名なフレーズだが、実は前の句と対《つい》で使われていて、いま伝わっている意味とはかなり違うことがわかる。それから、この「祭り」の意味が、とても広く使われていることは明らかだと思う。だいたいがインチキ、ってことなんだから）

レッスン3

八佾

41 **孔子、季氏《きし》を謂《い》う、八佾《はちいつ》を庭《てい》に舞す。是れにして忍ぶ可《べ》くんば、孰《いず》れをか忍ぶべからざらんや。**

センセイは季氏についてこうおっしゃった。

「家来の分際で、天子さまだけがやってもいいことになっている八佾のダンスを主催するなんて、絶対許されませんよ。こういう人はなにをしでかすかわかりゃしませんね」

(センセイのおっしゃることの中で、いちばんわからないのが、この天子さまをトップに置く政治制度への信頼ですね。こればかりは、いくらこっちで、もっと他にいい制度があるんですけど、といっても、センセイは絶対首を縦にふってくれないんです)

42 **三家者《さんかしゃ》、雍《よう》を以《もっ》て徹《てっ》す。子曰く、相《たす》くるは維《こ》れ辟公《へきこう》、天子は穆穆《ぼくぼく》たり、とあり。奚《いずく》んぞ三家の堂に取らん。**

魯《ろ》の大臣である三つの家で、それぞれご先祖の法事を営んだとき、最後を雍という歌で締めくくった。これを聞いたセンセイは、怒髪天をついて怒り、吐き捨てるようにこうおっしゃった。
「ったく、なにを考えているのやら。雍という歌の歌詞をあの連中はちゃんと知っているのか。『周りには、天下の諸公が集い、天子はその真ん中で威厳をもって鎮座しておられる』という歌なんですよ。小国の大臣の分際で、それを歌わせるなんて、つけあがるのもいい加減にしてほしいですよ」

43
子曰く、人にして不仁《ふじん》ならば、礼を如何《いかん》。人にして不仁ならば、楽《がく》を如何。

「人間にいちばん必要なのは、ハートです。自分以外の他人のことを、ほんとうに思いやることのできる心です。それがない人は、どんなに社会常識を知っていても、生きている価値なんかありません。そういう人でも、音楽を習いたいとかいいだすんですが、芸術なんかやってる暇はないでしょ、といいたいですね、センセイとしては」

44　林放《りんぼう》、礼の本《もと》を問う。子曰く、大なるかな問いや。礼は其の奢《おご》らんよりは寧《むし》ろ倹《けん》なれ。喪《そう》は其の易《ととの》わんよりは寧ろ戚《いた》め。

あるとき、林放が、「『礼』というものを、どう考えればいいんでしょう」と訊ねた。するとセンセイはこうおっしゃった。

「いい質問ですね。そして、とても難しい質問です。『礼』というものが、なになのかをまず考えてみましょう。『礼』というものは、社会生活を送っていく場合、それを円滑《えんかつ》にするための儀式、というか決まり事なんですね。たとえば、葬式なんかそうですね。人間は死んでしまえばお終《しま》いだから、あとは土に埋めて終了では、なんか気持ちの整理がつきませんよね、誰だって。そこで、みんなが集まって、その人の生前の徳を偲んで、その人のことを思いだしたり、悲しがったりするわけです。そこでケジメをつけるんですね。だから、別に豪華絢爛《ごうかけんらん》たる葬式を出す必要はありません。心から悲しめばいいんです。『礼』というものは、そのために社会に作られた特製のカラオケボックスみたいなものなんです。他の『礼』も全部一緒ですよ」

45
子曰く、夷狄《いてき》だも君あり、諸夏《しょか》の亡きが如くならず。

「夷狄の住むような未開の地でも、君主がいて立派な政治を行っているではありませんか。なのに、文明や文化を誇るわたしたち中国は、君主がいるというのに、政治の方はむちゃくちゃ。ほとんど無政府状態なんですからね」

（しつこいですが、ほんとに耳が痛いっす）

46
季氏《きし》、泰山《たいざん》に旅《りょ》す。子、冉有《ぜんゆう》に謂いて曰く、女救《なんじ》う能《あた》わざるか。対《こた》えて曰く、能わず。子曰く、嗚呼《ああ》、曾《かつ》て泰山を謂うこと、林放の如くならざりしか。

魯《ろ》の王様の大臣だった季氏が泰山という山で、その山の神を崇めるお祭りをすることになった。これを聞いたセンセイは、その頃、季氏のマネージャーをしていた弟子の冉有を捕まえて、こうおっしゃった。

「おまえ、季氏に仕えていたよね。泰山の祭りっていうのは、王様の魯公だけができるものなんですよ。だから、季氏にいって、やめさせなさい」

「いやあ、もう決まっちゃったから、無理っす」

センセイは唖然としてこうおっしゃった。

「昔、泰山の祭りについて話し合ったときは、仲間の林放と一緒に、あれは王様がやる祭りだから下々の者がやっちゃいけないですよねえ、っていってたじゃないか。立場が変わったから、意見も変えるっていうの？　ガッカリですよ、センセイは」

47 **子曰く、君子は争う所なし。必ずや射《しゃ》か。揖譲《ゆうじょう》して升《のぼ》り、下りて飲む。其の争いや君子なり。**

「くれぐれもいっておきますが、みなさんは相手を論破することを目的にしちゃいけません。学問とか政治をやっていると、とかくそういう誘惑にかられてしまうんです。どうしても相手に勝ちたいなら、弓の試合をしたらどうですか。あれは素晴らしい。競技場に臨む時にはお互いにきちんと礼をするし、試合が終わると、勝った方が負けた方に酒をおごるんです。『戦い』というものはそうありたいものですよね」
（ほんとにそう）

48
子夏《しか》、問うて曰く、巧笑倩《こうしょうせん》たり、美目盼《びもくはん》たり、素《そ》以て絢《あや》と為す、と。何の謂いぞや。子曰く、絵事《かいじ》は素の後にす。曰く、礼は後なるか。子曰く、予《われ》を起す者は商なり。始めて与《とも》に詩を言うべきのみ。

子夏がセンセイに質問しました。
「『詩経《しきょう》』にこんな詩があるんですが、センセイ、いったい、どんな意味なんでしょうか。
『きみが微笑《ほほえ》むとき、その口もとの愛らしさに、ぼくの心はおどる
きみのまなざしが、ぼくをとらえるとき、ぼくの心はしめつけられる
そして、淡く彩《いろど》られたきみの頬にさされた鮮《あざ》やかな紅《べに》が、ぼくの心に突き刺さる』」
すると、センセイは、こうおっしゃった。
「一見簡単そうに見えるけど、けっこう、深い意味があるんですよ。表面上の美しさに惑

わされちゃいけません。美人に微笑まれたり、ニッコリされたりしたら嬉しいでしょう。舞い上がっちゃうのも無理はないです。なんてキレイなんだ、この人、って思うでしょ。でも、その女の人は、ただキレイなんじゃなくて、お化粧もしてるし、その下にはちゃんとベースも塗っているわけです。それらがあいまって、美になり、わたしたちに訴えかけるわけですね」

「センセイ、わかりました！　これ、『礼』について書いてるわけですね。女の人が最後に塗る口紅のように、最後の仕上げみたいなものだって。要するに、『下地』が大切、ってことでしょう?」

「子夏……その通りだよ。おまえに、詩がわかるとはねえ……センセイ、びっくりしました」

（いうまでもなく、センセイはこの私塾で「政治」について教えているのである。なのに、「詩」についての授業もある。センセイにとっても、生徒にとっても、それは自然なことだった。「詩」がわからなくちゃ、この社会全体に関わる「政治」のことなんかわからない、ということは、常識だったのである。いまどき、「政経塾」や「政治学校」があるとして、その講義科目に「詩」や「文学」があるだろうか。進んでるね、センセイ！）

49　子曰く、夏《か》の礼は吾能《よ》く之《これ》を言わんとするも、杞《き》は徴《ちょう》するに足らざるなり。殷《いん》の礼は吾能く之を言わんとするも、宋《そう》は徴するに足らざるなり。文献の足らざるが故なり。足らば吾能くこれを徴せん。

「夏の時代の制度について、もっと詳しく、いろいろ説明したいところなんですが、いまの杞の国の制度は、夏の時代のものとはすっかり変わっていて、参考になりません。それから、殷の時代の制度についても、いろいろしゃべってみたいんですが、やっぱり、いまの宋の国の制度も、殷の頃とはなにもかも変わっていて、こちらも参考にならないんですね。それもこれも、文献がぜんぜん残ってないからなんです。センセイとしても、すごく残念です。こういう歴史的な変化についてきちんとチェックしておかないと、ほんとうの知識とはいえないんですけどねえ」

50　子曰く、禘《てい》は既に灌《かん》してより而往《のち》は、吾、之を観るを欲せず。

「『禘』という祭りがありますね。この国で、いちばん大がかりな行事の一つですが、最後の方で、『灌』という儀式があって、これは、要するに、特別なお酒をまき散らして、祖先の霊をお呼びするんです。ここまではいいんですが、この後やることが、わたしは、あまり好きになれないんですよ。酒をまいたついでにみんなで飲んで、無礼講《ぶれいこう》ってなっちゃうんです。こういうのって、いくら、儀式として決まってるからといって、やるべきじゃないんじゃないでしょうか。だから、その前に、わたしはさっさと帰ることにしてるんです」

51 **あるひと禘の説を問う。子曰く、知らざるなり。其の説を知る者の天下に於けるや、其れこれを斯《ここ》に示すが如きか、と。其の掌《たなごころ》を指せり。**

ある人が、「禘」というものが、どういう祭りなのか、センセイに詳しく説明してくれませんかと訊ねた。すると、センセイはこうおっしゃった。

「『禘』については、わたしはなにも知らない、としかいえないんです。そのことについてしゃべることができる人はいるのですが……その人に会って、その話を聞くことのできる人だって、ほとんどいないと思います。それぐらい、ものすごく、秘密のヴェールに閉ざされたお祭りだってことです。いや、そもそも、『祭り』の本質は、隠されていることにある、といっていいかもしれません。あなたたちは、『祭り』といっても、本気で研究したり、考えたりしないでしょう？　神様がどうとか、霊魂がどうとかいって、そういうことって、『政治』と関係ないじゃん、と思ってるでしょう。隠さなくってもわかってますよ。なんで、わたしが、しょっちゅう、『祭り』の話をするのか、わからないでしょうね。そもそも『政治』は『まつりごと』ともいって、『祭り』と関係が深いことぐらいは知ってますね。『政治』の起源は、『あちら』にあるわけです。だから、『政治』について深く知ろうと思うなら、『祭り』のことも知らなきゃならない。でも、『祭り』というものの、いちばん奥深いところは、それを知ることができない、ということなんです。『禘』は、この国でいちばん大切な『祭り』だと、わたしはいったでしょ。でも、その『禘』の秘密を知ることはできないんです。なぜかっていうと、それを司《つかさど》る人は、たったひとりだからです。そのことによって、それを司る人の権威が生まれている、ということなんですね。まあ、また別の機会に、お話しすることにしましょう」

（この「禘」に関しては、どのようなお祭りなのか詳しくはわかっていないようだ。宮崎さんの説明を読んでも、宮廷に伝わり、王様がたったひとりで行う「秘密の儀式」のようなものではないか、と書いてある。その点でいうなら、天皇家に伝わる「儀式」の多くも、「禘」のようなものではなかったのか、と思われる。そう考えると、王室とセンセイの関係も、なかなかビミョーだ。それから、このパートに関して、というか、他のパートもだが、センセイの原文に比して、ぼくの翻訳部分が異常に長いのではないか、と考える読者も多いのではあるまいか。その件に関しては、ぼく自身も驚いている。ぼくが、センセイの「本心」と考えるものを表現してゆくと、どうしても長くならざるをえない。というか、センセイは、なんというか、質問に対して丁寧に答えようとしているので、現在の基準でいうと、これぐらい長くてちょうどいいのではないかと思うんですね）

52 **祭ること祭に在るが如くすれば、神は神在《いま》すが如し、とあり。子曰く、吾与からざれば、祭るも祭らざるが如きなり。**

「祭りというものは、心をこめてやれば、そこに、神様がほんとうにいらっしゃるように感じる」ということばがあるが、そのことばに触れて、センセイは、こんなことをおっしゃった。

「これに、もうひとこと付け加えるなら、祭りというものは、自分で参加してみないかぎり、祭らないのと同じ、ってことですね。まあ、なにごともやってみなきゃわからない、ってことなんですが」

53 **王孫賈《おうそんか》、問いて曰く、其れ奥に媚《こ》びんよりは、寧ろ竈《かまど》に媚びよ、とは何の謂いぞや。子曰、然《しか》らず、罪を天に獲《う》れば、禱《いの》る所なきなり。**

王孫賈が、こんな質問をした。

「センセイ、こういうことばがあるじゃないですか。『エラい人のところへご機嫌伺いに行くより、その人のお家の台所に居すわって、おべんちゃらをいってる方が、結果として、いいことがある』ってやつです。どう思われますか？」

すると、センセイはこうおっしゃった。

「つまんないことばですね。わたしなら、こういうところです。『神様のご機嫌を損じたら、どこでどんなふうに祈っても無駄だ』ってね」

54 **子曰く、周《しゅう》は二代に監《かんが》みて、郁郁《いくいく》として文《ぶん》なる哉《かな》。吾は周に従わん。**

「周という国の政治や社会のシステムは、夏と殷、優れた二つの国のシステムを受け継いでいるだけじゃありません。なにより、あの国のシステムは、馥郁《ふくいく》たる文化の香りがするんですよね。ほんとに素晴らしい。周が最高だと思いますね、わたしとしては」

55 **子、太廟《たいびょう》に入り、事ごとに問う。或るひと曰く、孰《た》れか謂う、鄹人《すうひと》の子礼を知ると。太廟に入りて事ごとに問えり。子これを聞きて曰く、これ礼なり。**

センセイは、あるとき、魯の国の祖先を祭る「社」で、その祭りを手伝ったことがあった。そのとき、センセイは、儀式のやり方を一つ一つ、先輩に訊ねてから行った。すると、その様子を見ていた、ある人が、バカにしたように、こういった。「あいつ、『礼を教えてくれる先生』とかいう触れ込みだが、なに一つ知らないじゃないか！」と。それを聞くと、センセイは、こう答えた。「わからないことがあれば訊く、それが『礼』というものなんですけれどね」

56
子曰く、射は皮《ひ》を主とせず。力を為すに科を同じくせず。古《いにしえ》の道なり。

「狩猟に行くときは、獣の皮をとることを目的にするでしょう。でも、それにこだわってはいけません。一つのことしか目に入らなくなって、他のことが考えられなくなっては、なにも身につけることはできません。なにかをする、ということは、その中心になっているなにか、だけではない、『全体』が大切ってことなんです。それはわかりますね。ところで、スポーツでも、ボクシングやレスリングのようにクラス分けがしてあるものがありますね。競争なんだから、無差別でやれ、と思ってませんか？　違うんです。スポーツでは、争うことそのものに本質があるのではなく、与えられた条件で競うことに、本質があるんです。結果ではなく、なにかをするということそのものの中に、わたしたちを成長させてくれるものがある、ってことです。わかりますか？　それが、『古《いにしえ》の道』が、わたしたちに教えてくれることなんですよ」

（よく読んでみると、センセイがいっていることは、どれも説得力があるように思える）

57 **子貢《しこう》、告朔《こくさく》の餼羊《きよう》を去らんと欲す。子曰く、賜《し》や、爾《なんじ》は其の羊を愛《おし》む。我はその礼を愛む。**

子貢がこういった。

「新月のお祭りに、いつも羊を捧げてますよね。あれ、なんとかならないんでしょうか。残酷だし。確かに、神様になにか捧げる必要はあるのかもしれませんが、大切なのは『気持ち』なんじゃないでしょうか。わざわざ、羊の生命を奪うようなやり方、わたし、どうしてもも好きになれないんですけど」

するとと、センセイはこう答えた。

「子貢、おまえが羊を、というか、生命を大切にしたい、という気持ちはよくわかります。神様にお祈りする、ということと、生きものを殺す、ということの間で、割り切れない気持ちになっているのも、よくわかる。そもそも、どんな『祭り』も、善き目的を持っているはずなのに、どうして、邪悪な手段をとらなきゃならないことがあるのか、って。けれどね、子貢。『祈り』ということは、そういうものなんです。『神様』とか『祭り』とか『祈り』というのは、漠然とした『善いこと』ではありません。そこには、もっと峻厳《しゅんげん》なものが含まれている。そのことを理解するために、どうしても、犠牲を必要としているんです。そのことを含めて、『礼』と呼んでいるのだから。わたしは、そういう『礼』の考え方を、とても大切だと思うんです」

58
子曰く、君に事《つか》うるに礼を尽せば、人は以て諂《へつら》いとなすなり。

「君主の前で、礼儀通り、きちんと挨拶《あいさつ》をすると、いまの人は、そういうのって『卑屈』じゃないか、っていいますね。そういう考え方もあるでしょう。『権威』の前に頭を下げるなんてダメだ、という人も多いですね。わたしは、逆に、その考え方こそ、単に形式を重んじていると思うんです。あなたが、誰かに会うとするでしょう。その人がどんな人物なのかわからない。だったら、その人がどんな考え方で、どんなすごい人なのかわかるまで、きちんと応対しないんですか？　そもそも、ある人の『中身』がどうなのか、どうすればわかるんです？　いや、『中身』がないから、尊敬しなくていい、っていうんですか？　『礼』の本質は、形式にあるのではありません。その人がそこにいる、そのことだけで、リスペクトできる、と考えるのです。わかりますか？　それは、そこにいるその相手への、深い気配りであり、思いやりでもあるのです。そして、そのことによって、その相手も、尊敬されるべき存在へとなってゆく。そういう、ダイナミックな思考こそ、『礼』なんです。知らない人だから尊敬しなくていい、それでお終い、という考え方と、どちらが素敵か、ちょっと考えればわかるんじゃないですか」

（考えれば考えるほど、センセイって、いいことをいってるような気がしてきませんか）

59 定公《ていこう》問う。君、臣を使い、臣、君に事うるには、之を如何せん。孔子対えて曰く、君、臣を使うに礼を以てし、臣、君に事うるに忠《ちゅう》を以てす。

魯の国の定公がこういう質問をした。

「君主というものは臣下に対して、どう接すればいいのでしょう。それから、逆に、臣下というものは、君主に仕えるとき、どういう態度をとるべきなんでしょう。その問題で、いつも、頭を悩ませているんですよ」

するとセンセイは、こうお答えになった。

「まず、失礼ながら、あなたの側、君主の立場についてお答えしましょう。臣下に対するとき、もっとも大切なことは、彼らを決してぞんざいに扱ってはいけない、ということです。臣下ということで、どうしても、横柄《おうへい》な態度になってしまう。それは避けてください。相手も人間です。君主から大切に扱われたら、嬉しいに決まってます。一方、臣下の側ですが、臣下というものは、一生懸命、君主に仕える、これに尽きます。思うに、どちらの側にとっても、必要なのは、相手を思いやる気持ちです。身分の上下に関係はありません。社会というものを成り立たせるには、どうしても必要なのです。それを、古《いにしえ》の人たちは

『礼』と呼んだのです」

60 **子曰く、関雎《かんしょ》は楽しんで淫《いん》せず、哀しんで傷《やぶ》らず。**

「『詩経』の中には、たくさんの詩が入っています。もちろん、恋愛に関するものがいちばん多いですね。それも、自然に欲望を謳歌《おうか》したものが目立ちます。それなら、あなたたちにも、よくわかるでしょ。そうそう、結婚をテーマにしたものも、たくさんありますね。どちらにせよ、わたしたちの祖先は、男女の機微を実に丁寧に歌っています。

『東方　明けり
　朝　既に昌《さかん》なり
　東方の則《すなわ》ち明くるに匪《あら》ず
　月出づるの光なり』なんて、先生も好きですよ。

『東の空が明けてきたわ……もう、朝なのね
そんなことあるものか、あれは、月の光さ』

とでも、訳せばいいでしょうか。ずっと遠い未来に、沙翁《さおう》という劇作家が『呂命央と樹里英士』という劇で、やはり、同じセリフをカップルにいわせていますが、出典は『詩経』ですから。いや、もちろん、これは冗談です。洋の東西を問わず、同じシチュエーションで、恋人たちは、同じことばを呟くということですね。それはともかく、『詩経』に載っている詩は、よく読めば、ただ愛を歌っているだけではないことに、あなたたちも気づくはずです。詩という形にしてしまった段階で、もう既に、そこに、ある秩序が生まれています。愛も欲望も、ことばになったとき、一つの『礼』をまとうのです。そこに含まれているメッセージは、愛に溺《おぼ》れるな、愛を失っても絶望するな、ということです。それは、愛に限ったことではありませんけれどね」

61 **哀公《あいこう》、社《しゃ》を宰我《さいが》に問う。宰我、対えて曰く、夏后氏《かこうし》は松を以《もち》い、殷人《いんひと》は柏《はく》を以い、周人《しゅうひと》は栗《りつ》を以う。民をして戦栗《せんりつ》せしむるを曰うなり、と。子これを聞いて曰く、成事《せいじ》は説かず、遂事《すいじ》は諫《いさ》めず、既往《きおう》は咎《とが》めず。**

ある人が、センセイに、こう訊ねた。

「センセイ、どうしてもわからないところがあるんです。『論語』の（61）です。そこでは、こんな問答が行われています。

〈魯の哀公が、有名な、ある「社」について、どう思うかと、宰我に質問した。その「社」は、儀式のとき、人身御供《ひとみごくう》を必要とする、たいへん厄介《やっかい》なものなのだ。そればかりか、つい最近にも、その儀式をしたばかりなのだった。みんなが固唾《かたず》を呑むなかで、宰我は、こう答えた。

「夏の時代には、ご神木として、その『社』に松を植えました。殷の時代には、柏を植えました。そして、周の時代からは栗を植えるようになったわけです。それは、『栗（慄）』という字にちなみ、この『社』は、人びとを『戦慄』させるような場所であることを、はっきりさせるためでした。王は、まさしくそれを実行され、人々の心胆を寒からしめたのであります」

それを聞いて、センセイは、こうおっしゃった。

「このことは忘れないでいただきたい。すんでしまったことは、後から後悔などしても意味ありません。やってしまったことは、咎《とが》め立てしても仕方ありません。ですから、昔の

ことは、それがどれほどひどいものであっても、あれこれいうべきではありません」〉
センセイともあろうお方が、なぜこんなことをおっしゃったのか、わたしには理解できません。哀公も哀公だし、宰我も宰我だ。『礼』とは、そんなに残酷なものなのですか。そのことについて、どうして、センセイは、反論なさらなかったのですか」
センセイは、しばらく黙っておられたが、やがて、こうおっしゃった。
「哀公も、残虐な性を持っているわけではない。それは、宰我も同じです。彼らが、自分の楽しみのために、人びとを苦しめているのだとしたら、ことは簡単です。わたしも、命にかけて、その非を糾弾《きゅうだん》したでしょう。問題は、そこではないのです。『まつりごと』が、如何《いか》に脆《もろ》い地盤の上にあるかを知らなければなりません。哀公はなぜ、臣下たちの前で、わかりきっていることを訊ねられたのか。それから、宰我はなぜ、得々と、耳を覆いたくなるような返事をしたのか。ひとたび、制度が衰えると、国はたちまち滅びます。そして、その後に待っているものがなんなのか、あなたもご存じでしょう。『まつりごと』は、世界が崩壊するのを防ぐためにあるのです。そのためには、君主は、鬼神にもなり、臣下は、鬼神のために、自らの手が血塗られることを厭《いと》わない。哀公は、宰我に、おまえにその決意はあるか、と訊ねられ、そして、宰我は、ただちに、どこまでもついて参りますと答えたのです」

「では、センセイがおっしゃったことの意味はなんだったのですか？」

「わたしは、そこにいて、哀公と宰我の孤独を感じました。彼らの気持ちを理解できる者は、他にいませんでした。みんなは、なんと残酷で非道な人たちだと思いながら、うつむいて、ただ黙っていたのでした。だから、わたしはいったのです。いつかやって来る、遠い未来にならば、あなたたちがやったことも許されるでしょう。『天』は、あなたたちの気持ちの奥深くまで、わかっているのですから、と」

（宮崎市定さんによれば、『論語』のこの一節は、長い間、論議を呼んできた。一読してわかるのだが、王様とその忠臣の、きわめて残酷な会話に、センセイは、まるで日和見《ひよりみ》を決め込んでいるかのように見える。注釈者たちは、なぜ、センセイが、こんなことをいっているのか理解できなかった。もちろん、ぼくの解釈が、正しいかどうかはわからないのだが）

62 **子曰く、管仲《かんちゅう》の器は小なるかな。或るひと曰く、管仲は倹なるか。曰く、管氏に三帰《さんき》あ**

り、官事は摂せず、焉《いずく》んぞ倹なるを得ん。然らば則ち管仲は礼を知るか。曰く、邦君《ほうくん》は樹もて門を塞《ふさ》ぐ、管氏も亦《ま》た樹もて門を塞ぐ。邦君が両君の好みを為すには反坫《はんてん》あり、管氏も亦た反坫あり。管氏にして礼を知らば、孰か礼を知らざらんや。

「管仲という人は、残念ながら、『器』の小さな人ですね」

こうセンセイがおっしゃると、ある人が、訊ねた。

「それは、要するに、管仲という人がケチだ、ということですか？」

「違います。管仲という人には、三人も正妻《せいさい》がいるし、そればかりか、彼の家では召使いたちに、みんなそれぞれ一つの仕事しかさせなかった。おかげで、たくさんの召使いを雇う必要があったわけで。これでは、とてもケチとはいえないでしょう」

「お話を聞いていると、管仲という人は、妻も召使いも、正しく遇しているようですね。きちんと『礼』を守っていて、問題ないような気がするんですが」

「いやいや、そうじゃないんです。諸侯の家は、門のところに目隠しのために樹《ついたて》を立ててても構わないのですが、管仲という人は、大臣にすぎないのに、樹を立てました。そればかりか、『反坫』という、諸侯たちが会合するとき、酒の杯を置くための特別な台を、自分も真似をして、置いたりしたのです。管仲という人は、諸侯になりたかったのでしょう。そのために『形』を真似たのです。『礼』も、確かに、形ですが、管仲が真似た、樹や『反坫』は、空虚な形にすぎません。それは、『礼』の精神とは正反対のものなんです」

63 子、魯の大師《たいし》に楽を語りて曰く、楽は其れ知るべきなり。始め作《おこ》すや翕如《きゅうじょ》たり。之に従うこと純如《じゅんじょ》たり。皦如《きょうじょ》たり。繹如《えきじょ》たり、以て成る。

センセイが、魯の国の宮廷楽団の指揮者に、こうおっしゃったことがある。

「もちろん、わたしは、音楽の専門家ではありません。けれども、音楽に関して、わたしにもわかっていることはあります。音楽というものは……というか、良き音楽というものは、みんな同じ形をしている、ということです。まず、どれも、最初に音が聴こえてきたときから、正しく始まったなあと感じられるのです。そして、最初に提示されたものが、正しく、次のステップに移っていく、と感じられる。だからこそ、わたしたちは、心ときめかして音に没頭できるわけです。けれど、そこで終わらない。最初に提示された音楽的なアイデアが頂点まで達した、と思えた瞬間、まったく異なった音の世界が現れます。どんなに素晴らしいものであっても、いつまでも浸っていると、やがて慣れ、惰性《だせい》で聴くようになる。だからこそ、突然、音の世界が転調するわけです。そこで、わたしたちは、覚《かく》醒《せい》します。二つの異なった世界を旅して、それから、最後に、わたしたちは、『正しい』終わりにたどり着くのです。正しいスタート、正しい進行、そして、変化、最後に、正しい着地。それは『礼』の世界が目指すものと同じなんですね」

（儒家《じゅか》が、というか、センセイが「礼楽《れいがく》」一致を説いていたことはよく知られている。音楽の論理と、「礼」の論理が一致することを、センセイは知っていたわけだ。「翕如」、「純如」、「皦如」、「繹如」と、センセイは、音楽の四要素について語っているが、その中身はわからない……と宮崎先生もお手上げだとしている。実は、古代中国の音楽を再現しているのを、聴いた……いや、見た、かな……ことがあるのだが、ふつうに音楽していた。なので、現在の音楽理論から想像してみても、おかしくはないはずです）

64　儀《ぎ》の封人《ほうじん》、見《まみ》えんことを請うて曰く、君子の断に至るや、吾れ未だ嘗《かつ》て得て見えずんば

あらず、と。従者、之を見えしむ。出でて曰く、二三子《にさんし》、何ぞ喪《うしな》うを患《うれ》えんや。天下の道なきや久し。天、将《まさ》に夫子《ふうし》を以て木鐸《ぼくたく》となさんとするなり。

衛《えい》の国に儀という町があった。センセイたちが、その儀を通りすぎたとき、見回り役人が、お会いしたいといってきた。もちろん、それは口実で、怪しい連中でないか確かめようとしたのだった。

「お手間をとらせてすいません」と役人は丁寧にいった。

「ここを通られる方には、どなたにでも、お目にかかることにしております。なにしろ、役目がら仕方ありません」

そこで、お付きの者が取り次いで、センセイは「面談」したというわけである。役人が帰った後、憤懣《ふんまん》やるかたなさそうな弟子の中で、こういいだした者がいた。

「みなさん、怒る必要も、嘆く必要もありません。わたしたちは、確かに、あてどなく彷徨《さまよ》っているようなものですが、そもそも、天下に『道』が廃《すた》れ、正しい道理が失われて久しいのです。不遇をかこっているのは、わたしたちだけではありません。もっと、おおもとが狂っているのですから。けれども、いつまでも、そんな不条理が続くわけはありません。いまや、まさに、『天』は、正しい道を取り戻すべく、センセイをこの世に送り出したのですから」

65 **子、韶《しょう》を謂う。美を尽し、また善を尽せり。武を謂う。美を尽せり、未だ善を尽さず。**

「あの偉大な舜《しゅん》が作った『韶』という曲は、ただ美しいだけではありません。そこには、わたしたちに教えてくれる、わたしたちを、いまより一歩ましなものに変えてくれる『なにか』が存在しています。それに対して、周の武王が作った『武』は、美しさに関しては、いうことはありません。けれども、わたしたちを高めてくれる『なにか』には、乏しいような気がします」

66 **子曰く、上《かみ》に居りて寛《かん》ならず、礼を為して敬《つつし》まず、喪に臨んで哀しまずんば、吾れ何を以て之を観んや。**

「はっきりいっておきたいことがあります。葬式に出てみたら、責任者のはずの人間が他人事みたいな態度をとり、現場を仕切っている人間はおろおろおたおた、それればかりか、出席している人間が誰も彼も哀しみの様子を見せていない。それでは、こちらもいたたまれません。そこには、『礼』を知っている人間が誰もいない、ってことですからね」

レッスン4

里仁

67 **子曰く、里《り》は仁《じん》なるを美と為す。択《えら》んで仁に処《お》らずんば、焉《いずく》んぞ知なるを得ん。**

「『いい家を探そうと思ったら、まず、住みやすい場所であることが第一だ』っていいますね。あなたたちも、家を借りるとき、よさそうな場所を歩いてみるでしょう? いやな感じのする場所をいくら探しても、いい家なんかありません。なにごとも、まず、条件のよさそうなところを見つけることから始まるわけです」

68 **子曰く、不仁者《ふじんしゃ》は以《もっ》て久しく約に処るべからず、以て長く楽しみに処るべからず。仁者は仁に安んじ、知者《ちしゃ》は仁を利とす。**

「『仁』というモラルをもたない人は、どうなるかというとですね、欲張りでなんでも欲しがっちゃいます。まあ、モラルがない人はたいていそうなんですけれどね。その結果、心が落ち着くことはないわけです。気の毒ですよね。その一方、『仁』というモラルをしっかりもっている人は、心が揺らぐことなんかないから、いつも平和な気持ちでいられます。まあ、そこまでいかなくても、『仁』とはなにか、といつも考え、自分を一歩でも高めようと努力しているなら、悪くないと思いますよ」

69 子曰く、惟《た》だ仁者のみ、能《よ》く人を好み、能く人を悪《にく》む。

「みなさんは、簡単だと思ってるかもしれませんがね、好むべき人をきちんと好きになり、嫌うべき人をきちんと嫌う、というのは実は、ものすごく難しいことなんです。単に、感覚的な好みで決めるんじゃなくて、『正しく判断して』決めなきゃならないからです。人の価値を判断することぐらい難しいことはない、ってことですね」

70 子曰く、苟《いやし》くも仁に志《こころざ》さば、悪むなきなり。

「そういうわけで、『仁』という一つのことばでいい表していますが、要するに、わたしたちは、『善き人』になろうと志しているわけです。そういうわたしたちにとって、誰か他人を、なんか気に食わないからイヤだ、とか思ったりするなんてもってのほかだって、当然ですよね」

71　**子曰く、富と貴きとは是れ人の欲する所なり。其の道を以て之《これ》を得しにあらざれば処らざるなり。貧と賤《いや》しきとは是れ人の悪む所なり。其の道を以て之を得しにあらざれば去らざるなり。君子は仁を去りて、悪《いず》くにか名を成さん。君子は終食《しゅうしょく》の間も仁に違《たが》うなく、造次《ぞうじ》にも必ず是《ここ》においてし、顚沛《てんぱい》にも必ず是においてす。**

「さて、誰だって、お金は欲しいし、みんなから羨ましがられるような地位や名誉も欲しいものです。センセイは、それを否定しません。けれども、そういう自分の欲望をそのまんま肯定しちゃったら、人間をやってる意味なんかありません。じゃあ、どう考えたらいいのでしょう。お金持ちになったり、有名人になったりしたのが、誰からみても当然という場合でなければ、それを守ろうとして汲々《きゅうきゅう》とするなんて、意味ないことです。逆の場合も同じです。貧乏だったり、人からバカにされるような職業や地位や境遇にあるとしますよ。でも、そんな状態になってしまったことに、どうしても納得がいかないと思わぬ限り、無理にそこから脱出しようとする必要はありません。金持ちだろうと貧乏だろうと、有名人でみんなにちやほやされようが、なにかのきっかけでみんなにバカにされようが、そんなこと、どうだっていいことなんですよ。もっとも大切なことは『仁』を目指して努力しようとする、あなたたちの気持ちなんです。どんなときにも、そのことだけは忘れちゃいけません。ご飯を食べてるときも、それから……それから……ハナをかむときとか……まあ、どんなときにもです」

（前にも書いたように、『論語』を読んでいて、ずっと考えてしまうことの一つが、「仁」をどう訳したらいいんだろう、ってことです。「仁」のまま、放っておくか、それとも、その文章ごとに、意味を変えて訳すのか。たとえば、政治権力の恣意《しい》的な乱用を防ぐのが「立憲主義」だとするなら、センセイは、「立仁主義」もしくは「立礼主義」とでもいうべき概念を導入したのかもしれません。その奥には、「立憲主義」と同じように、人間性へのある種の諦念《ていねん》があるような気がします。「あるがまま」にしておくと、人間は社会を……あらゆる関係を……壊してしまう。そんな弟子たちの社会を、どうすれば、「善き」

ものにできるのか。そんな問題意識から、センセイは、弟子たちに向かって、「仁」や「礼」を送りこんだのではなかったのか。そのあたりの事情は、ソクラテスとアテナイの民主主義の関係と同じなのかもしれませんね。ソクラテスとセンセイ、こうやって考えてゆくと、すごく近いんじゃないでしょうか。ソクラテスは紀元前四七〇年に生まれ紀元前三九九年に亡くなっています。センセイが死んでおよそ十年後にソクラテスが生まれた、ってことですね。たぶん、ソクラテスは、ペリクレスの葬送演説を目の前で見たのでしょう。このことはまたいずれ、書くことにします）

72 **子曰く、我は未だ仁を好む者、不仁を悪む者を見ず。仁を好む者は以て之に尚《くわ》うるなし。不仁を悪む者は、其れ仁たるなり。不仁者をして其の身に加えしめざればなり。能く一日も其の力を仁に用うるあらんか。我は未だ力の足らざる者を見ず。蓋《けだ》しこれあらんか、我は未だこれを見ざるなり。**

「『善いこと』をするだけではなく、同時に、『悪いこと』を激しく嫌悪《けんお》する、ということのできる人は、少ないですね。もちろん、『善いこと』をするだけでも、たいへん立派なことなんですよ。それに、『悪いこと』を憎んだり、そんなこと絶対にしない、と思うだけだって、ある意味、『善いこと』といえるでしょうね。なにしろ、そういう人は、『悪いこと』をする人からヘンな影響を受けることもないわけですから。でも、センセイは、やっぱり不満なんですよ。『悪いこと』をしない、というような消極的なやり方じゃなく、積極的に『善いこと』をしてみた方がずっといい。意味のあることなんですから。とりあえずやってみて欲しいんです。もちろん、頑張って『善いこと』にチャレンジしてみたけど、力不足で、なにもできませんでした、という人だっているかもしれません。でも、センセイは、まだそういう人には会ったことがありませんけどね」

73 **子曰く、人の過ちや、各々其の党《たぐい》においてす。過ちを観て、斯《ここ》に仁《ひと》を知る。**

「人は誰でも失敗します。それは仕方ないことです。でも、どんなふうに失敗したのか、に、その人となりが現れるんです。失敗しなきゃわからないことがたくさんある。だから、失敗をおそれちゃいけませんね」

74 **子曰く、朝《あした》に道を聞けば、夕《ゆうべ》に死すとも可なり。**

「もしも、もしもですよ、『真理』というものがわかったとしたら、あるいは、誰かのことばで真理というものについに気づいたとしたら、もうその日のうちに死んでも思い残すことはない、とセンセイは思っています。わかりますか？　『真理』というものは、それほどまでに、たどり着くことが困難なものだってことですよ。そして、それほどまでに、たどり着きたいと思わせるものだってことでもあるんですけれど」

（『論語』の名ゼリフ中の名ゼリフ。通常は「朝、真理を聞いて満足したなら、夕方に死んでも思い残すことはない」とサクッと訳すことになっている。そうなんだろうか。生きることの哲学の探究者であるセンセイは、もっと厳しく考えていたんじゃないだろうか。ってことで、こんなふうに訳してみました）

75
子曰く、士、道に志して、悪衣悪食《あくいあくしょく》を恥ずる者は、与《とも》に議《はか》るに足らざるなり。

「ひとたび、学びつづけようと決心したはずなのに、いつまでたっても周りの評判ばかり気にしている人がいますが、それじゃあ、『真理』を求める『同志』とはいえません。出直してきてほしいです」

76
子曰く、君子の天下におけるや、適《てき》なきなり、莫《ばく》なきなり、義をこれ与に比す。

「大切なことなのでいっておきます。わたしたちは、ひとりで生きているわけじゃありません。社会の中で生きています。人間というのは社会的存在なんです。そして、わたしたちが学んでいることも、のっぺらぼーの、単なる『真理』じゃなく、『社会的な真理』です。古くからの名言に『淡々と正義という基準に従って行動すべきだ』というのがあるでしょう？　あの『正義』も『社会的な正義』という意味なんです。そこには、あなたたち個人の、主観的な好き嫌いの感情が入っちゃいけないのです。そのことを忘れないようにしてください」

（『論語』を読んでいると、「修養」や「礼節」ということばから想像される、古めかしい倫理の世界ではなく、そこにはもっと別の世界が存在しているように思えてくる。それは、ソクラテスやアリストテレスの哲学にも似ているし、ときには、マルクスの唯物論や社会科学的なものにもです。そりゃそうでしょう。なにしろ、センセイの学校は、現実を変革する政治家を養成することを目的とした場所だったんですから）

77 **子曰く、君子、徳を懐《おも》えば、小人《しょうじん》は土を懐い、君子、刑を懐えば、小人は恵を懐う。**

「政治とか統治とかということが如何《いか》に難しいか、一つ、例をあげて説明しましょう。支配している者が、力によってではなくきちんとしたモラルによって統治したとしましょう。そうすれば、人びとは安心して、その土地に根づき、働いてくれるでしょう。逆に、支配者が、力で押さえつけたとしたらどうなるでしょう。最終的には、人びとはその土地から逃げ出してしまうでしょう。いままでもそうでしたし、これからも、同じことが起こるはずです」

78 **子曰く、利を放《ほし》いままにして行えば、怨みを多くす。**

「自分の利益ばかりを追い求めていくと、結局、いろんなところで怨みをかってしまうでしょう。そんなの当たり前じゃないか、ってあなたたちは思うかもしれませんが、『上』に立つ者は、いつの間にか感覚が麻痺して、そんな当然のこともわからなくなっちゃうんですよ。あなたたちも、気をつけてください」

79 **子曰く、能く礼譲を以てすれば、国を為《おさ》むるに於いて、何かあらん。能く礼譲を以て国を為めずんば、礼を如何《いかん》せん。**

「これもとても大切なことなので、よく覚えておきなさい。『礼』の精神さえあるなら、一国を治めてゆくことは、実はたやすいことです。それほどまでに、『礼』というものは大切だってことです。仮にですよ、ほんとうに仮に、『礼』の精神によっても国をうまく治めることができなかったとしたら、そんな『礼』になんて意味はありません。ゼロ以下だとセンセイは思います。じゃあ、『礼』の精神、ってなんだ、ってことになりますが、それは、センセイがいつもいってることですね。覚えてますか？」

80 **子曰く、位《くらい》無きを患《うれ》えず、以て立つ無きを患う。己を知るもの莫《な》きを患えず、知らるべき無きを患うるなり。**

「みんなから羨ましがられるような地位についてない、ってこと自体には、なんの問題もありません。そんなこと気にしなくってもかまわない。でも、自分にそういう地位につく能力がない、としたら、問題ですよね。同じように、自分のことを誰も知らなくても、気にしなくてもいいですけれど、そもそも知られるような価値がない、ってことになると……心配しなきゃなりませんね、というか、そういう場合は、一生懸命勉強しなさい！」

81
子曰く、参《しん》や、吾が道は一以《いっ》て之《これ》を貫く。曾子《そうし》曰く、唯《い》。子出づ。門人、問うて曰く、何の謂《い》いぞや。曾子曰く、夫子《ふうし》の道は忠恕《ちゅうじょ》のみ。

センセイは、曾子にこうおっしゃった。

「おまえにいっておくが、わたしが歩いてゆく道は、真《ま》っ直《す》ぐな一本道なんだよ」

すると、曾子は「わかりました、センセイ」と答えた。

センセイが、その場から去られた後、弟子のひとりが曾子に質問した。

「いま、センセイがおっしゃったのはどういう意味なんでしょうか」

すると、曾子はこう答えた。

「センセイは、一本道とおっしゃったろう？　あれは、『真っ直ぐ真理を目指す』一本道、ってことなんだろうね」

82
子曰く、君子は義に喩《さと》り、小人は利に喩る。

「くれぐれもいっておきますが、社会でもっとも大切なことは『正義』なんです。そして、それを実現するのが、あなたたちの使命だって、ことです。目の前の美味《おい》しいエサにつられたりしちゃいけません。それが難しい、ってことは、わかってるんですけどね」

83 **子曰く、賢《けん》を見ては斉《ひと》しからんことを思い、不賢を見ては内に自ら省《かえり》みるなり。**

「賢い人間がいたら、ぜひ付き合って、よいところを吸収しなさい。バカな人間だったら、やはりじっくり観察して、そうならないように気をつけなさい。どんな人間だって、その人から学ぶことはできるんですよ」

84 **子曰く、父母に事《つか》うるには幾《き》諫《かん》す。志の従わざるを見ては、また敬して違わず。労して怨みず。**

「あなたたちも、両親に、あれこれいいたいことがあるでしょう。でも、親なんですから、なんでも自分が思うことをいえばいいってわけじゃありません。まず、そのことについて直接いったりせず、できるだけ遠回しに、傷つけないようにいってあげてください。それで、聞き入れてくれなくても、文句をいってはいけません。その結果、あなたたちに、なにかやらなきゃならないことができても、不服そうな顔をせず、黙ってやってください。ほら、どうして？　って顔をしてる。それがいけないんです。『義』とか『礼』っていうと、ものすごく難しく考えてませんか？　そうじゃないんです。『社会』を円滑《えんかつ》に動かしてゆく理論が『義』や『礼』なんですよ。両親とあなたたちの関係も、いってみれば、一つの社会であるわけでしょう？　この場合、あなたたちの両親は、社会の仕組みを理解していない民衆にあたるわけです。そして、あなたたちは、この社会を統治してゆく治者にあたるんです。だって、この関係の中で『自覚的』なのはあなたたちの方だからです。とすると、統治する者は、どういうふうに対処すべきだと思いますか？　民衆がいうことをきかないから脅《おど》かすんですか？　ちがうでしょ？　みんな同じ原理で動いているんです。そのことを忘れないでくださいね」

（とまあ、原文とはかなりちがっていますが、こういうふうに「翻訳」すると、センセイ

のいってることがよく理解できると思うんですが、如何《いかが》でしょう）

85 **子曰く、父母在《いま》せば、遠くに遊ばず。遊ぶには必ず方《ほう》あり。**

「ご両親が存命中は、勝手に黙って遠くへ行ったりしてはいけませんね。それは、きちんとした『おとな』になってからやりなさい。出かけるときには、きちんと行先をいっておくこと！　あなたたちも、親になったら、その気持ちがわかるはずです」

86 **子曰く、三年、父の道を改むるなきは、孝《こう》と謂うべし。**

「父親が亡くなってからの服喪《ふくも》期間の三年は、なにごとも父親のやり方通りにしなさい。すぐに変えてはいけません。それをすることが、『孝』なんですよ。これからは、父ではなく『自分の』やり方でいく、なんて、思い上がりも甚《はなは》だしいですね。そんな気持ちでは、大したことなんかできやしないに決まってるでしょ」

87 **子曰く、父母の年は知らざるべからざるなり。一には以て喜び、一には以て懼《おそ》る。**

「ご両親がいま幾つか、知ってる？　えっ、知らないの？　どうしようもないね……あんたたち。いいですか、いつも接していると、年をとっていることにも気づかないでしょう。それで、えっと、突然、幾つだっけって思って、あっもう七十じゃん！　ってびっくりしたりするわけです。たまに会わないでいると、急に老《ふ》けてるように見えて驚くけど、そういうものなんです。だから、親の老化にはなかなか気づかない。でも、よく見てください。そんなに長生きしたのかと嬉しくなったり、ええ、もうそんな年なのかとショックを受けたりするなら上出来です。いちばん近い人間が、そうやって死に近づいてゆくことに気づかないってことは、観察眼がゼロってことです。なのに、天下・国家を論じようなんて、笑っちゃいますよ、ほんと」

（わたしは、ずっと親から離れて暮らしていたので、というか、親を嫌って、離れていたので、このセンセイのことばが身に沁《し》みるのである。ふつう「孝」というと、親に対して深い尊敬の念を抱くことになるのだが、そういうことは、自然状態では難しい。ぶっちゃけていうと、親なんか早く離れてゆくべき存在なわけだ。好きな人間なら理解しようと試みるが、親は「よく知ってる」ことになっているので、理解しようなどと思わないのである。その結果、いちばん近い人間であるのに「理解不能」が当たり前になってしまう。親がわからないのに、人間がわかるはずがなく、人間がわからないのに、政治や社会のことを知ろうなんて虫が良すぎるわけですよ。そこで、センセイが考えたのが、強制的に「親」を理解するためのツール、「孝」だったんじゃないでしょうか。まあ、「孝」を導入したからといって、親への理解が進んだわけじゃなかったんですが)

88 **子曰く、古《いにしえ》は、之を言わんとして出ださず。躬《みずから》の逮《およ》ばざるを恥ずればなり。**

「古い格言で、『之を言わんとして出ださず』っていうのがあるんですが、意味はわかりますか？　ことばでいくらいっても、実際になにもやらなかったとしたら、ハズい、いや、恥ずかしい、っていう意味です。あなたたちには、わかるはずですよね。本を読んで、解釈して、また本を読んで、解釈して、それで、わかった気になる。それがいちばん、わたしたちが陥りやすい罠なんです。わたしたちがやってるのは、政治学・経済学・歴史学、それらすべてを総合して、現実を変えてゆくための学問なんです。なにか、この世に役立つことをしてください。そうでなければ、万巻《ばんかん》の書を読んでも虚《むな》しい、ってことです」

89

子曰く、約を以て之を失う者は鮮《すく》なし。

「不思議なことに、人間っていうものは、絶体絶命のところまで追い詰められると、意外に失敗しないんですね。冷静になる、っていうより、アドレナリンが出て、脳がフル回転するからじゃないでしょうか。あなたたちも、たまには、そういう境遇になった方がいいかもしれませんね。フフフッ」

90 子曰く、君子は言に訥《とつ》にして、行いに敏《びん》ならんことを欲す。

「君子というものの条件は、なんだか知ってますか？ まず、おしゃべりではないこと。これは、わかりやすいですね。もう一つが大切です。それは、誰よりも先に『動く』ことです。あなたたちは、『えっ？』って思うかもしれませんね。なんか、君子のイメージって、泰然自若《たいぜんじじやく》としている、とか、沈思黙考《ちんしもつこう》して、ようやく、なにか重々しいことをいう、って感じでしょう？ それがいけない。そういうのって、ものすごく、通俗的な『君子』観ですよね。そうじゃないんです。『君子』たるもの、実は、なにかことが起これば、本能的に体が動いちゃうようじゃなきゃいけない。この世界が発する微弱な電波をキャッチするアンテナを持ってなくちゃ、『君子』って呼んではいけないとセンセイは思うんですよね」

91 子曰く、徳は孤《こ》ならず、必ず鄰《となり》あり。

「ひとりでなにかをするということはたいへんです。孤独に勉強する、孤独に戦う、孤独になにかを作る。けれども、それが、本質的なことであるなら……それが大事なんですが……あなたたちは『ひとり』ではないことがわかるはずです。どこかに、同じように、孤独に真理を追究している人間が、孤独に戦っている人間が、孤独になにかを作りつづけている人間がいて、あなたたちは、彼らと出会うことになるのです」

92　子《し》游《ゆう》曰く、君に事えて数《しばしば》すれば、斯に辱《はずか》しめられ、朋友《ほうゆう》に数すれば、斯に疏《うと》んぜらる。

子游がこんなことをいった。

「気をつけてください。『やりすぎ』には注意です。たとえば、王様に仕えたとしましょう。とにかく、気のきいているところを見せようとして、気がついたことはなんでもやっちゃう。王様が、ぼんやりしているので、なんかこれはエッチなことをしたいんじゃないか、と思って、『王様、いい、エロ動画のサイトがあるんですが』とかいう……すいません、ちょっと、いい例が浮かばなかったもので……とにかく、そんなことをいったら、

『バカ、わたしは、国内のイスラム問題を考えていたんだ』と怒られたりするわけです。友だちに対しても同じですね。『よう、なんか元気ないじゃん。もしかして、ミホちゃんが、マコトと二股かけてんのに、気づいたわけ?』とかいって、『なに、それえ!』って嫌われる、じゃなく、キレラレる。余計なことをいわないことです。人間関係においては。そんなことをしている暇があったら、本でも読むことですね」

レッスン5

公冶長

93 子、公冶長《こうやちょう》を謂《い》う。妻《め》あわすべきなり。縲絏《るいせつ》の中に在りと雖《いえど》も其の罪に非《あら》ざるなり、と。其の子を以《もつ》て之《これ》に妻あわす。子、南容《なんよう》を謂う。邦《くに》に道あれば廃せられず、邦に道なきも、刑戮《けいりく》より免《まぬ》かる、と。其の兄の子を以て之に妻あわせたり。

センセイは公冶長さんについて、こんなことをおっしゃった。

「彼は、ほんとうに、優れた青年です。ああいう人間こそぜひ、婿《むこ》として迎えたいと思っています。いまは、未決囚《みけつしゅう》として、牢獄《ろうごく》に繋《つな》がれていますが、まったくの冤罪《えんざい》なんですよ」

そして、結局、センセイは、公冶長を自分の娘と結婚させたのだ。センセイのお眼鏡《めがね》にかなったというわけですね。

さらに、センセイは、南容という人についても、こんなことをおっしゃった。

「この男も、たいへん優れた人間といえるでしょう。なにしろ、能力が抜群なので、平時には、どこでも重宝《ちょうほう》がられるでしょうし、また、非常時でも、うまく難事をすり抜け、捕まるようなヘマな真似はしないでしょう」

そのようにおっしゃって、センセイは、結局、この南容を自分の兄の娘と結婚させた。

しかし、よく考えてみると、南容の方が、要領はいいように思える。それに対して、公冶長は、結局、無実の罪とはいえ、捕まるというような失態をやらかしてしまった。なのに、公冶長の方に好意を持ったのはなぜなんだろう。おそらく、公冶長は、メロスのように、正義感の強い青年で、つい政権批判かなにかを口走って、牢屋にぶちこまれてしまったのではないだろうか。うまく立ち回る人間より、生き方にきちんとした芯《しん》がある人間の方が、自分の娘を託すのにふさわしい、ということなんだろう。

（センセイって、いい父親なんですね）

94 **子、子賤《しせん》を謂う。君子なるかな、若《かくのごと》きの人。魯《ろ》に君子者なくんば、斯《こ》れ焉《いずく》にか斯れを取らんや。**

センセイは、子賤という人について、こんなことをおっしゃった。

「子賤というお方は、文句なしに、『君子』と呼ぶべき、立派な人間です。けれども、もし、魯の国に、彼と同じような、というか、彼と競い合えるようなレベルの『君子』仲間がいなかったとしたら、どうでしょう。古い格言にあるけれど、『結局、いまのあの人ではなかっただろう』ということだと思います。人間は、関係の中で変化するものです。どんなに頑張って学んでも、ひとりでは、『君子』になれません。なれるとしても、それは『君子のような人』にすぎません。少なくともひとり、別に『君子』がいて、その『君子』と、いわば、『切磋琢磨《せっさたくま》』することで、『君子』になれるのです。わたしがそういうと、その、子賤を『君子』にしてくれた、相手の『君子』は、そもそもどうやって『君子』になれたのか、と訊きたくなるかもしれません。実は、相手の『君子』も、子賤がいたからこそ、『君子』になれたのです。わかりますか？　この関係において、時間的に、どちらかが先んじて『君子』であったわけではないのです。ふたりは、同時に、お互いに鍛《きた》え合うことで、『君子』へと変化していったのです。学びの『双方向性』ですね」

95 **子貢《しこう》、問いて曰く、賜《し》や何如《いかん》。子曰く、女《なんじ》は器なり。曰く、何の器ぞや。曰く、瑚璉《これん》なり。**

子貢がこんな質問を、センセイにした。

「センセイ。センセイ、って、わたしをどんな人間だと思ってます？　ほんとのところ、教えてくださいませんか」

すると、センセイは、こうお答えになった。

「うーん、とりあえず、おまえは、役に立つ人間であることは確かだと思うよ」

「なんの役に立つんです？」

「政治という分野ですね。まあ、そうでなくちゃ、ここで勉強している意味がないわけなんだけどね」

96 **或るひと曰く、雍《よう》や、仁《じん》にして佞《ねい》ならず。子曰く、焉んぞ佞なるを用いん。人を禦《ふせ》ぐに口給《こうきゅう》を以てすれば、屢《しば》しば人に憎まる。其の仁なるを知らず、焉んぞ佞なるを用いん。**

ある人がこんなことをいった。

「雍という人は、たいへん立派な人物で、彼こそ『仁』がある人と呼んでもいいと思いますが、一つ欠点がある。それは、なにごとにもうまく立ち回ることができない、ということです。空気が読めない、というか。そんな感じ」

すると、センセイは、ちょっと怒って、こう答えられた。

「とんでもないことをいいますね。『うまく立ち回れ』ですって？　誰かとぶつかってしまうとき、最初から、なんとかうまくおさまればいいと思ってしゃべっていると、結局、余計、相手を怒らせてしまうものです。要するに、『口先だけ』の人間と思われる、ってことですよ。雍が、『仁』がある人かどうかは別にして、とにかく、『うまく立ち回れ』とアドヴァイスするなんて、問題外です」

97
子、漆雕開《しっちょうかい》をして仕えしめんとす。対《こた》えて曰く、吾れは斯れをこれ未だ信ずる能《あたわ》ず、と。子、説《よろこ》ぶ。

センセイは、漆雕開に、こうおっしゃった。

「どうだね。もう、仕官をしてもいい頃だと思うんだが。わたしが紹介してあげようか」

すると、漆雕開は、こう返事をした。

「センセイ、ありがたいおことばですが、わたしにはまだその力はありません。遠慮します」

このことばを聞くと、先生は、珍しく喜んだ。

「なにより大切なのは、自分の能力を知る、ということです。漆雕開には、少なくともその『力』は備わっていた、ということなんですね」

（なるほど）

98 **子曰く、道行われず。桴《いかだ》に乗りて海に浮ばん。我に従う者は其れ由《ゆう》なるか。子路《しろ》、これを聞いて喜ぶ。子曰く、由や勇を好むこと我に過ぐ。材《よろしき》を取る所なし。**

「ほんとうに、この世の中は、どうなっているんでしょうね。マジメに考えると、めちゃくちゃだと思います。正しいことは、どこにも行われていません。センセイは、正直なところ、こんなところであなたたちに教えているのが虚《むな》しく思えてくることもあるんですよ。

っていうか、なにもかも放り投げて、船に乗って、どこかへ旅立ちたい、と思うこともあるんです。そういうとき、ついてくる人はいるんでしょうか。由（子路）ぐらいかもしれませんね」

さすがに、そこまでいわれると、子路は、得意な顔つきになった。

「この人は」とセンセイは、つづけておっしゃった。

「なんというか、むこうみずな点に関しては、わたし以上ですからね。いったん動き出したら止まらない。わたしがとんでもないことをしても、後先考えずに、従ってくれると思うんですよ。でも、弟子っていうのは、そういうものじゃないでしょうか、みなさん」

（これは、センセイが単に子路を誉めているのではなく、師匠の「愚行」に黙って従うことこそが、弟子のあるべき姿だ、といっているのではないだろうか。通常の考えでは、「先生、そんなバカなことはやめてください」と止めるのが、弟子の「正しい」姿だろう。けれども、センセイは、一緒に「船」に乗ることの重要性を指摘している。先生は、時に「狂う」こともある。共に「狂う」のが弟子なのだ。もちろん、それは、真実から目を背けることを意味しない。この世の中には、もしかしたら、学問的な真実より大切なものがあるのかもしれない、ということなのである）

99 **孟武伯《もうぶはく》問う、子路は仁なるか。子曰く、知らざるなり。又問う。子曰く、由や、千乗《せんじょう》の国に其の賦《ふ》を治めしむべきなり。其の仁なるを知らず。求《きゅう》や何如。子曰く、求や、千室《せんしつ》の邑《ゆう》、百乗《ひゃくじょう》の家に、之が宰《さい》たらしむべし。其の仁なるを知らず。赤《せき》や何如。子曰く、赤や、束帯《そくたい》して朝《ちょう》に立ち、賓客《ひんかく》と言わしむべきなり。其の仁なるを知らず。**

孟武伯が訊ねた。

「センセイ、子路は、すべてを兼ね備えた最高の人物、すなわち『仁者』といえるでしょうか?」

するとセンセイはこうおっしゃった。

「わかりません」

「そんなことをおっしゃらないで。センセイは、どう判断されているのか、知りたいのです」

「わかりました。子路が、優れた能力を持っているのは事実です。大国の軍事一切を司《つかさど》ることだってできるでしょう。けれども、『仁者』かどうか、という点になると、なんともいえません」

「では、冉求《ぜんきゅう》（冉有《ぜんゆう》）は、どうですか？」

「冉求ですか……。そうですね、中程度の市の市長、あるいは、小国のちょっとした役人ぐらいなら務まるでしょう。でも、『仁者』かといわれると……ね」

「すいません。もうひとり。公西華《こうせいか》は？」

「公西華ねえ。あの人も、外交官にはなれるでしょうね。それぐらいの能力はあります。けれども、『仁者』かというと、なかなか難しい。それは、なにかができる『能力』の問題というわけではないんですよ」

100 **子、子貢に謂いて曰く、女《なんじ》と回《かい》と孰《いず》れか愈《まさ》れる。対えて曰く、賜や、何ぞ敢《あえ》て回を望まん。回や、一を聞いて以て十を知る。賜や、一を聞いて以て二を知るのみ。子曰く、如《し》かざるなり。吾れ女と与《とも》に如かざるなり。**

あるとき、センセイは、子貢にこうおっしゃった。

「ちょっと訊いておきたいことがあるんだが、おまえは、自分と顔回《がんかい》はどちらが上だと思っているのかい？」

するとと、子貢は、あっさりこう答えた。

「そりゃもう、比べることがそもそも無理ですよ。顔回は、『一を聞いて十を知る』やつです。どういう脳の構造になってんでしょう。地頭《じあたま》がいい、というか、センスがいい、というか。ほんとうに頭がいい人間って、顔回のようなやつのことをいうんじゃないでしょうか」

「その通りだよね。頭がいい、という点に関しては、顔回は、わたし以上だと思う。とはいえ、それがすべてではないんだけれどね」

101　宰予《さいよ》、昼寝《ひるい》ぬ。子曰く、朽木《きゅうぼく》は雕《ほ》るべからず。糞土《ふんど》の牆《かき》は杇《ぬ》るべからず。予に於いてか、何をか誅《せ》めん。子曰く、始め吾れ、人に於いてや、其の言を聴きて其の行いを信じたりき。今吾れ、人に於いてや、其の言を聴きて其の行いを観る。予に於いてか、是を改めたり。

宰予は、休憩時間に、布団《ふとん》をしいて思い切り昼寝をしてしまった。ほんとうに眠かったのだ。その様子を見たセンセイは、ひどく落胆して、こうおっしゃった。

「ほんとうにがっかりしました。宰予は根本的に考え方がまちがっている、とセンセイは思います。もう、彼に教える気はありません。おそらく、宰予は、眠いときにいくら勉強しても頭に入らない、ここは頭を休めて、そのあと、きっちり勉強しよう、と思ったのでしょう。確かに、それは『合理的』な考えです。しかし、なにかを学ぶ、ということの中には、実は『不合理』なものが混じっているのです。腐り、朽ち果てた木では、それを彫って、優れた彫刻を作ることはできません。腐植土を積んで固めても、まともな垣根はできません。どちらの場合も、『土台』が作り物にならないからです。宰予の考えは、そもそも、『土台』がまちがっているのです。

わたしは、長い間、人を信じてきました。つまり、その人がなにかをいったとしたら、たとえば、なにかをやるつもりです、とか、なにかをやりたい、とか、そんなことをいったとしたら、その人は、ほんとうにそれをやるつもりなんだな、と思っていました。けれども、それはまちがっていました。人は、ただ思いつきを口にするだけのことも多いのです。管理なんかしたくありません。なにかを学ぶ、ということは、自分で学ぶということとほとんど同じ意味なんですから。けれども、宰予の昼寝の姿を見て、わたしはやり方を変えることにしたのです」

（いくらなんでも、そこまで怒ることはないような気がする。昼寝をしたぐらいで、もう教えない、ということになるなら、いまの大学生は、全員、センセイの学校から追放だ。しかし、この点は、センセイにとって譲ることのできないところだったのだ）

102
子曰く、吾れは未だ剛なる者を見ず。或るひと対えて曰く、申棖《しんとう》あり。子曰く、棖や慾《よく》あり、焉んぞ剛なるを得ん。

「ほんとうに『芯』がある人間というものは、なかなかいないものですね」

センセイがこうおっしゃると、ある人が、こんな質問をした。

「では、申棖はどうですか？　なかなか、『芯』があるやつに見えますけど」

「『芯』があるということは、その人のなかに、動かすことのできない根拠があるということです。申棖を見てご覧なさい、彼は、いろんなものに手を出し、いろんなことをいうでしょう。彼が浮ついているのは、自分の『欲』の奴隷《どれい》になっているからです。自分をコントロールできない人間に『芯』なんかあるわけないでしょう」

103 **子貢曰く、我は人のこれを我に加うるを欲せざるや、吾れも亦《ま》たこれを人に加うるなからんと欲す。子曰く、賜や、爾《なんじ》の及ぶ所に非ざるなり。**

子貢は、なんというか、ちょっと威張った口調で、こんなふうにセンセイにいった。

「センセイ、ぼく、人から迷惑をかけられるのは、イヤなんすよね。だから、人に迷惑をかけるのもいけない、って思ってるんですよ」

「子貢」

「なんですか？　センセイ」

「おまえには無理。ふだん、人に迷惑かけてるのに、そのことに気づいてないもの」

104 子貢曰く、夫子《ふうし》の文章は得て聞くべきなり。夫子の性と天道とを言うは、得て聞くべからざるなり。

子貢は、こんなことをいっている。

「センセイのお話は、いろいろ聞いてきたんだけど、みんな、実際の暮らしに関したものばっかりで、形而上学《けいじじょうがく》とか、宇宙論とか、そういうのって、聞いたことないんだよね。ふつうの先生って、そういう、『高尚』な感じの学問が好きだけど、うちのセンセイは、ちがうんだよね」

105 子路は聞くことありて、未だこれを能《よ》く行わざれば、唯だ聞くあらんことを恐る。

ちょっと、子路の話をしましょう。子路は、センセイからなにかを教わると、頑張って実行しようと思うんですね。ところが、なかなか、そう簡単にいかない。そこで、どうなるかっていうと、「どうしよう。まだ、センセイのおっしゃることが実行できてない、っていうのに、次のレッスンが始まっちゃう。困ったなあ。二つのことを同時になんて、余計できないし。できたら、次の授業は、前のおさらいにしてくんないかな」とか考えちゃうんですね。それって、おかしいだろ、子路！　でも、センセイの学校でみたいに濃密な関係で教えを受けていると、だんだん煮詰まってきて、こんなめちゃくちゃなことを考えるようになっちゃうんですね。

106 **子貢、問うて曰く、孔文子《こうぶんし》は、何を以てか之を文《ぶん》と謂うや。子曰く、敏《びん》にして学を好み、下問《かもん》を恥じず。是を以て之を文と謂うなり。**

子貢が、こんな質問をした。

「センセイ、『おくりな』ってありますよねえ。いわゆる、戒名《かいみょう》みたいなやつ」

「うん、ただし、エライ人がもらう戒名だけどね」

「そう、その『おくりな』なんですけど、どうして、孔文子の『おくりな』に『文』という文字が入ってるんですか？　学者でもないのに。謎ですよ」

「ああ、あの人はね、すごい学問好きだったんですね。別に学者でもないのに、なかなかできないことですよ。それだけでもえらいのに、もう一つ、優れたところがあったんですね」

「なんですか？」

「それは、なにかを決めるとき、まず部下に意見を求めたんです」

「それって、学問となにか関係ありますか？」

「子貢、そんなことぐらいわからないかねえ。権力を持っているのに部下に意見を訊く、ということはなかなかできないことです。それをすることができたのは、彼は、権力を行使することより、ほんとうになにが大切か、なにができるか、を重視したってことでしょう。その態度こそ、『学問』のベースになるものなんですよ。となれば、当然、『文』という『おくりな』に値《あたい》しますね」

107
子、子産《しさん》を謂う。君子の道、四あり。其の己を行うや恭。其の上《かみ》に事《つか》うるや敬。其の民を養うや恵あり。其の民を使うや義あり。

センセイは、子産について、こんなことをおっしゃった。

「あの人は、政治家が持つべき四つのモラルをちゃんと持っています。一つは、まず、なにごとにおいても威張らないということです。政治家の権威は、治める人民の支持によって生まれるからです。二つ目は、君主に仕えるとき、決して、気をゆるめないということです。政治家にとって『慣れ』がいちばん恐ろしいことだからです。三つ目は、これは当たり前すぎることですが、人びとを治めるにあたって、人びとにとってなにがいちばん大切かを第一に考えた、ということです。そして、最後は、人びとを使うにあたって、決して無理はさせなかった、ということです。これらのモラルには、どれも共通したものがありますね。それは、常に人びとのことを第一にする、ということです。そのことを忘れる者に、政治家の資格はありません」

(さすが、センセイ!　いいこというじゃん)

108
子曰く、晏平仲《あんぺいちゅう》は善く人と交わる。久くして人これを敬す。

「晏平仲という人は、『人と付き合う』ということがなんなのかを、知り尽くしていました。だから、彼と付き合いの長かった人は、みんな、彼のことを尊敬していたのです。人と人との間だけではなく、国と国との間でも、同じことがいえるのかもしれませんね」

109
子曰く、臧文仲《ぞうぶんちゅう》は、蔡《さい》を居き、節に山《さん》し、梲《せつ》に藻《そう》す。何如んぞ其れ知ならんや。

「なんでも、臧文仲という人は、占いのために亀の甲羅《こうら》をたくさん集めたり、家の柱の頭のところに山の形を彫ったり、それから、屋根にとりつける防火壁に藻《も》をデザインしたりして、いろんなことを考える人だなあ、とか、高尚な趣味の持ち主だなあ、とか思われたりしているんですが、全部、デタラメです。というのも、いま、わたしがあげたことは、どれも、天子さまがされていることを真似しているだけ。ただのパクリじゃありません。天子さまらしいものを身にまといたい、そのことで尊敬されたい、と思っているのが、丸見えですね。世間では、あの人を『知識人』と呼んでいるそうですが、そんなわけないですよ」

110

子張《しちょう》、問うて曰く、令尹子文《れいいんしぶん》は三たび仕えて令尹となりて喜色《きしょく》なし。三たび之を已《や》めて慍《いか》る色なし。旧令尹の政《まつりごと》は必ず以て新令尹に告ぐ。何如ぞや。子曰く、忠《ちゅう》なり。曰く、仁《じん》なるか。曰く、未だ知ならず、焉んぞ仁なるを得ん。崔子《さいし》、斉君《せいくん》を弑《しい》す。陳文子《ちんぶんし》、馬十乗あり。棄てて之を違《さ》り他邦《たほう》に至る。則《すなわ》ち曰く、猶《な》お吾が大夫《たいふ》崔子のごときあり、と。之を違る。一邦に之《ゆ》く。則ちまた曰く、猶お吾が大夫崔子のごときあり、と。之を違る。何如ぞや。子曰く、清なり。曰く、仁なるか。曰く、未だ知ならず、焉んぞ仁なるを得ん。

子張がセンセイに質問した。

「楚の国の総理大臣を務めた子文は、実は、三回もその職を任じられたそうですね。でも、ちっとも嬉しそうにしなかったそうです。それもびっくりですが、さらに驚かされるのは、三回、その総理の職をクビになっているのに、怒ったり、不満を表明したりしなかったばかりか、新しく総理になる者に、懇切《こんせつ》丁寧に、仕事の引き継ぎを行ってから、やめていったとか。いやあ、すごいとしかいいようがないんですが、センセイは、どう思われますか？」

「まあ、マジメな人とはいえるでしょうね」

「いや、それだけできれば、『仁者《じんしや》』っていえませんか?」

「その程度のことでは、『知者《ちしや》』ともいえませんよ。ましてや、『仁者』なんて、無理無理」

「では、陳文子はどうです? あの人は、斉の国の重臣だった崔子が、君主を暗殺したとき、そんな野蛮《やばん》な国にはいられない、と全財産を置いて、立ち去ったそうですね。ところが、他の国にいってみると、同じようなことが起こった。そこで、彼は、『なんだ、この国にも、崔子みたいなやつがいるじゃないか。最低』と呟いて、立ち去ったんです。ところが、というか、運が悪い、というか、その次に訪れた国でも、やはり同じような、不埒《ふらち》な重臣がいて、やはり、『ここもかよ! 世も末だよね』と落胆して、立ち去ったとか。文子ほどの優秀な官僚なら、どこでも採用してもらえるはずなのに、そうしなかったわけですね。彼なんかは、どう評価されますか?」

「ひとことでいうと、潔癖《けつぺき》な人、ですかね」

「えっ、これでも、『仁者』の資格がないわけですか?」

「さっきの、子文と同じです。『知者』段階にさえ達してません。当然、『仁者』なんか、遥か彼方《かなた》ですね」
「『仁者』……って、なるの、そんなにたいへんなんですか……」

111 季《き》文子《ぶんし》、三思して後に行う。子、これを聞いて曰く、再びすれば斯《ここ》に可なり。

季文子という人は、なんでも、三度考えてから、とりかかったそうです。センセイは、それを聞いて、こうおっしゃった。

「いくらなんでも、三度は多すぎ。二度ぐらいでいいと思うよ。三度目なんか、実はなにも考えてないでしょ」

112 子曰く、甯武子《ねいぶし》は、邦に道あれば則ち知、邦に道なければ則ち愚。其の知は及ぶべし。其の愚は及ぶべからざるなり。

「よく聞いてくださいね。甯武子という人は、平和なときには『知者』といわれ、いざ非常時のときには『愚者』といわれました。みなさんは、どう思いますか。わたしは、この人、すごいと思うんですよ。まず、平和なときの『知者』は、ふつうです。とりあえず、知識があって、それを見せることができれば、みんな『知者』で通ります。じゃあ、非常時はどうでしょう。そういうときこそ、ふつうの『知者』は、対処ができなくて、自分の『知識』に閉じこもる。そして、平和なときにもまして、みんなに『知者』と見てもらえるようなことをいうわけです。たとえば、平和なときには、『みんな仲良く』とかいっていても、いざ、隣の国といざこざが起き、国民がですよ、『あいつらをやっつけろ！』というと、『確かに、守るということも必要です。国家があっての国民ですから』と迎合するようになっちゃう。そういうときに、平和時と同じように、『こういうときこそ、仲良くするもんだよ』といっていると、『あっ、こいつ、売国奴《ばいこくど》！』といわれるでしょう。まあ『愚者』認定されるわけですね。じゃあ、この場合、同じように『知者』といわれる人間と、『愚者』認定される人間の、どっちが、ほんとうの『知者』なのか、ということです。非常時にこそ、『芯』のある発言や思考ができるものが『知者』なんですね。だから、甯武子こそ、ほんとうの『知者』といわなくちゃいけないのです。というか、ああいうことって、なかなかできないんですよねえ」

（やっぱり、センセイって、冴えてると思うんですが。どうでしょう）

113 子、陳《ちん》に在りて曰く、帰らんかな、帰らんかな。吾が党の小子《しようし》、狂簡《きようかん》にして、斐然《ひぜん》として章を成すも、これを裁《さい》する所以《ゆえん》を知らず。

センセイは旅先でこんなことをおっしゃった。

「ああ、帰りたいなあ……。帰って、あの子たちに、いろんなことを教えたい。あの若者たちは、すごくいい線いってるんです。なにより、理想に燃えてるし、やる気もある。それがいちばん大切だって、わたしは思うんです。欠点がたくさんある、っていう連中もいるけど、いいところを伸ばしてあげるのが教育なんだと思うんです。っていうか、それがわたしの仕事なんですよ」

（センセイって、教え子思いだった。いい先生なんだよね。旅に出ても、弟子たちのことを考えちゃう。センセイの目から見たら、そりゃあ、弟子たちなんて未熟だし、ハラハラすることばかりだったろうけど、それでいい、ってセンセイは思ってた。なにより「理想」と「やる気」、政治や社会に関わる者は、そこから始めなきゃなんない。SEALDSの子たちみたいに、ってことかな）

114
子曰く、伯夷《はくい》、叔斉《しゅくせい》は、旧悪を念《おも》わず。怨み、是をもって希《まれ》なり。

「伯夷と叔斉は、伝説の人たち、いまでいうと『神』ってことですが、ほんとに古くなってませんね。あの人たちは、まず、なにより、過去の栄光を引きずったりしませんでした。誰かを怨みに思ったりもね。だって、そうしないと、未来のことを考えられなくなっちゃうからですよ。カッコいいですよね」

115
子曰く、孰《た》れか微生高《びせいこう》を直しと謂うや。或るひと醯《す》を乞いしに、これを其の隣りに乞うてこれに与えたり。

「微生高は正義漢、ってことになってますけど、それは上っ面《うわつら》だけのことですよ。あの人がブログで書いてる記事、ほとんどパクリですからね。いかにもリベラル、っぽいことを書いてるけど、やってることは真っ黒なんですもん」

116 子曰く、巧言《こうげん》、令色《れいしょく》、足恭《しゅきょう》なるは、左丘明《さきゅうめい》これを恥ず。丘《きゅう》も亦たこれを恥ず。怨みを匿《かく》して其の人を友とするは、左丘明これを恥ず。丘も亦たこれを恥ず。

「周りを見ると、コウゲンレイショクシュキョウの人がたくさんいます。要するに、へらへらして調子のいいことをいって『いやあ、あんたサイコー』とかおべっかばかり使ってる人ですよ。左丘明は、そういうことを心底嫌ってました。もちろん、わたしもですけど。それから、ほんとうは好きでもなんでもない、っていうか、大嫌いなのに、友だちみたいな顔をして付き合う人がいるでしょう。左丘明は、それも嫌がってました。いや、嫌がるのがフツーだと思いますよ、センセイとしては」

117 顔淵《がんえん》、季路《きろ》侍す。子曰く、盍《な》んぞ各々爾が志《こころざし》を言わざる。子路曰く、願わくは車馬衣裘《いきゆう》を、朋友《ほうゆう》と共にし、これを敝《やぶ》りて憾《うら》むなからん。顔淵曰く、願わくは善に伐《ほこ》るなく、労を施しすることなからん。子路曰く、願わくは子の志を聞かん。子曰く、老者《ろうしゃ》はこれを安んじ、朋友はこれを信じ、少者《しょうしゃ》はこれを懐《なつ》けん。

これは、顔淵と季路とセンセイがよもやま話をしていたときのことです。

「ところで、顔淵と季路、いまはおまえたちしかいない。いい機会だから、心に秘めたポリシーがあったら、聞いてみたいな」とセンセイはおっしゃった。すると、季路はこう答えた。

「そうですねえ、人になにか貸すとするでしょう。たとえば、携帯とか。それで、翌月、ドコモからすごい額の請求書が来ても、気にしない、とかですかね。貸したときから、そういうリスクは織りこんでおくべきだと思うんですよ」

一方、顔淵は、少し考えて、こう答えた。

「威張らない、ってことかなあ。あと、ケチ臭いのも好きじゃない、っすね。センセイはどうなんです？」

「尊敬する先輩方については、お話しするときには気持ちよくなってもらうこと、友だちと話すときは、遠慮しないでなんでも、おまえたちみたいな若い連中と話すときは、ためになるようなことを、と思ってます。でも、みんな当たり前のことですけどね」

118 **子曰く、已んぬるかな。吾れは未だ、能く其の過ちを見て内に自ら訟《せ》むる者を見ず。**

「ほんと、つくづくイヤになっちゃいますよ。失敗したり、間違えたりするのはいいと思うんです。でも、そんなことをやっちゃっても、反省する人なんかほとんどいない。どうなっちゃってるんでしょうねえ、世の中は」

119 **子曰く、十室《じっしつ》の邑に、必ずや忠信《ちゅうしん》の丘の如き者あらん。丘の学を好むに如かざるなり。**

「どんな田舎に行ってもマジメでコツコツやってる人間はいるでしょう。でも、わたしみたいに、学ぶことが好きで好きで、好きすぎてどうしようもない、というレベルまで行く人は、そんなにいないんじゃないか、って思いますよ」

（センセイという人は読めば読むほど、勉強好き、教え好き、弟子好き、だったことがわかります。山のように書類を提出したり、文科省の要請で英語教育に精を出したり、学会誌に論文を提出したりすることは、「学び」や「教育」にはなんの関係もないんですよね）

レッスン6

雍也

120　子曰く、雍《よう》や南面《なんめん》せしむべし。仲弓《ちゅうきゅう》、子桑伯子《しそうはくし》を問う。子曰く、可や簡《かん》なり。仲弓曰く、敬に居りて簡を行い、以《もっ》て其の民に臨むは、亦《ま》た可ならずや。簡に居りて簡を行うは、乃《すなわ》ち大《はなは》だ簡なるなからんや。子曰く、雍の言うこと然《しか》り。

「雍（仲弓）、きみなら県知事はこなせるだろうね」とセンセイはおっしゃった。すると、雍は、こう答えた。

「では、センセイ。子桑伯子のこと、どう思います?」

「うーん、あの子は、なにごとにもおおまか、っていったらそうなんだよね」

「センセイ、おおまか、っておっしゃいますが、その人が本質的なところでシャープだったら、対外的におおまか、というか、ゆるくてもぜんぜんかまわない、と思うんです。でも、本質的に『ゆるい』人間が、対外的にもゆるかったら、それ、問題じゃないですか?」

「その通り!」

121
哀公《あいこう》問う、弟子《ていし》孰《た》れか学を好むとなす。孔子対《こた》えて曰く、顔回《がんかい》なる者ありて学を好みたり。怒りを遷《うつ》さず、過《あやま》ちを弐《ふた》びせず。不幸、短命にして死せり。今や則《すなわ》ち亡し。未だ学を好む者あるを聞かざるなり。

魯《ろ》の国王・哀公が、センセイにお訊ねになったことがあった。

「センセイ、センセイのお弟子さんの中で、『これは学問好きだ！』といえば、誰になりますか？」

「顔回という子がいたんです。あの子は、ほんとに『学問』オタク、っていうか、向学心の塊でしたね。性格も最高でしたし。不愉快なことがあっても、他人にそれを気取《けど》られたりしなかったし、失敗は繰り返しませんでした。残念ながら、若くして亡くなりましたが……。あの子以上に、学ぶことを愛した者は、知りません」

122
子華《しか》、斉《せい》に使いす。冉子《ぜんし》、其の母の為に粟《ぞく》を請う。子曰く、これに釜《ふ》を与えよ。益《ま》さんことを請う。曰く、これに庾《ゆ》を与えよ。冉子、これに粟五秉《ごへい》を与う。子曰く、赤《せき》の斉に

適《ゆ》くや、肥馬《ひば》に乗じ、軽裘《けいきゅう》を衣《き》る。吾れはこれを聞く。君子は急を周うて富めるに継がず、と。原思《げんし》、これが宰《さい》たり。これに粟九百を与う。辞す。子曰く、以て爾《なんじ》が隣里《りんり》郷《きょう》党《とう》に与うる母《な》からんや。

子華が斉国に遣わされることになった。冉子（冉有）が、子華の留守の間に、子華のお母さんに特別手当てを支給するよう申し出た。すると、センセイは「じゃあ、十日分の食糧をお渡ししなさい」とおっしゃった。すると、冉子は「センセイ、もう少しなんとかなりませんか」といった。センセイは「じゃあ、二倍の二十日分。それでいい？」とおっしゃった。「はい」と返事をしたけれど、冉子は、内心「いや、子華の業務はたいへんだし、いつ戻って来るかわからないし、ここは気前良く、ドーンと！」と勝手に考えて、独断でその五十倍の千日分（！）を子華の母親に渡したのだった。

それを聞いたセンセイは、ためいきをついてこうおっしゃった。

「いやな予感がしたんですけど、当たっちゃいました。子華は、ベンツのSクラスに乗ってアルマーニを着て任地に降り立ったみたいなんですよ。現地での仕事には、貧窮者《ひんきゅうしゃ》の支援とかもあるわけですね。ったく、なにを考えてるんでしょう。エラくなったから、気持ちが浮ついたにしても、ひどすぎる。政治に関わる資格なんかないというしかありません」
それから、原思がセンセイの会計担当になったときのことだが、給料として月に九百石《こく》ということになった。原思は「いや、それ多すぎですよ。そんなにいりません」といった。するとセンセイは、こうおっしゃった。
「それなら、必要のない分は、みんな寄付してください。それでオーケイです」

123
子、仲弓《ちゆうきゆう》を謂《い》いて曰く、犂牛《りぎゆう》の子、騂《あか》くして且つ角《つの》あらば、用いるなからんと欲すと雖《いえど》も、山川、それこれを舎《お》かんや。

「仲弓のことなんだが、ちょっとヘンな譬《たと》えかもしれないけど、わたしは、一見目立たない、労役用の牛を思い浮かべますね。ああいう牛は、仮に立派な体をしていても、無視されがちで、中には『ああ、これ実にいい牛じゃないか、こんなところに置いておくのはもったいないなあ、でも運命だからなあ』と思う人もいるけど、そこまでです。でも、神様はちゃんと、そのことをよくご存じで、最後にはきちんとその牛をねぎらってくださる。まあ、そういう意味で、仲弓も、もっさりしているけど、見る人は見ている、とわたしは思っているんですよ」

124
子曰く、回《かい》や甚《おし》うること三月、仁《じん》に違《たが》わずなりぬ。其の余は則ち日に月に至りしのみ。

「顔回はほんとにすごかったです。わたしが教えるようになって、三ヶ月で、『仁』からはずれるようなことはなに一つしなくなりました。その他の徳目も、あっという間に、学んでしまいましたね。あんな子はいませんよ」

125
季康子《きこうし》、問う、仲由《ちゆうゆう》は政《まつりごと》に従わしむべきか。子曰く、由や果《か》なり。政に従うに於いて何かあらん。曰く、賜《し》や政に従わしむべきか。曰く、賜や達なり。政に従うに於いて何かあらん。曰く、求《きゆう》や政に従わしむべきか。曰く、求や芸あり。政に従うに於いて何か

あらん。


季康子がセンセイに質問した。

「お弟子さんの仲由（子路《しろ》）くんですが、彼に『政治』というものができるでしょうか」

すると、センセイはこうお答えになった。

「問題ありませんね。仲由はなにより決断力があります。それがあれば『政治』は大丈夫なんですよ」

「では、賜（子貢《しこう》）くんは、どうです？」

「あの子も大丈夫。なにしろ、『先が読める』子ですからね」

「では、もうひとり、求（冉求《ぜんきゅう》）くんは？」

「同じです。求には、教養があります。これもまた、『政治』に不可欠の能力で、あの子なら、きちんとやってくれるでしょう」

126 季氏、閔子騫《びんしけん》をして費《ひ》の宰たらしめんとす。閔子騫曰く、善く我が為にこれを辞せ。如《も》

し我に復《ふた》たびする者《こと》あらば、吾は必ず汶《ぶん》の上《ほとり》にあらん。

季氏さんが、閔子騫の才能を高く買って、ある町のトップに任用しようとしたことがあった。すると、閔子騫は、それを伝えに来た人に、こういった。

「わたしにはそんな能力はありません。お断りします。そうわたしがいった、とあなたの上司にお伝えになってください。それでも、またいらっしゃるなら、わたしは、国外に脱出しますよ、マジで」

127 **伯牛《はくぎゅう》、疾《やまい》あり。子これを問い、牖《まど》より其の手を執る。曰く、之《これ》を亡《うしな》わん。命《めい》なるかな。斯《こ》の人にして斯の疾あり。斯の人にして斯の疾あらんとは。**

伯牛は重い病にかかり、床《とこ》に伏せることになった。心配したセンセイは、伯牛の家までお見舞いにいったけれど、伯牛は、伝染《うつ》ってはいけないとセンセイを家の中には入れなかった。なので、センセイは、窓から手を差し伸べ、固く長い握手を交わすしかなかったのである。センセイは深い哀しみをこめて、こうおっしゃった。
「これを運命と呼ばねばならないのか……。これほどまでに立派な人が、病で死んでゆこうとしているなんて」

128
子曰く、賢《けん》なるかな回や。一簞《いったん》の食《し》、一瓢《いっぴょう》の飲《いん》、陋巷《ろうこう》に在り。人は其の憂えに堪えず。回や其の楽しみを改めず。賢なるかな回や。

「いつも顔回ばかり誉めることになってしまうけれど、ほんとに賢いとしかいいようがないんですよ。旨いものを食べるわけでもなく、贅沢な暮らしをするわけでもない。あばら家みたいなところに住んで、かつかつで生きている。ふつうなら、不平不満がつもって、文句の一つもいうようになるものなのに、顔回はまったく気にせず、学ぶことを考えていました。みんな、そうならいいんですけどねえ」

129 **冉求曰く、子の道を説《よろこ》ばざるには非《あら》ず。力足らざるなり。子曰く、力の足らざる者は、中道にして廃す。今、女《なんじ》は画《かぎ》る。**

冉求が、突然、こんなことをいいだした。

「センセイ、ぼくは、センセイのお考えはどれも素晴らしいと思ってます。それは、ほんとうです。でも、正直にいって、理想が高すぎて、ぼくにはついていけそうもありません。もう無理……」

「冉求、そうネガティヴになる必要はありませんよ。だって、ほんとについていけないなら、もうとっくに脱落してるはずです。なのに、きみは、自分から見切りをつけようとしてる。まだ実力を出し切ってないいんじゃないかな」

130 **子、子夏《しか》に謂いて曰く、女、君子の儒《じゅ》と為れ。小人《しょうじん》の儒と為るなかれ。**

「子夏、よく聞いておくれ。学者になるなら、ちまちま本に書かれた文字ばかり見て、ああだこうだ、と解釈ばかりするような、ちっぽけな学者じゃなくて、いつも世界全体のことを考えられるような、大きな学者になりなさい。そうでなければ、学問なんかやったって無駄ですからね」

131
子游《しゆう》、武城《ぶじょう》の宰となる。子曰く、女、人を得たるか。曰く、澹台滅明《たんだいめつめい》なる者あり。行くに径《こみち》に由《よ》らず。公事に非ざれば、未だ嘗《かつ》て偃《えん》の室に至らざるなり。

子游がある役所の長官になった。しばらくして、センセイは、子游に訊いてみた。
「子游、きみのところに、優秀な部下はいるかね」
「はい、センセイ。澹台滅明というやつがいるのですが、これはなかなか優秀ですよ。なにしろ曲がったことが大嫌いで、公務以外で、わたしの家に来たことがないぐらいなんです」

132 子曰く、孟之反《もうしはん》、伐《ほこ》らず。奔《はし》りて殿《でん》す。将《まさ》に門に入らんとす。其の馬に策《むち》うちて曰く、敢《あえ》て後《おく》れたるに非ず。馬、進まざりしなり。

「孟之反という人は、ほんとに、恥ずかしがり屋、というか、控えめなんですね。戦場での話なんですが、負け戦《いくさ》で、最後尾を務めたことがあったんです。みんなも知っているように、いちばん難しいし、できればやりたくない役どころでしょう。でも、文句もいわずに、見事にやってのけた。それればかりか、最後、ようやく、味方の城までたどり着いたとき、わざわざ、大声でこういったそうです。『いま、最後尾として到着しましたが、別に、華々《はなばな》しくしんがりで戦ったわけじゃなく、馬が遅くて、気がついたらこの位置にいた、ってだけなんですからね！』はにかみやもここまでいくと、ビョーキみたいですね」

133 子曰く、祝鮀《しゅくだ》の佞《ねい》あらずして、宋朝《そうちょう》の美あらば、難《かた》いかな、今の世に免《まぬか》れんこと。

「衛《えい》の国に祝鮀という人がいて、この人は、スピーチをやらせても天才的でとにかくしゃべる能力は抜群でした。でも、もし、祝鮀が、あの宋朝のように派手な、つまり見てくれだけの人間だったら、どうなっていたでしょう。やっぱり、政治家に必要なのは、優れた能力なんですね」

134
子曰く、誰か能《よ》く出づるに戸に由らざらん。何ぞ斯の道に由る莫《な》きや。

センセイが、こう呟かれたことがある。
「それにしても、誰だって、出入り口を通らなければ、どこにも行くことはできないのだが、不思議なことに、わたしたちがいるこの『道』を通ってゆく人はほとんどいませんね」

135
子曰く、質《しつ》、文《ぶん》に勝れば野、文、質に勝れば史、文質彬彬《ひんぴん》として、然る後に君子《くんし》なり。

「どんなにいいことを書いても、表現がまずかったら、意味はありません。逆に、どんなに立派な表現でも中身のないのは、まあ三流作家の書いた作品みたいなものですね。そこに深い意味があって、同時に表現としても素晴らしいもの、だからこそ、誰もが魅《ひ》きつけられてしまう、そういうものを身につけて、やっと、『クンシ』と呼ぶ存在になれるというわけなんです」

136
子曰く、人の生るるや直し。これを罔《なみ》して生くるや、幸いにして免れんのみ。

「わたしは、誰もが素直に生まれついていると思っています。でも、そのもともと持っている性質を無視して、ひねくれた暮らしをしていて、なにも問題がないとしたら、それはそれで驚くべきことではないでしょうか」

137
子曰く、これを知る者はこれを好む者に如《し》かず。これを好む者は、これを楽しむ者に如

かず。

「知識というものの厄介《やっかい》なところは、結局、『頭』で知ることしかできない場合が多いということです。それでは、深くエモーショナルに納得したものにはとても敵《かな》いません。でも、単にエモーショナルなところで心打たれたとしても、それは、自分から全身全霊でなにかに打ち込んでいるときの喜びの深さにはとても比べられないのです」

138
子曰く、中人《ちゅうじん》以上は以て上《かみ》を語るべきなり。中人以下は以て上を語るべからず。

「ほんとうに一流の人間の価値がわかるには、それなりの人間でなきゃなりません。とてもハードルの高いことなんですよ。逆にいうなら、一流の人間の価値がわからない者は、それ以下だっていうことですね。残念ながら」

139

樊遅《はんち》、知を問う。子曰く、民の義を務め、鬼神を敬してこれを遠ざく。知と謂うべし。仁を問う。曰く、仁者《じんしゃ》は難きを先にして獲《う》るを後にす。仁と謂うべし。

樊遅がセンセイに「インテリ、っていうのはどういうものだと思えばいいんでしょう」と訊ねた。

「インテリは、まず、社会問題については、人びとがどういうことを望んでいるかを第一に考えなきゃなりません。それから、信仰とかモラルとか、そういった、価値観が分かれるものについては、深入りをしない。そういう態度が必要ですね」

「では、センセイ、『仁者』っていうのは、どう振る舞うものなんですか?」

「『仁者』は、インテリより求められるものが多いんです。つまり、解決すべき問題に誰よりも早く取り組み、その上で、解決したとして、報酬を期待しない」

「そうなんですか! ボランティアみたいものなんですね」

140

子曰く、知者《ちしゃ》は水を楽しみ、仁者は山を楽しむとあり。知者は動き、仁者は静かなり。

知者は楽しみ、仁者は寿《いのち》ながし。

「インテリは、水のように動きのあるものが好きで、『仁者』は、山のように動かず泰然《たいぜん》としたものが好き、ということばがあるけど、その通りですね。インテリは、落ち着きがなく、いつもあちこち出かけて、『ここに問題がある、ああ、そこにも問題山積みだ』とかいってるわけです。でも、『仁者』は、黙って家にいて、じっくり本質的な問題に思いを巡らします。もう一ついうなら、インテリは、そうやって目の前に次々現れることに一喜一憂して、生きている。それが生きがいなんです。でも、『仁者』っていうのは、もっと視線を遠くに向けています。だから、インテリよりも遥かに本質的な解答を見つけることができるわけなんですね」

141 **子曰く、斉、一変すれば魯に至り、魯、一変すれば道に至らん。**

「お隣の、斉の国は、もう一皮剝《む》ければ、かつての魯のように豊かな文化をもつ国になれるでしょう。わたしたちの魯も、もう一皮剝ければ、というか、もう少し努力できたら、本国の周がそうであったような、道義的な国家になれるかもしれませんね」

142 **子曰く、觚《こ》にして觚ならずんば、觚ならんや、觚ならんや。**

センセイは、こんなことも呟かれたこともある。

「それにしても難しいことですね。誰でもなにかを真剣にやろうとするけど、実は大切なところが抜けていたりする。当人は、『やったあ！』と思っているけれど、思っているものとはほど遠い、ってことが大半なんですよ」

143 **宰我《さいが》、問うて曰く、仁者は之に告げて、井《せい》に人ありと曰うと雖も、其れこれに従わん。子曰く、何為《なんす》れぞ其れ然らんや。君子は逝《ゆ》かしむべきなり。陥るべからざるなり。欺《あざむ》くべきなり。罔《し》うべからざるなり。**

あるとき、宰我はセンセイにこんなことを質問した。
「センセイ、『仁者』のことなんですが、そこまで到達した人間は、仮に、『井戸に人が落ちました！　たいへんだ！』とウソをつかれても、なにしろ高潔な人格の持ち主だから、なんの疑いもなく助けにいこうとする、っていう理解でよろしいでしょうか」
「宰我、そんなことはどうでもよろしい。そのエピソードは、『仁者』の本質にはなんの関係もありませんね。『仁者』とまでいかなくても、ふつうに教養あるインテリなら、まあ、井戸のそばまではだまされていくかもしれませんが、すぐに気づくものですよ。そんなにバカじゃない、とセンセイは思いますけどね」

144
子曰く、君子は博《ひろ》く文を学び、これを約するに礼を以てすれば、亦《ま》た以て畔《そむ》かざるべし。

「あなたたちは、まず、多くを学ばなければなりません。知識として、あるいは、ことばとして。そして、その上で、なにかを『やってみる』わけです。実践が、あるいは、行動があって初めて、あなたたちは、『学ぶ』ということを知るわけです」

145
子、南子《なんし》を見る。子路《しろ》、説ばず。夫子《ふうし》、これに矢《ちか》いて曰く、予《わ》が否《しから》ずとするところのものは、天これを厭《す》てん。天これを厭てん。

センセイが衛公の夫人の南子とお会いになったことがあった。そのことが、子路にはたいへん不満であったので、センセイはこうおっしゃった。

「子路、おまえは、なにか文句をいいたいようだけれど、恥じるようなことをわたしはなにもしていないよ。天地神明に誓ってね」

（さて、子路はいったいなにが不満だったんでしょうね）

146
子曰く、中庸《ちゅうよう》の徳たるや、其れ至れるかな。民能くすること鮮《すくな》きや久し。

「『中庸』ということばは評判が悪いんです。なんか、特徴がない、っていうか、熱くも冷たくもない、っていうか。いいにせよ、悪いにせよ、はっきりしている方が、なんかカッコいいと思われちゃうわけですよ。『ＩＳ（イスラム国）』だって、みんな眉をひそめるけれど、あの徹底ぶりが人を魅きつけるのも無理はないとセンセイは思います。でも、『中庸』ということが、ほんとうはいちばん難しい。極端にやるのは実は簡単なんです。深く考えなくてもできるからです。『中庸』であること、それは、『真ん中』であることなんですが、なにの『真ん中』かっていうと、『歴史』の『真ん中』なんです。時代が移り変わっても、変わることのない、本質的な『正義』、それを『中庸』と呼ぶわけです。そのためには、歴史を知らなきゃならない。難しいわけですよね」

147
子貢曰く、如し博く民に施して能く衆を済《すく》うものあらば何如《いかん》ぞや。仁と謂うべきか。子曰く、何ぞ仁を事とせん。必ずや聖か。堯舜《ぎょうしゅん》も其れ猶《な》おこれを病めり。夫《そ》れ仁者は己れ立たんと欲して人を立て、己れ達せんと欲して人を達せしむ。能く近く譬《たとえ》を取る。仁の方《みち》と謂うべきのみ。

子貢がセンセイにこんなことを質問した。
「センセイ、もし、ですが、すべての人たちの経済的問題を解決するだけではなく、すべての人たちの心の悩みも解決してしまうような人間がいるとしたら、そういう人こそ、『仁者』と呼んでもいいのではないでしょうか」

「いや、子貢、そういう人間がいるとしたら、それはもう、『仁者』も超えているね。スーパーマンとでも呼んだらいいんじゃないかな。あの伝説のエライ人、堯や舜だって、そこまではいかなかったからね。『仁者』というのは、人間としては最高レベルだけれど、それでも神様じゃない。じゃあ、なにができたら『仁者』といえるのか。わたしの考えだけれど、なにかすごいことをやろうと思ったら、まず、誰か他の人たちにやってもらうことを考える、そういう人なんじゃないかな」

「それって、たとえば、センセイは、『学び』の最高峰を目指しているけれど、その前に、というか、それ以上に、というか、そのために、自分ではなくわたしたちを、そこへ導こうとしている、みたいなことですか?」

「それでは、わたしは『仁者』だって自分で宣言しているみたいだね。でも、まあ、そういうことです。『仁者』のやることに、神秘的な要素は一ミリもないんです」

レッスン7

述而

148 **子曰く、述べて作らず、信じて古《いにしえ》を好む。窃《ひそ》かに我が老彭《ろうほう》に比す。**

「わたしは、なにか新しい『思想』を作りだそうとしているのではありません。既に、あるものを、いいなおしているのにすぎないのです。そして、それで十分だと信じています。歴史や伝統の中には、素晴らしいものがたくさんあります。それらを無視して、『新しい』なにかを作りだそうとしている人たちがいますが、わたしには、どれも無意味なことのように思われるのです。老彭という人がいましたが、知っていますか？　彼もまた、わたしと同じような考えでした。真理というものは普遍的なのです」

149 **子曰く、黙してこれを識《し》り、学んで厭《いと》わず、人を誨《おし》えて倦《う》まず。我に於いて何かあらんや。**

「よくわかっているけれど、口に出さないことはあります。知識は、人に認めてもらうために求めるわけではありません。それから、いくら勉強しても、飽きることはありませんし、いくらあなたたちに教えても、疲れたりもしません。『学ぶ』ということの中には、わたしたち人間に活力を与えるなにか、つまり、エンパワメントの能力がある、ということです。少なくとも、わたしにおいては、ですけれどね」

150
子曰く、徳の脩《おさ》まらざる、学の講ぜられざる、義を聞いて徙《うつ》る能《あた》わざる、不善の改むる能わざる、是れ吾が憂えなり。

「わたしがいつも心配していること……というか、あなたたちにも、いつもこういう警戒心をもっていて欲しいと思っているのですが……それは、そのために必要なモラルを身につけないまま、ただ学ぶだけ、ただ知るだけ、あるいはただ『なにかをやる』だけになってはいないか、ということ。それから、なにかを一生懸命学んでいる『つもり』になっているだけで、実は、一歩も進歩していないのではないか、ということ。そして、なにか、そこに『正しさ』があるはずなのに、目をそむけて、知らないふりをしているのではないか、ということ。最後にもう一つ、実は、自分が『悪』に加担していることに気づいているのに、みんながやっていることだし、とか、自分ひとりが反抗しても意味がないし、とか考えて、結局、そのままになってしまうことです。ユダヤ人大量虐殺の責任を問われたアイヒマンが、『わたしはただ「上」の命令をきいただけです』と語ったとき、ハンナ・アーレントは、それを『悪の陳腐さ』と名づけましたが、それも同じことですね。時代は変わっても、この問題の普遍性は変わらない、とセンセイは思うのです」

151
子の燕居《えんきょ》するや、申申如《しんしんじょ》たり、夭夭如《ようようじょ》たり。

センセイの知られざる一面をご紹介しよう。センセイがいちばん好きな時間は、自宅でゴロゴロしているときであった。なにもせずぼんやりしたり、iPodに入れた好きな音楽、たとえば、バッハ以前のバロック音楽を、真空管アンプと最新のスピーカーシステムで聴いたりするのである。あるいは、古いモノクロ映画、それもVHSヴィデオ（!）で録画したやつを、ブラウン管のテレビで眺めたりする。よく観察してみると、きちんと聴いたり、観たりしているわけではない。ただもううつらうつらしながら、ときの流れに身をまかせている。そんな感じだ。そのリラックスした姿と、ふだんの、『学び』に対する峻厳《しゅんげん》な姿勢との落差に、センセイのリアルを感じたものである。

152 **子曰く、甚《はなは》だしいかな、吾が衰《おとろ》うるや。久しいかな、吾れ復《ま》た夢に周公《しゅうこう》を見ず。**

これもまたセンセイの呟きの一つなのだが、これを聞いたときには、弟子一同、心配したものである。

「どうも最近、気力が衰えたような気がします。年齢は争えませんね。最近、夢の中に、周公が出てこなくなったんですよ。なんだか、とても寂しいです」

153 **子曰く、道に志《こころざ》し、徳に拠り、仁《じん》に依り、芸に游《あそ》ぶ。**

えっと、続いて、これもセンセイの呟きの一つなんだけれど、ほんとに最近、センセイはひとり言を呟いているときが多いのである。あれ、誰に向かってしゃべってんの？　センセイ、ボケたんじゃないのかなあ、けっこうヤバい、という弟子もいるのだけれど、わたしの意見は少々違う。センセイは、もう、目の前のわたしたちではなく、もっと広い世界の誰かに向かってしゃべっているのではないかと思う。『仁者《じんしゃ》』って、そういう存在なんじゃないのかな。よくわからんけど。

「『学ぶ』ことを究《きわ》めたいとずっと思っていました。究極の『モラル』も身につけたいと思っていました。とはいえ、そのどちらも、ヒューマニズムと無縁ではいけないこともわかっていました。それらすべてをやり終えたあとなら、自分の趣味の世界に生きてもいいんじゃないでしょうかね」

154

子曰く、束脩《そくしゅう》を行うより以上は、吾れ未だ嘗《かつ》て誨《おし》うるなくんばあらず。

「わたしのところに学びに来る者には、もちろん、わたしが直接、指導します。最近、どうも、教えることを弟子にまかせて、弟子が孫弟子に教え、孫弟子が曾孫弟子に教える、そんなシステムを採用している学者も出てきているようですが、どうしようもありませんね。『教える』ということは、要するに、その『先生』の背中を見せる、ということなんです。それ以外に『教える』ことの意味はありませんからね」

155
子曰く、憤《いきどお》らざれば啓せず、悱《ひ》せざれば発せず。一隅《いちぐう》を挙げて、三隅を以《もっ》て反《かえ》さざれば、復たせざるなり。

「当たり前のことですが、情熱がない人間は少しも進歩しません。なにごとも途中に苦しみの時間がなければ、進歩することもないでしょう。とにかく、受け身では、どうしようもありません。なにか一つ教わったら、後は自分で勝手にその一つの近くを『掘って』みようとする。それぐらいでないと、こちらとしても教えがいがないわけです」

156
子は喪《も》ある者の側に食するには、未だ嘗て飽かざるなり。子、是の日において哭《こく》すれば、

則《すなわ》ち歌わず。

センセイが必ず実行していたことがあった。それは、喪に服している者がいるときには、食事を摂っても形だけで、ほとんどお食べにならなかったことである。それから、同じように、誰かのご冥福をお祈りする日には、お好きな音楽も流さなかった。センセイは、誰よりも、死者を思う気持ちが強かったのである。

157 **子、顔淵《がんえん》に謂《い》いて曰く、これを用うれば則ち行い、これを舍《お》けば則ち蔵《かく》る。惟《た》だ我と爾《なんじ》とのみ是れあるかな。子路《しろ》曰く、子、三軍を行《や》らば則ち誰と与《とも》にせん。子曰く、虎を暴《う》ち河を馮《わた》り、死して悔いなき者は、吾れ与《くみ》せざるなり。必ずや事に臨んで懼《おそ》れ、謀《はかりごと》を好んで成す者なり。**

センセイは、顔淵に、こんなことをおっしゃった。

「任務をまかされたら、黙ってその役目を果たし、クビになったら、なにもいわずに静かに元の暮らしに戻る。『務める』というのは、そういうことなんだが、わたしとおまえぐらいじゃないかな、できるのは」

また、これは別のときだが、子路がセンセイに、こんな質問をしたことがある。

「センセイ、もし、軍のトップになったら、どんな人間を副官になさいますか？」

すると、センセイは、こんなことをおっしゃった。

「とりあえず、『天才バカボン』に出てくる、一年中、鉄砲をぶっ放しているお巡りさんみたいなやつだけは願い下げですね」

「センセイ、そりゃあ、当たり前じゃないですか……」

「いやいや、冗談じゃなく、威勢のいいことをいうのが好きな連中、血迷って、すぐミサイルを発射しそうなやつ、そういう人間は使いたくないですね。軍事って、戦争とか、戦闘とかを連想させるけど、実際には、政治の一手段なんですから。とにかく、副官を選ぶとしたら、慎重の上にも慎重で、柔軟な頭脳を持つ者しかいないでしょ」

158 **子曰く、富にして求むべくんば、執鞭《しつべん》の士と雖《いえど》も、吾れ亦《ま》たこれを為さん。如《も》し求むべ**

からずんば、吾が好む所に従わん。

「もし、わたしが、金さえあればオッケー、この世でいちばん大切なものはマネー、そんな考えの持ち主だったら、こんなややこしい、『公』に尽くす仕事はやっていませんよ。それこそ、マルチ商法の片棒でも担ぐか、歌舞伎町で客引きをやって、酔っぱらいから金をむしってるところです。でも、そんなことのために自分をすり減らすようなバカなことはしたくないんです」

159 **子の慎しむ所は、斉《さい》と、戦と、疾《しつ》。**

センセイは、宗教的なイベントについて、それから戦争について、それから病について、以上の三つに関しては、発言に注意されていましたね。

160 **子、斉《せい》にありて韶《しょう》を聞く。三月肉の味を知らず。曰く、図《はか》らざりき、楽《がく》を為すの斯《ここ》に至るや。**

斉の国に滞在中のことである。センセイは、斉の国の民俗音楽「セイセイセイ、ヘイヘイヘイ」にすっかり夢中になってしまった。初めて味わうグルーヴ感、聴いたことのないリズム。センセイは三ヶ月、「セイセイセイ、ヘイヘイヘイ」の虜《とりこ》になっていたのだった。「ああ！」センセイは思わず呻いた。

「音楽ってすごい！　なに食べてたのか、ぜんぜん覚えてなかった……。わたしは、どちらかというと音楽には否定的だったが、こんなにいいものだったとはね！」

この後、センセイは、政治における音楽の効用を考えることになるのだが、そのきっかけが、この「セイセイセイ、ヘイヘイヘイ」事件なのだった。

161 **冉有《ぜんゆう》曰く、夫子《ふうし》は衛君《えいくん》を為《たす》けんか。子貢《しこう》曰く、諾《だく》。吾れ将《まさ》にこれを問わんとす、と。入りて曰く、伯夷《はくい》、叔斉《しゅくせい》は何人ぞや。曰く、古の賢人《けんじん》なり。曰く、怨みたるか。曰く、仁**

を求めて仁を得たり。又た何をか怨みん。出でて曰く、夫子は為けざるなり。

冉有が子貢に相談した。

「きみも知っての通り、衛公様は、亡命された父上といまも、正当な君主の地位をめぐって争っていらっしゃる。センセイは、そんな衛公様の味方になってくださるだろうか」

「わかりました。それとなく、センセイの考えを訊いてきます」

そういって、子貢は、センセイに、こんなふうに質問してみた。

「センセイ、伯夷と叔斉、っているじゃないですか。あのふたりって、ひとことでいうとどんな人物だと思います?」

「藪《やぶ》から棒になんだい。あの人たちは、要するに、古代最高の『賢者』だね。わたしたちもみんな見習うべき存在ですよ」

「そうはいっても、人間であることに変わりはありませんよね。確かに、他の兄弟に君主の位を譲って亡命したわけですけど、内心では怨んでいたんじゃないでしょうか」

「ゲスの勘繰りです。あの人たちは、『仁』のスピリットに基づいて行動しただけです。不満なんかあるわけありません」

「なるほど」そういうと、子貢は、センセイのもとを退出し、すぐに、冉有にこういったのだった。

「無理無理無理。センセイが衛公様を支持するなんて絶対無理。センセイは、前の衛公を尊敬してるんだから、ほんと無理！」

162　子曰く、疏食《そし》を飯《くら》い水を飲み、肱《ひじ》を曲げてこれを枕とす。楽しみ亦た其の中にあり。不義にして富み且つ貴きは、我に於て浮雲《ふうん》の如し。

「冷や飯をかきこみ、みそ汁やスープの代わりに水を飲む。でもって、眠たくなったら、そのまま、肘を曲げて、そこに頭を乗せて寝ちゃう。それが、いちばんシンプルな生活ですよね。生きる、というのは、それだけで十分。でも、そういう生活の中から、ほんとうの、生きる喜びが生まれてくるんです。インチキして金儲けしたり、エラいといわれるようになったりしても、そんなの意味なし。ほんとにつまらない」

163

子曰く、我に数年を加え、五十にして以て易《えき》を学ばば、以て大過《たいか》なかるべし。

「学ぶことに、終わりはないんですが、わたしもあとどのくらい生きていられるかわからない。でも、まだ何年かあるとしたら、『易経《えききょう》』をぜひ勉強したいですね。あの本には、とても重要ななにかがあるんです。それが掴《つか》めれば、なんというか、人間として、かなりいいところまで行けるんじゃないか、ってセンセイは思ってるんです」

164

子の雅言《がげん》するところは詩、書。礼を執るも皆な雅言なり。

センセイは『詩経《しきょう》』や『書経《しょきょう》』を使って講義をするときには、口語ではなく、「標準語」であった。もちろん、「礼」関係の行いでも、そのとき使用することばは、「標準語」であった。ふだんはざっくばらんなセンセイも、そういうときは、むずかしいことばを使われたのである。

165
葉公《しょうこう》、孔子を子路に問う。子路、対《こた》えず。子曰く、女《なんじ》は奚《なん》ぞ曰わざる、其の人となりや、発憤しては食を忘れ、楽んでは以て憂えを忘れ、老いの将に至らんとするを知らずと云うのみ、と。

葉公が子路に「センセイ、っていったいどんな人なの？」と訊ねたことがある。不意の質問だったので、子路は、焦って、どう答えていいかわからなかった。その話を聞いたセンセイは、苦笑して、こうおっしゃった。
「子路、もし、今度、同じ質問をされたら、こういったらいいですよ。センセイは、いったん、なにかを勉強し始めると、他のことがなにも目に入らなくなります。食べることも、寝ることも、息することも忘れるぐらいです。でも、それ以上楽しいことはなくって、そのためにどれだけ苦労したかなんて、完全に忘れてしまう。いや、それどころか、老人になったことさえ気がつかないぐらい。要するに、全身思想家、いや、全身勉強家なんですよ、ってね」

166 **子曰く、我は生れながらにしてこれを知る者に非《あら》ず。古を好み、敏《びん》にして以てこれを求めし者なり。**

「当たり前のことだが、わたしは、生まれつき、知識があったわけじゃありません。『過去』をよく知ろうとしただけです。『過去』は終わってはいません……そこには、現在に役立つ、素晴らしい智恵が隠されているのです」

167 **子、怪・力・乱・神を語らず。**

センセイはなんについてでも語ったわけではない。センセイが語ろうとはしないものがあった。それは、怪奇なこと、暴力的なこと、モラルに反すること、そして、神秘的なことだ。この世には、語りえぬものが存在する。あるいは、語るべきではないことが。そのことを、誰よりも明晰《めいせき》に、あらゆるものを語ろうとしたセンセイは知っていたのである。

168 **子曰く、三人行えば、必ず我が師あり。其の善き者を択《えら》んでこれに従い、其の善からざる者にしてはこれを改む。**

「なにかをやってみるときには、三人でやってみることを勧めます。ひとりでなにかをするのと、ぜんぜん違います。同じことをしても、です。なぜかというと、同じことをしても、みんなやり方が違うからです。ある人は、自分よりうまくやるし、ある人は、考えられないようなひどいやり方をする。どちらにしても、最高のお手本になってくれるわけですね」

169 **子曰く、天、徳を予《われ》に生ぜしならば、桓魋《かんたい》、其れ予を如何《いかん》せん。**

「『天』が、わたしになにかを期待しているとするなら、わたしになにか役割を与えてくださっているとするなら、桓魋のようなゴロツキが、わたしに手出しなんてできるわけがありませんよ」

170
子曰く、二三子《にさんし》は我を以て隠すと為すか。吾れ爾に隠すことなし。吾は行うとして二三子と与にせざるものなし。是れ丘《きゅう》なればなり。

「あなたたちは、わたしが知識の出し惜しみをしているとでも思っているのですか？　ガッカリですよ、そんなふうに思われていたなんて。考えるときも、行動するときも、わたしは、思っている通りにやっています。あなたたちが見ている、そのままです。カッコつける必要なんかありませんからね」

171
子は四を以て教う。文・行・忠・信。

「よく聞いてください。およそ社会の中に生きて、なにか、自分のためにではなく、公共のためにしてみたい、と考える人間に、必要なものは、次の四つだと思います。一つ目は、『文』、考えをことばにしてみせること。二つ目は、『行』、考えたことを、現実の世界の中で実行してみること。三つ目は、『忠』、なにかをするときには、ひとりではできず、そのとき、もっとも大切なこと、絶対に信頼できる誰か、その人のためならすべてをなげうってもいい誰かと出会うこと。最後の四つ目は、『信』。出会った人びとを裏切らないこと。文・行・忠・信、そのどれが欠けても、真の『公』となることはできません」

172
子曰く、聖人は吾れ得てこれを見ざらん。君子者を見るを得ば、斯に可なり。子曰く、善人は吾れ得てこれを見ざらん。恒《つね》ある者を見るを得ば、斯に可なり。亡くして有りと為し、虚《むな》しくして盈《み》てりと為し、約にして泰《たい》と為さば、恒あること難《かた》いかな。

「完全な人間、つまり『聖人』というのは、ある意味で、人間を超えた存在だから、出会えないのも無理はありません。けれども、せめて、『君子』、つまり、真の教養を備えたインテリ、ということなんだけれど、そういう人には出会いたいものですね。それから、同じような意味になるけれど、真の善人、というか底抜けの正直者も、やはり、どこか人間を超えたところに行っているので、見つけるのは難しいです。そこまでは要求しませんが、責任感がある人なら、会ってお話しできたら嬉しいと思うんですね。でも、それだって、すごく難しい。だって、たいていの人は、ないのに『あるよ』といったり、中身が空っぽなのに、立派な人間に見せかけたり、経歴を詐称《さしょう》してハーバードビジネススクールでMBAを取得したといい張ったりするんです。誰も、ファクトに基づいてしゃべったりしない。希望的観測と事実のちがいがわからないんですね。これでは、自分のいったことに責任がとれるわけありませんよね」

173
子は釣《つり》して綱《あみ》せず、弋《よく》して宿《やどり》を射ず。

センセイは、釣りが趣味だった。それも、一本釣り専門。網なんか使わない。どうしてかというと、魚を捕まえることが目的なのではなく、「釣る」という行為のおもしろさを味わうことが目的だったからだ。同じように、鳥も射たが、巣籠《すご》もりしている鳥を狙ったりはしなかった。鳥を捕まえるのが目的なら、そちらの方が有効なのだが、もちろん、鳥を「射る」という行為そのものを楽しんでいたからに他ならない。趣味とは、そういうものなのだが、ここには、なぜか人間の本質が存在しているような気がしてならないんですよ。

174 子曰く、蓋《けだ》し、知らずして之《これ》を作る者あらん。我は是なきなり。多く聞き、其の善き者を択んでこれに従う。多く見てこれを識《し》りこれを知るは次なり。

「もしかしたら、とくに勉強しなくても、ひとりで、優れた思想にたどり着く人もいるかもしれない。でも、わたしは違います。わたしのやり方は、ある意味で、簡単です。偉大な先人たちの書いたものを読み、とりわけ素晴らしいと思える方たちの行動を真似してみる。それだけです。真似る、つまり、『まねぶ』ということの中に、『学ぶ』ことの本質があると、わたしは思っています。そう、その他では、とりあえず、いろんなところに出向き、目を凝らして見つめてみること。それも、優れたやり方の一つですね」

175 互郷《ごきょう》は与に言い難し。童子、見《まみ》えんとす。門人惑う。子曰く、其の進むことを与《ゆる》し、其

の退くを与さざるならば、唯だ何ぞ甚しきや。人、己を潔《きよ》くして以て進まば、其の潔きを与さん。其の往《むかし》を保せざるなり。

互郷は悪名高い土地であった。互郷出身というだけで、色眼鏡《いろめがね》で見られたのである。あるとき、その互郷出身の少年が、センセイに弟子入りを申し込んできた。とりあえず、面会を許可したものの、そのまま弟子入りをさせなきゃいけないかもしれない。そうなったら、ヤバい、と弟子たちは思ったのである。まあ、門人たちにも、互郷出身者に偏見があったのだ。そんな門人たちに、センセイはこうおっしゃった。

「なんで、そんなことで悩んでるのかな。センセイにはまったくわからない。会って話を聞くことと、この塾に入って門下生になることとは、まるで違うことですよ。だいたい、ふだんボロを着てる者が、思い立って、着替えてきたら、単にけっこうなことだ、と思うだけでしょ。なぜ着替えたのか、とか、そこにどんな深い理由があるのか、とか、いちいち、訊いたりしないじゃないですか。先回りして考えすぎるのは、どうかと思いますよ。その場、その場で、必要なことだけ考える！　わかりましたか？」

176
子曰く、仁、遠からんや。我れ、仁を欲すれば、斯に仁至る。

「『仁』というものは、実際にやってみることはとても難しい。けれども、どこか遠くにある理想ではなく、誰でも、いま、その場でやってみようと思えば、できることでもあるのです。遠いけれども、同時に、近くにある。それが、『仁』の本質です」

177
陳《ちん》の司敗《しはい》問う。昭公《しょうこう》は礼を知るか。孔子曰く、礼を知る。孔子退く。巫馬期《ふばき》に揖《ゆう》してこれを進めて曰く、吾れ聞く、君子は党《とう》せず、と。君子も亦た党するか。君は呉《ご》より娶《めと》り同姓たり。これを呉孟子《ごもうし》と謂えり。君にして礼を知らば、孰《た》れか礼を知らざらん。巫馬期、以て告ぐ。子曰く、丘や幸なり。苟《いやし》くも過《あやま》ちあれば、人必ずこれを知らしむ。

陳の国の司法長官がセンセイに質問した。

「失礼ですが、魯《ろ》の国の昭公というお方は『礼』を理解されていますか？」

「もちろんですとも」

センセイはそうお答えになった後、部屋から出ていった。その後、司法長官は、巫馬期に近寄るように、と合図をして、耳もとで囁《ささや》いた。

「聞くところによれば、真の『君子』は、仲間誉めはしないそうです。しかし、あなたたちのような『君子』でも、仲間誉めをするとは、意外でした。つまり、魯の王様は、呉の国から夫人を迎えられた。どちらの家も孟なので、ふつうは、孟姫さま、と呼ぶはずです。プリンセス・モウ、ですね。でも、プリンセスじゃなく、『子』を使って、呉孟子と呼んでいらっしゃる。これって、どう翻訳したらいいのか、わからないけど、『偉大なる首領様』的ニュアンスじゃないんですかね。女性だから、『我々国民全員の母なる』とか。そんな感じ？　とりあえず、ぜんぜん可愛くない。自分の夫人に、こういうことばをつけて平気なんて、そのセンス、おかしいでしょ。これで、魯の王様が礼を知っているというなら、犬猫ネズミだって、礼ぐらい知ってますよ」

巫馬期は、この話をセンセイに告げた。すると、センセイは頭をかきながら、こうおっしゃった。

「手厳《てきび》しいなあ……。でも、その通り、というしかないんですよねえ。いや、わたしは幸せ者だと思います。思いちがいをしたときには、それをきちんと指摘してくれる人がいるんですから。でも、センセイ、まいったなあ、ほんと……」

178 **子、人と歌って善しとすれば、必ずこれを反《かえ》せしめ、而《しか》る後、之に和す。**

センセイは、誰かが歌っているのを聴いて、「いいな!」と思うと、必ず、その人に繰り返し、歌ってもらった。もちろん、覚えるためである。そして、その後、その人と一緒に歌うことにした。歌を歌うことのような、思想とか礼儀とか社会的行動とはほど遠いようなことでも、同じやり方で対処したわけです。さすが、センセイ!

179 **子曰く、文莫《ぶんぼ》は吾れ猶お人のごときなり。君子を躬行《きゅうこう》することは、吾れ未だこれを得ることあらず。**

「わたしは、努力だけはけっこうしてきたと思います。でも、まだまだ、真の『君子』といえるような振る舞いは身についていないんです。ほんと、難しいんですよ。『君子』、つまり、真の知識人といえる存在になる、ということは」

180 **子曰く、聖と仁との若《ごと》きは、吾れ豈《あ》に敢《あえ》てせんや。抑《そもそ》もこれを為《まね》して厭《いと》わず、人に誨《おし》えて倦まざるは、即ち云爾《しかり》と謂うべきのみ。公西華《こうせいか》曰く、正に唯《しかり》、弟子《ていし》、学ぶ能わざるなり。**

「いつもいっていると思うけれど、もはや人間を超えた存在と思える『聖人』にも、人間として最高の徳を備えた『仁者』にも、わたしなど、とてもたどり着くことはできない。けれども、そのような、究極の理想、目指すべき灯台があってこそ、学ぼうと思う気持ちも湧いてくるし、教えがいもあるというものです。ほんとうに大切なのは、『聖人』や『仁者』『である』、とか、『になる』ということではなく、『にひたむきに向かう』ということなのだと思います。その点においては、わたしのやっていることも、悪くはないんじゃないでしょうか」

センセイがしみじみと、そんなことをおっしゃると、公西華は感に堪えないように、こう漏らした。

「センセイ！　ほんと、センセイ、ってすごいと思います。そこまで見通して勉強するなんて、ぼくたち弟子には、絶対無理です！」

181 **子、疾《やま》い病《へい》す。子路、禱《いの》らんと請う。子曰く、これありや。子路、対えて曰く、これあり。誄《るい》に曰う、上下の神祇《しんぎ》に禱爾《とうなんじ》す、と。子曰く、丘の禱るや久し。**

センセイが重い病にかかられたときのことだ。心配した子路は、切羽詰《せっぱつ》まって、怪しい祈禱《きとう》を行おうとした。すると、センセイは、こうおっしゃった。

「子路、きみがやろうとしている、それはなに？」

「センセイ。これは、よく『効く』といわれている、お祈りなんです。わたしの故郷では、みんなやってましたが……」

「そういう、どんな神様だかわからないものにお祈りする、って、よくないんじゃないかな。気持ちはありがたいけどね」
「わかりました。そうですよね。ちょっと、わたしも、動転しちゃって。いかんいかん。あっ、そうだ。センセイ、古い祈禱の本に、『正しく神に祈れば、病からも回復する』って書いてありました。ちょっと、お待ちください。いま、『正しい祈り』をやってみますんで」
「子路。『正しい祈り』だったら、わたしは、ずっと前からやってると思うんです。おまえの志《こころざし》は嬉しいけど、必要ないと思いますね」

182
子曰く、奢《しゃ》なれば不遜、倹《けん》なれば固し。其の不遜よりは寧《むし》ろ固かれ。

「だいたい、いつも贅沢している人間は、態度も大きくなって、傲慢《ごうまん》になってしまうんですね。じゃあ、倹約してるといいのか、というと、そうじゃなくて、そういう人は、どんな場合でも倹約一辺倒、『高い！』とか『贅沢！』とか『もったいない！』とか『必要ない！』とか、そんなことしかいわない。結局、どうなるかというと、一つの見方に固執する、頑固者になりがちなんです。どっちがマシかということなんだけれど、まあ、頑固の方がマシでしょうか」

183
子曰く、君子は坦《たん》として蕩蕩《とうとう》たり、小人《しょうじん》は悵《ちょう》として戚戚《せきせき》たり。

「『君子』というものは、ガツガツしないで、万事のんびりとしているものです。あなたたちも、そうであってほしい、とわたしは思っています。不満だらけで、物欲しげで、いちいち落ちこんだりしないでほしいって」

184
子は温《おだ》やかにして厲《はげ》しく、威《い》ありて猛《たけ》からず、恭にして安し。

センセイは、いつもにこやかにしておられて、たいへん穏やかな人柄であったけれど、同時に、内に秘めた烈《はげ》しさは、誰にも負けなかった。また、センセイには威厳があったけれど、圧迫感は感じられなかった。なにごとにも丁寧だったけれど、セコセコとはせず、驚くほどのゆとりが感じられた。要するに、センセイは、すべてを兼ね備えておられたのです。

レッスン8

泰伯

185 **子曰く、泰伯《たいはく》は其れ至徳と謂《い》うべきのみ。三たび天下を以《もっ》て譲り、民、得て称するなし。**

「誰が、最高の『徳』の持ち主かというなら、わたしは、周《しゅう》の泰伯の名前を最初にあげたいですね。なにしろ、泰伯さんは、三度もその王位を弟の季歴《きれき》に譲ったんです。もちろん、譲ったこと自体、半端なくスゴいんですが、もっとスゴいのは、それがあまりに自然に行われたので、というか、あまりにも当たり前みたいに譲ったので、民衆は誰も『立派な人だ、誉めたたえよう』とさえ思わなかった、ってことです。『スゴいなあ』と感心されてるうちは、まだまだ、ってことですよ。見習わなくちゃいけませんね」

186 **子曰く、恭にして礼なければ労す。慎んで礼なければ葸《おそ》る。勇にして礼なければ乱る。直《ちょく》にして礼なければ絞《せま》し。君子、親に篤《あつ》くすれば、民、仁《じん》に興《おこ》る。故旧遺《わす》れざれば、民、偸《うす》からず。**

「『礼』というものの役割を、少し話してみましょう。たとえば、誰かを敬う気持ちがあるとします。でも、そのとき、『礼』を知らなければ、結局、ただ盲目的にその人に従っているだけで、意味のないことになってしまうでしょうね。それから、マジメ一徹《いってつ》な人間がいるとするでしょう。そういう人も、そのマジメさがどこに向かっていて、社会のどんな役に立つのか、自分は社会のどこにいるのか、ということを知らず、ただもう、間違いを犯さず、真っ直ぐゆくだけだと、そのうち、疲れて、ああ、なんのためにこんな性格なんだろう、って、いじけてしまうでしょう。それから、勇気がある人がいるとします。それはけっこうなことです。でも、その『勇気』も、社会との関係の中、他の人間との関係の中、での勇気、つまり『礼』に基づく勇気でなきゃならない。そうでないと、電車が入ってくるとき、駅のプラットフォームのぎりぎり端っこを歩くとか、そんな、なんの役にも立たない、いや、はっきりいって迷惑のかかるようなことを勇気だと勘違いする人間になってしまいます。さらに付け加えると、正直な人だって問題です。これも、一見、いい性格に見えるけど、『患者の性格や置かれた立場となんの関係もなく、どんどん癌《がん》を告知してゆく医者』がいるとするでしょう、その正直さ、ってときに残酷になってしまうじゃないですか。それは、『礼』を知らないからなんです。『礼』が大切なものだ、ということは、いま話した例だけでもわかりますよね。せっかくだから、もう一つ、話しておくと、上に立つ者が、自分の親戚たちに人情厚く接しているのを、その様子をふだん見ている一般の民衆も、なんとなく、同じようなことをするようになって、結果として、みんな『仁』の道を歩むようになるだろうし、まだ無名だったり、若くて貧しかったりした頃の交友関係を大切にしていると、やはり、それを見た民衆は『めっちゃいい人じゃん』と思うようになる。『礼』も『仁』も、ふだんの心がけが大事、ってことなんです」

187
曾子《そうし》、疾《やま》いあり。門弟子《もんていし》を召して曰く、予《わ》が足を啓《ひら》け、予が手を啓け。詩に云う、戦戦《せんせん》兢兢《きょうきょう》として、深き淵に臨むが如く、薄き冰《こおり》を履《ふ》む如くせよ、とあり。而今而後《じこんじご》、吾れ免《まぬか》れしを知るかな、小子《しょうし》。

重い病の床《とこ》についていた曾子は、門人たちを呼び集め、こういった。
「わたしの足のまわりによく触ってください。それから、手のまわりにも。もう冷たくなってきたでしょう。いま、わたしの身体は、少しずつ、その役目を果たし終わりつつあるのです。有名な詩の一節に、『身体を大切になさい。神経質なぐらいでちょうどいい。そう、深淵《しんえん》をのぞきこむときのように、薄い氷の上を歩くときのように、いくら神経質になってもかまわないから』とありますね。わたしは、そうやって生きてきました。それが、人間の責務でもあったからです。だが、本日かぎり、わたしは、その責務から解放されるのです。あなたたちとも、お別れです。さようなら」

188
曾子、疾いあり。孟敬子《もうけいし》、これを問う。曾子、言いて曰く、鳥の将《まさ》に死なんとするや、其の鳴くこと哀し。人の将に死なんとするや、其の言うこと善し、とあり。君子の道に貴ぶところのもの三あり。容貌を動かしては、斯《ここ》に暴慢《ぼうまん》に遠ざかる。顔色を正しくしては、斯に信に近づく。辞気を出しては、斯に鄙倍《ひばい》に遠ざかる。籩豆《へんとう》の事には、有司《ゆうし》存す。

曾子の病が悪化した頃のことだ。見舞いに来た孟敬子に、苦しい息の下、曾子はこういった。

—こんなことばがあります……死んでいこうとしている鳥の微《かす》かな呟きにも似た鳴き声は切なく哀しい。死んでいこうとしている人間が、その間際に口にすることばは真実だ……。

どうか、そのことばにあるように、いまからわたしのいうことばに、いくらかでも真実があるとするなら、どうか、耳を傾けてください。三つだけ……あなたに大切にしてもらいたいことがあります。お伝えしたいのは、『君子』はどんな態度をとるべきなのか、ということです。一つ目は……どんなにショックなことがあっても……いろいろな事件、突発的な出来事を目の前にして、怒りがつのることもあるでしょう、嘲弄《ちょうろう》されて憤激《ふんげき》したりすることも……けれども、相手と同じレベルになってはいけません、乱暴になったり傲慢《ごうまん》な態度になったりしてはなりません……『君子』というものには、いつも、落ち着いて振舞う義務があるのです。二つ目は……もしあなたがなにかを……冗談ではなく、本気でいったとしたら……約束をするとか、なにかについてそれはこうあるべきだと確信をこめていうとか……だとしたら、あなたは、自分が話したことについて責任をとらなければならない……それが、どんなに小さなことであっても。三つ目は……議論するとき、汚いことばを吐いてはならないということです……相手は、そんなことばをあなたにぶつけてくるかもしれない……往々にして、議論というものは白熱すると……熱を帯びると、相手を倒すことばかりを考えるようになる……誰も真実がなにかを考えなくなります……けれども、あなたは、その泥沼に入り込んではならない……たとえ、他のすべての連中が悪罵《あくば》を吐いても、あなただけは、その連中の仲間になってはならない。いいですか？　他の細かいことは、作業をしてくれる誰か、アルバイトのような者に任せて、あなたは、本質的なことのみに向かってください……これが、あなたに、わたしから贈る、最後のことばです」

189 **曾子曰く、能を以て不能に問い、多きを以て寡《すくな》きに問う。有れども無きが若《ごと》く、実《み》てるも虚《むな》しきが若し。犯さるるも校せず。昔は吾が友、嘗《かつ》て斯に従事したりき。**

死の床についていたときのことだ。曾子は、若い頃のことを思い出したのであろうか、誰にともなく、呟くように、こんなことをいった。

「自分ではできると思っていたけれど、それでも、他の人の意見ややり方を訊いて回ったものだった。それから、自分では知っているつもりのことでも、他人に、それも、そんなことを知りそうにもない人間にさえ、あえて訊いてみることにしたものだった……そう、わたしには理想があった……なんでもできるとしても、それはあえて秘密にすること……溢れるほどの知識を蓄えたとしても、そんなものは無に等しいと考えること……喧嘩《けんか》を売られても、とりあわないこと、そんな愚かなことに付き合う暇なんかないのだから……こんな理想を、友人たちと掲げて、わたしは日々を過ごしていた……もう、ずっと遠い昔、わたしが若かった頃のことだ……」

190 **曾子曰く、以て六尺の孤を託すべく、以て百里の命《めい》を寄すべし。大節に臨んで奪うべからざるなり。君子人か。君子人なり。**

曾子はこんなことをいっている。

「『君子』の例として、こんなケースがあるだろう。たとえば、まだ幼い、未成年の、しかも孤児の皇子を託され、しかも、その国の政治を任されて、周りから深く信頼されて、さらに、重大な局面に立たされたときでも、信念を変えない。そういう人こそ、『君子』の中でも、さらに素晴らしい人となりを兼ね備えた『君子人』と呼んでもよかろう、とわたしは思う」

191 **曾子曰く、士は以て弘毅《こうき》ならざるべからず。任重くして道遠し。仁以て己が任と為す。亦《ま》た重からずや。死して後已《や》む。亦た遠からずや。**

また、あるとき、曾子は強い口調でこんなことをいった。

「学問を志《こころざ》す者は誰でも、自分がしなければならないことの、ほんとうの重みを知り、その上で耐える力強さを持たなければならない。それは、途方もなくたいへんなことだから、粘り強くなければ、どうにもならない。なにしろ、学問の道を歩む者たちは、『仁』を追究するという責務を背負っているのだから、これ以上の重荷はないだろう。そして、なによりも重要なのは、『終わり』がないということなのだ。学問にしろ、それが目指す『仁』にしろ、どこかにたどり着くということはありえない。わたしたちは、いつも『途上』にいることになる。最後の日まで」

192 **子曰く、詩に興り、礼に立ち、楽《がく》に成る。**

「学問というものはね、意外かもしれないけれど、まず、『文学』を読む、というか知ることから始まるんです。ことば、というものを知らなければ、なにも理解することはできません。そして、『文学』以上に、ことばについて知ることができるものはないんですから。その段階が過ぎると、それから、人間というもののあり方を知る『礼』について習うことになります。『礼』というものを理解できて初めて、とりあえず学問が身についたといってもいいでしょう。でも、それだけではダメなんです。その『先』に音楽を学ぶ、ということがあります。そして、それがいちばん難しい。ことばがわかること、人間のあり方がわかること、そんなものとはちがった『わかり方』にたどり着かなければ、音楽はわかりません。そして、音楽というものを理解したとき、ようやく、わたしたちは『人間』になることができるのです」

193
子曰く、民は之《これ》に由《よ》らしむべく、之を知らしむべからず。

「いいですか、よく覚えておいてください。政治は、民衆を熱狂させ、支持させることはできます。だが、できるのは、ただそれだけです。決して、民衆に、それがほんとうはどのようなものなのか、なにが起こっているのか、その本質はなんなのかを理解させることだけはできないのです。ほんとうは、そのすべては民衆のためのものであるはずなのに。悲しいことですが」

（これはよく知られた名言。その通り、というしかないですね）

194

子曰く、勇を好み貧を疾《にく》むは乱す。人にして不仁なる、これを疾むこと甚《はなは》だしきは乱す。

「憎しみの感情に支配されないようにしてください。たとえば、自立心が旺盛《おうせい》なのは、いいことであるはずなのに、そういう人ほど、いったん逆境に陥ると、たとえば、貧困の中に落ちると、そんな自分を認められなくて、逆ギレしたりします。それだけじゃありませんん。そういうときには、他人に対して寛容になれなくなって、ちょっと横柄《おうへい》な態度をとられると、激しい憎しみを抱くようになるのです。いや、わたしたちは、憎しみに抱かれるようになるのです」

（なんと、二千五百年も前から、こういう問題を、センセイは指摘していたのか。人間は少しも変わらない、ってことなのかもしれませんね）

195

子曰く、如《も》し周公《しゅうこう》の才の美あるも、驕《おご》り且つ吝《やぶさ》かならしめば、其の余は観るに足らざるなり。

「たとえ、周公のような素晴らしい才能を持っていたとしても、傲慢だったりケチだったりしては、なんの役にも立ちませんね。性格って、ほんとに大事なんですよ」

196

子曰く、三年学んで、穀《こく》に至らざるは、得やすからざるなり。

「なにかを真剣に三年も勉強していると、そろそろ、その知識を活用して、なにか職につきたいと思うのがふつうです。でも、中には、そんなことを思いつきもしない人もいます。

いや、なかなかできないことだ、って思いますね。ある意味、スゴいんじゃないですか」

197
子曰く、篤く信じて学を好み、死を守りて道を善くす。危邦《きほう》には入らず、乱邦《らんぼう》には居らず。天下道あるときは見《あら》われ、道なきときは隠る。邦《くに》に道ありて、貧にして且つ賤《いや》しきは恥なり。邦に道なくして、富み且つ貴きも恥なり。

「わたしたちが目指している『政治』について考えてみましょう。まず、なにより大切なのは一生をかけて学ばなければならない、ということです。だが、それよりも大事なのは、その上で、全身全霊をかけてそれを『実践』するということです。わかりますね。具体的な例をあげてみましょう。もう滅びかけているような国には行かないことです。同時に、社会が混乱して収拾がつかなくなっているような国にもいてはいけません。たとえば、ハイパー・インフレで苦しむベネズエラとか。そんなところでは、残念なことに、わたしたちは腕をふるうことなんかできません。とすると、どんな国なら、わたしたちの能力が発揮できるのか。きちんと治められている国なら、当然、力をふるうことができて出世することもできるでしょう。逆に、混乱した社会では、わたしたちのような、真にポリティックスを知っている人間には居場所がない。そういうものです。だから、社会的な正義がきちんと行われている国に住んでいるのに、貧乏でろくな仕事にもつけていないとなると、恥ずかしいと思わなきゃなりません。でも、もっと恥ずかしいのは、不正義が横行する国にいて、出世し金持ちになることです。理由は、いうまでもありませんね」

198
子曰く、其の位にあらざれば、其の政《まつりごと》を謀《はか》らず。

「政治の問題は微妙です。その問題に直接関わっている者にしかわからないこともあるからです。なにかちょっとしたこと、アドヴァイスとか批判とかをいいたくなることもあるでしょうが、それはやめておいたほうがいいでしょうね。当人は、百も承知、ってことが多いんですよ」

199
子曰く、師摯《しし》の始めは、関雎《かんしょ》の乱《おわり》のころおい、洋洋として耳に盈《み》てるかな。

「摯さんは、わたしの大好きなミュージシャンなんですが、彼の演奏は最高ですよね。なんともいえぬ音色《ねいろ》で、一度でも聴いたら、絶対忘れられないと思いますよ」

200
子曰く、狂にして直からず、侗《おろか》にして愿《つつしみ》あらず、悾悾《こうこう》として信ならずんば、吾れこれを知らざるなり。

「頭がおかしいのはいいとして……良くはないけど……おまけに素直じゃなく、鄙《ひな》びた田舎の出身なのに、素朴なところは皆無、その上に、一見マジメそうに見えて実はその場限りの適当なことばかりしゃべってる、そういう人間は、まあ、誰だってお手上げですよ」

201
子曰く、学は及ばざるが如くするも、猶《な》おこれを失わんことを恐る。

「なにかを『学ぶ』ということは、ほんとうにむずかしい。どれほど懸命にその後を追いかけても、いつも、見失ってしまいそうになるのではないかとおびえるのです」

202 **子曰く、巍巍《ぎぎ》たるかな、舜《しゅん》、禹《う》の天下を有《たも》つや、而《しこう》してこれに与からず。**

「『統治』という点に関しては、誰も、あの舜や禹にはかなわないでしょう。なぜなら、彼らのやり方には、『天下を治めている』という、無理な感じがまるでない、なんというかものすごく自然なんです」

203 **子曰く、大なるかな、堯《ぎょう》の君たるや。巍巍たるかな、唯だ天を大なりと為し、唯だ堯のみこれに則《のっと》る。蕩蕩《とうとう》たるかな、民能《よ》くこれに名づくるなし。巍巍たるかな、其の成功あるや。煥《かん》として、其れ文章あり。**

「とにかく、堯ほど素晴らしい君主はいなかったと断言してもかまわないでしょう。わたしたちは、この世界を律している根本的な倫理を『天』と呼んでいます。そして、いうまでもなく、人間にとって『天』以上に崇高《すうこう》なものは存在しません。それは、人間にとっては手の届かぬもの、ただ仰ぎ見るだけのもの、想像するしかないものです。それを現実の世界に持ち込むことは不可能といっていいでしょう。にもかかわらず、堯だけは、その『天』を現実の統治の指針とすることができたのです。どうすればそんなことが可能なのか、わたしにもまったくわかりません。でも、彼はやってのけたのです。そんな人間離れした存在だったから、彼にはどんな形容詞も似合いません。彼は、誰もたどり着けない高みにまで上り詰め、そこに、光り輝く王国を作り上げたのです」

204 **舜に臣五人あり、而して天下治まる。武王《ぶおう》曰く、予《われ》に乱臣十人あり、と。孔子曰く、才《さい》難《かた》しとは、其れ然《しか》らずや。唐虞《とうぐ》の際、斯に於いて盛んとなす。婦人あり、九人のみ。天下を三分して其の二を有ち、以て殷《いん》に服事《ふくじ》す。周の徳は、其れ至徳と謂うべきのみ。**

「舜は、天下を治めるのに、五人の部下を用いました。周の武王も、そう。彼は、『わたしには、優秀な部下が十人もいる』といったそうです。優れた『治者』は、優れた部下に恵まれているということですね。でも、ほんとうに、優秀な才能を見つけることは難しい。わたしは、いつも、堯や舜の治世の素晴らしさのことを話すけれど、それ以降では、周の武王がチャンピオンでしょう。なにしろ、優秀な部下が十人もいたのですから。まあ、そのうちのひとりは女性で『内助の功』ってやつですから、除くとしても、九人もほんものの政治家がいたってことですね。どれだけ、周の武王の統治能力がすごかったかというと、中国の三分の二を実質的に支配していたにもかかわらず、殷王朝に正統な主権があると認め、信義を尽くしていたことです。さすが、というしかありませんね」

205 **子曰く、禹は吾れ間然《かんぜん》するなし。飲食を菲《うす》くして、孝《こう》を鬼神に致し、衣服を悪《あし》くして、美を黻冕《ふつべん》に致す。宮室を卑《ひく》くして、力を溝洫《こうきょく》に尽す。禹は吾れ間然するなし。**

「夏《か》の禹王もまた、たいへん素晴らしい王様といえるでしょうね。自分の食事は粗末なままにしておいて、その一方で、先祖のお祭りのときには出費をおさえなかった。恰好だって、自分は質素そのものなのに、朝廷に勤める役人たちには立派なものをあつらえました。さらにいうと、自分の住まいはほんとにみすぼらしいままで、そこで切り詰めた予算を、たとえば、民衆のための用水路工事のために惜しげもなく使った。ここまで完璧にやられると、まあ立派ということばを贈るしかないですよね、こういう人には」

レッスン9

子罕

206 **子、罕《まれ》に利を言う。命と与《とも》にし、仁《じん》と与にす。**

センセイがなにより大切にされたのは「正しさ」であった。だから、政治や経済に関して、「利益」や「損得」の話をされることはほとんどなかった。仮に、そのことに触れる場合があっても、必ず、そのことにこだわっていると全体が見えなくなるから気をつけて、とか、人や社会のあるべき姿から逸脱《いつだつ》しないようにしなくちゃね、とかと念をおすのは忘れなかった。

207 **達巷《たつこう》の党人曰く、大なるかな孔子。博学にして名を成すところなし、と。子これを聞き、門弟子《もんていし》に謂《い》いて曰く、吾、何れを執らん。御《ぎょ》を執らんか、射《しゃ》を執らんか。吾は御を執るものなり。**

同じ町内の達巷に住んでいる、ある人がこんなことをいった。誉めてるのか、けなしてるのか、ちょっとわからない感じだった。

「センセイはほんとうにスゴい。なにがスゴい、って、あれだけ物知りなのに、まるで有名になる気配がないのだ。大したものだよ」

このことばを聞いて、センセイは、弟子たちにこうおっしゃった。

「戦車に乗って戦いに出かけるとき、射手《いて》になりたいか、それとも、戦車を運転する御者《ぎょしゃ》になりたいか、と訊かれたら、わたしは、『御者』と答えたい。わたしは、縁の下の力持ちの方が向いているのですよ」

208

子曰く、麻冕《まべん》は礼なり。今や純《くろ》し、倹《けん》なり。吾は衆に従わん。下《しも》に拝するは礼なり。今や上《かみ》に拝す、泰《たい》なり。衆に違《たが》うと雖《いえど》も、吾は下にてするに従わん。

「かつて、宮廷では、役人は白い麻の冠をかぶっていました。いまは黒い冠がトレンドですね。でも、これには倹約の意味もあるので、わたしは悪くないと思います。流行《はや》りがなんでも悪いわけじゃありません。でも、我慢できないものもあります。たとえば、いまは、王様にお辞儀をするのに、いったん堂の上まであがるでしょう。昔は、みんな、堂に上がらず、下にいて、そのままお辞儀をしたものです。わたしは、そっちの方が『礼』にかなっていると思います。いくら流行りでも、わたしは堂に上がってお辞儀はしません」

209 **子、四を絶つ。意《い》するなく、必《ひつ》するなく、固《こ》なるなく、我《が》なるなし。**

センセイは「やってはいけない」ことを四つ決めていた。すなわち、意地をはらない、こだわらない、頑《かたく》なにならない、おれがおれがと自己主張しない、の四つだ。要するに、柔軟であれ、ってことなんじゃないかな。

210 **子、匡《きょう》に畏《い》す。曰く、文王《ぶんおう》、既に没し、文《ぶん》、茲《ここ》にあらずや。天の将《まさ》に斯文《しぶん》を喪《ほろ》ぼさんとするや、後死の者、斯文に与かるを得ざらしめん。天の未だ斯文を喪ぼさざるや、匡人、其れ予《われ》を如何《いかん》せん。**

匡という土地に行かれたとき、センセイがトラブルに巻き込まれたことがあった。そのとき、センセイは、激しい勢いで、こうおっしゃった。

「いいですか、よく聞きなさい。周の文王が亡くなってから、文化というものはなくなりました。いや、文化はまだ残っています。わたしという現実の人間の『中』にです。もし、この文化、あるいは、古い伝統がもう必要ない、と『天』が考えるなら、わたしはここで死に、そのことによって、伝統も文化もお終《しま》いになるでしょう。けれど、『天』が、まだ、この文化というものは生き残るべきなのだ、と考えるなら、この匡の人たちが、どんなにわたしに危害を加えようと、恐れることはありません。わたしは生き残る運命にあるからです。わたしがふだんいっている『天の道』とか『運命』とかの意味は、そういうことなのです」

（ふだんは落ち着いてしゃべるのに、いざというとき、出てくる本音。このへんのセンセイのいってること、好きだなあ……）

211
大宰《たいさい》、子貢《しこう》に問うて曰く、夫子《ふうし》は聖者なるか。何ぞ其れ多能なるや、と。子貢曰く、固《もと》

より天、これを縦《ゆる》して聖を将《おこな》わしめ、又た能多からしむるなり。子、これを聞きて曰く、大宰は我を知るか。吾れ少《わか》くして賤《いや》し。故に鄙《ひ》事《じ》に多能なるなり。君子は多からんや。多からざるなり。牢《ろう》曰く、子、云えることあり、吾れ試《もち》いられず。故に芸あり、と。


大宰が子貢に質問した。

「ちょっと訊いていいですか。センセイは、もう、スーパーマンというか神様というか、そういうしかないぐらい、さまざまな才能をお持ちですが、いったいぜんたいなぜなんでしょう」

「センセイが、あんなに素晴らしいお方なのは、すべて『天』の『はからい』ですよ。なので、才能に恵まれるのは当然です」

そのやりとりを聞いたセンセイは、首をひねって、こうおっしゃった。

「そうじゃなくってですね、大宰、あなたはご存じないかもしれませんがね、わたしが若い頃は貧しくて、そういう場合、仕事のえり好みなんかできないわけですよ。だから、どんなヤバい仕事でもやったんですね。その結果が、これなんです。逆にいうと、ここにおられるような立派な家柄の方々は、そんな機会に恵まれないわけで、あとはいわずもがな、ってことでしょうか」

琴牢はそのときのことを覚えていて、バカの一つ覚えみたいに、「センセイは、まともな地位につけなかったおかげで『なんでも屋』になっちゃった、っておっしゃってたなあ」といっていたのだった。

212 子曰く、吾に知あらんや。知なきなり。鄙夫《ひふ》ありて我に問うに、空空如《こうこうじょ》たり。我は其の両端を叩いてこれを竭《つく》すのみ。

「わたしに『知識』なんかありませんよ。わたしの『知恵袋』は空っぽです。なのに、みんな、わたしのところに、『知識』を得ようとしてやって来る。『教えて、教えて、教えて』、それぱっかり。そんな質問をして、なにかを学ぶことができると思ってるんでしょうか。みんな、学問というものをまったく誤解していますね。みんなに教えてあげるような『知識』は、わたしという袋には一つも入ってません。一つもね！」

213

子曰く、鳳鳥《ほうちょう》至らず、河《か》、図《と》を出さず。吾れ已《や》んぬるかな。

「『幸運をもたらすというホウオウという巨大な鳥も、良いことが起こる前兆だというリユウも出てこなくなった』ということばがありますね。要するに、『悪い時代になった』ってことですが、ほんとうにそうなのかもしれない。最近、つくづくそう思います」

214

子、斉衰《しさい》なる者、冕衣裳《べんいしょう》なる者と、瞽者《こしゃ》とを見るに、これを見るとき、少しと雖も必ず作《た》つ。これを過ぎるに必ず趨《はし》る。

センセイが礼儀を重んじる人であったことはよく知られている。たとえば、喪服《もふく》を着た人、礼服を着た人、そして、目の不自由な人、そういった人たちと出会ったときに、決まってしていたことがある。それは、その人たちが仮に年下で、わざわざ挨拶《あいさつ》する必要がなさそうな場合でも、いったん席を下り、きちんと立って挨拶する、ということだった。他にもある。そういった人たちの前を通り過ぎるときには、敬意を表すために、わざわざ小走りになったのだ。「礼」というのは、そんな細かなことの積み重ねのうちに見いだされるものなのである。

215
顔淵《がんえん》、喟然《きぜん》として歎《たん》じて曰く、これを仰げば弥《いよ》いよ高く、これを鑽《き》れば弥いよ堅し。これを瞻《み》れば前にあり、忽焉《こつえん》として後《しり》えにあり。夫子、循循然《じゅんじゅんぜん》として善く人を誘《みち》びく。我を博《ひろ》むるに文を以てし、我を約するに礼を以てす。罷《や》めんと欲して能《あた》わず。既に吾が才を竭す。立つ所あって卓爾《たくじ》たるが如し。これに従わんと欲すと雖も、由《よ》る末《な》きのみ。

顔淵が思わずためいきをついたことがあった。
「昔から、こういうよね。『ほんもの』というやつは、すごいなあと思って仰ぎ見れば仰ぎ見るほど、その高さが尋常ではないことがわかる。錐《きり》でもめばもむほど、その真の固さがわかる。すぐ目の前にいるから大丈夫と油断していて、ふと気づくと、もう後ろの方に回られている。だから、こちらがなにを考えているのか、すべてお見通し。センセイ、ってそんな感じがするよね。ぼくは思うんだけど、センセイって、ほんとうに丁寧にぼくたちに教えてくれたでしょう。いろんなことを経験させてくれて、その上で必要な知識も教えてもらったよね。そして、なにより、いろんな知識を現実のものに変えるとき、いちばん大切なルールを教えてくださった。『礼』というやつをね。いま考えてみると、それって、めっちゃたいへんなことなのに、勉強なんかもうやめよう、って思ったことがないんだ。なんか、センセイのいわれたことを実践していると、楽しくてしようがないんだよね。でも、それでいいのかなあ、ってときどき、ぼくは思うんだよ。センセイはスゴい。それはわかってる。きっとセンセイのおられる場所からは、なんでも見わたせるんだ。じゃあ、ぼくたちは、センセイのおられる場所、その高みへたどり着くことができるんだろうか。とてもじゃないけど、そんなことができるような気が、ぼくにはしないんだよね」

216 子、疾《やま》い病《へい》す。子路《しろ》、門人をして臣たらしむ。病い間《かん》なるとき曰く、久しいかな、由《ゆう》の詐《いつわ》りを行うや。臣なくして臣ありとなす。吾、誰をか欺かん。天を欺かんや。且つ予《われ》、其れ臣の手に死なんよりは、無寧《むし》ろ二三子《にさんし》の手に死なん。且つ予、縦《たと》い大葬を得ざるも、予、道路に死なんや。

センセイが重い病にかかったときのことである。

子路は、自分の弟子をセンセイのところに送り、世話をさせることにした。その甲斐《かい》もあってか、病が小康状態になったとき、センセイは、子路が下男を世話してくれたことに気づいた。

「こういうことはやめてほしい、っていっていたのに、子路ときたら……。世間に誤解させようというのか。わたしは、使用人など持ったことがないのに、まるで、いるみたいじゃないか。確かに、便利だし、金持ちに見えるかもしれない。でも、そんなことをいくらやっても『天』を誤魔化すことはできないよ。いっておくが、金持ちは、死んだあとの世話は使用人にまかせるけれど、わたしは、そんなの願い下げだ。できたら、それは、おまえたちにやってもらいたい。それが、わたしの望みだ。目をみはるように大がかりな葬儀は出せなくても、いくらなんでも、行き倒れみたいな扱いはされないだろうと思ってます。そういうわけだから、余計な心配はしないでもらいたいね、センセイとしては」

217
子貢曰く、斯《ここ》に美玉あり。匱《ひつ》に韞《おさ》めてこれを蔵せんか。善賈《ぜんこ》を求めてこれを沽《う》らんか。

子曰く、之《これ》を沽らんかな、これを沽らんかな。我は賈を待つ者なり。


子貢が訊ねた。

「センセイ。ここに、立派な才能を持った人が……いや、美しい玉があるとしますね。これを、どうするのがベストの選択ということになるのでしょう。鍵をかけてしまっておくのか、それとも、価値のわかる商人に売ってしまうか」

するとセンセイはあっさり、こう答えた。

「子貢、そんなのわかりきったことじゃないか。『売る』に決まってる。鍵をかけてしまっておいては、美しい玉にはなんの意味もないことになる。その価値を知っている商人に売る。それしかないでしょ！」

218
子、九夷《きゅうい》に居らんと欲す。或るひと曰く、陋《ろう》なる、これを如何せん。子曰く、君子これに居らば、何の陋なることかこれあらん。

あるとき、センセイが急に、東方にある未開の地へ移り住みたいとおっしゃったことがあった。みんなびっくりした。そりゃそうだろう。センセイの、あの非凡な能力が無駄になっちゃうわけだから。だから、ある人が「行くのはかまいませんが、はっきりいってつまらないと思いますよ」といった。すると、センセイは平気な顔をして、こうおっしゃった。「あなたたちが一緒に行ってくれたら、つまらない、と感じることもないと思いますけどね」

219
子曰く、吾れ衛《えい》より魯《ろ》に反《かえ》る。然《しか》る後、楽《がく》正しく、雅頌《がしょう》、各々其の所を得たり。

「出かけていた衛から、懐かしい魯の国に戻ったら、衛にいたときには、ピンと来なかった音楽が、スッと耳に入ってきました。音程も間違ってないし、歌詞もきちんと意味があるように感じたんです。なんというか、狂っていた感覚が、正常に戻ったというかね。やはり、故郷にいるときが、いちばん自分らしく感じますね」

220 **子曰く、出でては公卿《こうけい》に事《つか》え、入りては父兄に事う。喪事《そうじ》は敢《あえ》て勉めずんばあらず。酒の為に困《くるし》められず。我に於て何かあらんや。**

「社会に出たら、偉い政治家の下で働き、家の中にいるときには、父兄にきちんと仕える。それだけではない。葬式があると聞けば、当然、手伝いに行って誠心誠意お勤めする。もちろん、そんなときに、羽目《はめ》を外して、酔っぱらうようなことは絶対にしない……以上、くれぐれも気をつけるように。申し訳ないが、わたしには簡単なことだったけれどね」

221 **子、川の上《ほとり》にありて曰く、逝くものは斯《かく》の如きかな、昼夜を舍《お》かず。**

センセイは、川の流れるところを見つめ、こうおっしゃった。

「ゆく川の流れは絶えずして、しかも、もとの水にあらず……こう書いた人がいるけど、その通りだね。川の流れを見ていると、誰でも、そう思うのかも。まるで、時間が流れてゆくのと同じ、昼も夜も、大した違いはないんですからね」

222
子曰く、吾は未だ徳を好むこと、色を好むが如き者を見ず。

「はっきりいってしまうけれど、人間、欲望には弱いものですよね。女好きな男は、腐るほどいるけど、徳が好き、っていうか、常に倫理的であろうとするような人間は、ほんとうに数少ないと思う。ほんとに」

223
子曰く、譬《たと》えば山を為《つく》るが如し。未だ成らざること一簣《いっき》なるも、止むは吾れ止むなり。譬えば地を平にするが如し。一簣を覆《か》えすと雖も、進むは吾れ往くなり。

「学ぶ、ということは、山を造ることに似ています。たとえば、あと一輪車一台分の土で完成！　というその直前でやめてしまったら、結局、なにもできなかったのと同じです。でも、同時に、学ぶ、ということは、地面の窪《くぼ》みを埋めることにも似ていますね。さっきの一輪車の土を、その窪みに放りこんで埋めるとするでしょう。すると、あなたは、そこを通って、次の場所に進むことができるわけです。一輪車一台分だけはね」

224
子曰く、これと語りて惰《おこた》らざる者は、其れ回《かい》なるか。

「講義のとき、常に緊張感を失わないのは誰か、というと、回（顔淵）かなあ、やっぱり」

225
子、顔淵を謂いて曰く、惜しいかな。吾は其の進むを見たり。未だ其の止まるを見ざりき。

「いま、考えても、顔淵を亡くしたのは、ほんとうに惜しいことです。彼は、たえず前進する人間でした。なにしろ、彼が行き詰まったところを、わたしは見たことがないぐらいなんですよ」

226
子曰く、苗《なえ》にして秀《ひ》いでざるものあるかな。秀いでて実らざるものあるかな。

「芽が出て、成長していって、それでも、穂が出ないことがある。いや、穂が出た、と喜んでも、実が熟さないことだってある。実に、学ぶ、ということは奥深く、同時に、たどり着くのが困難なことなんですね」

227
子曰く、後生畏《こうせいおそ》るべし。焉《いずく》んぞ来者《らいしゃ》の今に如《し》かざるを知らんや。四十五十にして聞こゆるなきは、斯《こ》れ亦《ま》た畏るるに足らざるなり。

「わたしは、若者には、いつも大きな期待を持ってきました。あとから来る者たちは、いつか前を歩く者たちを追い越してゆくものなのです。もちろん、わたしもまた、やがて追い越されるでしょう。だからこそ、残酷な事実に眼をつぶるわけにはいきません。四十、五十になっても、芽が出ない者には、残念ながら見こみはありません」

228
子曰く、法語の言は、能《よ》く従うなからんや。これを改むるを貴しと為す。巽与《そんよ》の言は、

能く説《よろこ》ぶなからんや。これを繹《たず》ぬるを貴しと為す。説んで繹ねず、従って改めざるは、吾れこれを如何ともする末《な》きのみ。

「きちんとした理由のあるアドヴァイスには、納得するしかありません。そして、納得したら、そのアドヴァイスに従って、まちがいを訂正しなくちゃいけません。頑固に自説を曲げない、とかいったことは、学ぶものにとっては意味のないことです。誰しも、誉められると嬉しい。でも、ほんとうに、その『誉め言葉』が正しいのかを、自分でちゃんと検証しなきゃならない。誉められると、喜ぶだけで、まっとうな批判をされると、『あっ、そうだね』と生返事を返すだけ。そういう連中は、手のほどこしようがないですね。わたしとしても」

229 子曰く、忠信を主とし、己に如かざる者を友とする毋《なか》れ。過《あやま》ちては改むるに憚《はば》かること勿《なか》れ。

「友だちとは誠心誠意、きちんとした態度で付き合うこと。でも、それにふさわしくない人間だと思ったら、友だちにならないこと。そして、なにごとにおいても、まちがったら、すぐに謝り、訂正すること。信念とか、過去の蓄積とか、そんなことはどうでもいいんです。なにより、柔軟でなきゃなりません。まちがうことを恐れる必要はありません。まちがってもそのことに鈍感であることを恐れてください」

（これは、レッスン1の（8）の繰り返しですね。なんで、同じフレーズがあるんだろう。謎ですね）

230
子曰く、三軍は帥《すい》を奪うべきなり。匹夫《ひっぷ》も志《こころざし》を奪うべからざるなり。

「どんな大軍団のトップだって戦いに敗れて、捕虜になることはあるでしょう。でも、気をつけてください。なにが起ころうとも、もっとも大切なもの、即ち、あなたたちの内にある魂だけは奪われてはならないのです」

231
子曰く、敝《やぶ》れたる縕袍《おんぽう》を衣《き》、狐貉《こかく》を衣たる者と立ちて恥じざる者は、其れ由なるか。忮《そこな》わず求めず、何を用《も》って臧《よろ》しからざらん、ということあり。子路終身これを誦《しょう》す。子曰く、是の道や、何ぞ以て臧《よ》しとするに足らん。

「ボロボロな服を着て、ミンクのコートを着た金持ちの横に並んでいても、ぜんぜん気にならないのは、教え子の中でも、子路ぐらいですかねえ。『人は人、おれはおれ。比べないのが最高』ということばがあって、子路は、このフレーズがお得意だったけれど、別に、そんなの当たり前のことで、『最高』っていうほどじゃないです」

232
子曰く、歳《とし》寒くして、然る後に松柏《しょうはく》の後れて彫《しぼ》むを知るなり。

「年の暮れになって寒くなるでしょう。そのときになって、やっと、松やヒノキといった常緑樹の葉の強さに驚くものです。なにごとも、いざというときにならないと、その素晴らしさ、生命力の強さはわからないのですよ」

233
子曰く、知者《ちしゃ》は惑わず。仁者《じんしゃ》は憂えず。勇者は懼《おそ》れず。

「ほんとうの知識を持っている人間は、なにがあっても迷うことはありません。また、『仁』が身についている人は、くよくよ心配したりしません。そして、これはいうまでもないことですが、勇者は、なにも恐れないのです」

234
子曰く、与《とも》に共に学ぶべきも、未だ与に道を適《ゆ》くべからず。与に道を適くべきも、未だ与に立つべからず。与に立つべきも、未だ与に権《はか》るべからず。

「同じ場所で、同じように学んでも、そのまま同じ道を一緒に進んでゆくわけではありません。また仮に、同じ道を一緒に進んでいったとしても、同じ仕事につけるわけではありません。そして、これがもっとも大切なことなんですが、一緒に仕事をしていても、それがなんであろうと、いざというとき、運命を共にすることができるわけではないのです」

235 唐棣《とうてい》の華、偏《へん》として其れ反《ひるが》える。豈《あ》に爾《なんじ》を思わざらんや。室《しつ》、是れ遠きのみ、とあり。子曰く、未だこれを思わざるかな。何の遠きことかこれあらん。

「みなさんは、こういう詩を知っていますか？　『にわうめから花びらが、秒速五センチで、ひらひら舞いながら、落ちてゆく。どんなに緩やかでも、あの花びらは、いつか大地にたどり着くのだ。けれども、あなたを思うわたしの気持ちが、いつか届くことはあるのだろうか。あなたが住む、あなたの部屋は、限りなく遠い』という詩です。なんかいいと思うでしょう？　でもね、真剣な思いがあれば必ず届く！　そう思わなきゃダメだとセンセイは思いますね。この人、恋愛している自分に酔ってるんじゃないですかね。道が遠いから諦《あきら》める、なんてことじゃ、学問なんかやる資格なし！」

レッスン10

郷党

236 **孔子、郷党《きょうとう》に於ては、恂恂如《じゅんじゅんじょ》たり。言う能《あた》わざる者に似たり。其の宗廟《そうびょう》、朝廷にあるや、便便《べんべん》として言う。唯だ謹しむのみ。**

センセイという人は、町内の会合なんかに出ると、ボソボソ話すだけなのである。声もちっちゃいし、何をいっているのかよくわからない。もしかして、この人、言語に関する障害があるんじゃないの、という感じさえする。ところが！　これが宮廷での祭祀《さいし》とか、政治的な発言をしなきゃならないときになると、まるでちがう人になっちゃう。もうびっくりするくらい雄弁《ゆうべん》。でも、よく聞いていると、ひとことひとこと、実に丁寧にことばを選んでいらっしゃるわけですね。

237 **朝《ちょう》において下大夫《かたいふ》と言うには、侃侃如《かんかんじょ》たり。上大夫《じょう》と言うには、誾誾如《ぎんぎんじょ》たり。君在《い》ませば、踧踖如《しゅくせきじょ》たり、与与如《よよじょ》たり。**

さっきのエピソードの続きです。もう少し具体的にいうと、こんな感じ。センセイは相手によってしゃべり方を変えます。たとえば、朝廷で下級官吏に対しては、絶対エラそうにせず、優しく話す。それが、上級官僚に対するとなると、逆に、臆することなく堂々と話す。そして、主君が相手だともちろん、臣下としての礼は守るけれど、ビクビクしたりはしない。悠然《ゆうぜん》たるものです。そういうわけで、センセイがしゃべっている姿を見るだけで、勉強になるってもんですよ。

238
君、召して擯《ひん》せしむれば、色、勃如《ぼつじょ》たり。足、躩如《かくじょ》たり。与《とも》に立つ所に揖《ゆう》するには、手を左右にし、衣の前後は襜如《せんじょ》たり。趨《はし》り進むには翼如《よくじょ》たり。賓《ひん》、退けば必ず復命して曰く、賓、顧みずなりぬ。

「主君のご命令で、エラい人たちの接待をするときはたいへんです。みなさんのために、ちょっとそのときのことを話しますね。もちろん、わたしだって、緊張しますし、それが顔や態度に出てしまいます。そんなことではいけません。とりあえず、はきはきと歩くようにしました。それなら、エラいさんたちの印象も悪くないでしょう？　とにかく、『元気』であることには気をつけたのです。たとえば、同僚にちょっとした挨拶《あいさつ》をするときにも、着ている服が揺れるぐらい、手を少し大げさにふったりとか。さっさと歩くから、袖《そで》がふくらんで羽を広げたように見えるぐらいだったとか。それぐらいやって初めて、接待の役割を果たせるというわけです。もちろん、お客様方が帰られるときには、姿が見えなくなるまでお見送りし、最後に、それを報告するところまでやったわけですよ」

239 **公門に入るには、鞠躬如《きくきゅうじょ》たり。容れられざるが如し。立つこと門に中《あた》らず、行くに閾《しきい》を履《ふ》まず。位を過ぐるには、色、勃如たり、足、躩如たり。其の言は足らざる者に似たり。斉《もすそ》を摂《かか》げて堂に升《のぼ》るには、鞠躬如たり。気を屏《ひそ》めて、息せざる者に似たり。出でて一等を下れば、顔色を逞《はな》ち、怡怡如《いいじょ》たり。階《きざはし》を没《つく》して、趨り進むには、翼如たり。其の位に復《かえ》りては、踧踖如たり。**

「それでは、朝廷での礼儀について話しますね。忘れないようにしてください。まず、宮殿の門には前かがみになって入ります。まるで、すぐ頭の上が天井で、そういう恰好でなければ入れない、という感じでいいでしょう。門を通りすぎるときには立ち止まらないで、敷居を足で踏んではいけません。注意してください。主君の席の前を通りすぎるときには、当然ですが、誰でも緊張して顔つきは厳しくなりますね。もちろん、きびきび歩くことを忘れずに。さて、主君に何か話すことがあったとしても、手短にしなければなりません。裾をつまんで、いよいよ建物の中にはいるときには、さきほどと同様に、前かがみになってください。口は閉じて、息もできないぐらい緊張しますね。でも、拝謁《はいえつ》が終わって、建物から出ると、もう階段を一歩降りるごとに、露骨に顔つきが変わります。ホッとするわけです。最後の階段を降りて、庭に出る頃には、足が勝手に高速で回転してしまいます。走って、自分の席に戻り、やっと人心地がつく、というわけです」

240
圭《けい》を執るには鞠躬如たり。勝《た》えざるが如くす。上ぐるには揖《ゆう》するが如くし、下ぐるには授くるが如くす。勃如として戦《おのの》く色あり。足は蹜蹜《しゅくしゅく》として循《したが》うところあるが如し。享礼《きょうれい》には容色あり。私覿《してき》には、愉愉如《ゆゆじょ》たり。

「さて、次です。主君のお使いとして外国に行ったとき、名代《みょうだい》の徴《しるし》である宝玉は、うやうやしく両手に捧げ持ちます。なんというか、その持ち方で、玉の重みを感じてもらうことが必要ですね。玉の位置ですが、上限は顔のあたり、下限は腰のあたり、と覚えておけばいいでしょう。身震いするくらいの緊張感を漂わせてください。歩き方についても、摺り足で、極端なことをいうなら、ひきずるくらいの感じで歩いてください。でも、その緊張も、玉を捧げ持っているときだけ。いったん、儀礼が終わり、宴席になったら、ゆったり構えること。わたしも、その頃には、向こうの連中とすっかりうちとけて、にこやかにしていましたよ」

241 **君子は紺緅《かんしゅう》を以《もつ》て飾りとせず。紅紫《こうし》は以て褻服《せつふく》と為さず。暑に当っては袗《ひとえ》の絺綌《ちげき》もてす。必ず表してこれを出す。緇衣《しい》には羔裘《こうきゅう》、素衣《そい》には麑裘《げいきゅう》、黄衣《こうい》には狐裘《こきゅう》。褻裘《せつきゅう》は長く、右《う》袂《べい》を短くす。必ず寝衣あり。長さ一身有半《いっしんゆうはん》。狐貉《こかく》の厚き以て居る。喪《も》を去れば佩《お》びざる所なし。帷裳《いしょう》に非《あら》ざれば、必ずこれを殺《さい》す。羔裘玄冠《げんかん》は以て弔《ちょう》せず。吉月には必ず朝服して朝す。**

「次に、ファッションの話をします。『君子』にとっては、これも大切なことですから。細かいことのように思えますが、そこにはいろんな意味が含まれているのですよ。まず、縁取りは紺色、あるいは濃紺にしてはいけません。そして、紅や紫は、まあ当然ですが、普段着には使わないものです。暑いときは、もちろん麻のジャケットを着てもかまいませんが、そのときには、ちゃんと下着とコーディネートしてください。他にも、コーデならレザーコートも忘れてはいけません。黒のアイテムには小羊、白のアイテムには鹿、黄色のアイテムには狐のコートを合わせるものです。カジュアルなレザーコートはロングのものがいいでしょう。ただし、右のスリーブは短くしてください。寝るときには、パジャマを着てください。それも、裾をひきずるくらい、めっちゃ長めのやつがいいと思います。狐や黒テンのカーペットはゴロッと横になって休むときに使います。細かいですね。あと、アクセサリーはなにをつけてもいいです。喪に服しているとき以外ならね。冠婚葬祭に出るときでなければタキシードの裾に飾りをつけなくてもよろしい。それから、お悔やみに行くときには、小羊のレザーコートと黒い帽子は御法度《ごはっと》です。そして、最後に、毎月一日は必ず、礼服を着て主君のご機嫌をうかがいに行くこと！　そのときになって、なにを着たらいいのか困らないようにね！」

242 斉《さい》するには必ず明衣《めいい》あり、布もてす。斉するには必ず食を変ず。居には必ず坐《ざ》を遷《うつ》す。

「今度は、祭礼のときの礼法について話します。そもそも祭礼というものは、特別な行事であって、そのさいには、特定の行為を禁止します。それを『モノイミ』ということを知っていますね？　『モノイミ』には、それ用のユニフォームがあって、麻でできています。それから、食べるものも特別食です。いわゆる精進料理的なものを食べます。それでわからなければ、イスラムの『ハラール食』みたいなものだと思えばいいですね。それから、休むときにも、必ず別の場所に移動して休まなきゃなりません」

243 食《し》は精なるを厭《いと》わず、膾《かい》は細きを厭わず。食の饐《い》して餲《あい》し、魚の餒《たい》し肉の敗れたるは食わず。色の悪きは食わず、臭の悪きは食わず、飪《じん》を失えば食わず。時ならざるは食わず。割《さ》くこと正しからざれば食わず。其の醤《しょう》を得ざれば食わず。肉は多しと雖《いえど》も食《いい》に勝たしめず。唯だ酒は量なし、乱に及ばず。沽《こ》酒《しゅ》市《し》脯《ほ》は食わず。薑《きょう》を撤して食わず。多くは食わず。公に祭れば肉を宿《とど》めず。祭肉は三日を出ださず。三日を出づれば、これを食わず。

食うに語らず、寝《い》ねては言わず。疏食《そし》菜羹瓜《さいこうか》と雖も、祭れば必ず斉如《せいじょ》たり。

「今度は食事のとり方について、です。そんなことにまで決まりがあるのかよ！　そう思うかもしれませんが、これにもまた、実は合理的な理由があるわけです。そこまでは説明しませんけれど、こういった『教え』の中に、過去の経験の堆積が含まれているんです。さて、まず、主食の米ですが、最近は健康食品としての玄米が推奨されているようですが、我々のお勧めは、大吟醸酒用に使えるぐらいがっちり精米された米ですね。前菜で食べるカルパッチョの肉も細かく刻むのがグッドです。生肉だから消化不良にならないようにね。当たり前ですが、鼻にツンとくる匂いがし始めたものや、押して凹《へこ》んだままのものや、変色しているものは、米も魚も肉も口に入れてはいけません。煮崩れたものも、季節外れのものもダメ。どちらも、栄養分が少なくなっています。切り方がおかしいものもやめておきましょう。気分が悪いでしょう？　フランス料理ではなくともかけるソースは大事です。なんで、って？　それは、味わいももちろんですが、ソースには主たる具材で足りない栄養を補う、という役割もあるんです。ちょっと栄養学っぽいですね。えっと、どこまでしゃべりましたっけ？　そうそう、肉はたくさん食べてもいいですが、ご飯もきちんと食べるように。まあ、バランスが大切ってことですね。それから、酒ですが、いくら飲んでもいいけど、飲まれないように。常識ですね、こんなの。コンビニやスーパーで売ってる酒や干し肉は買わないように。品質に問題があることが多いんですよね。しょうが焼きではしょうがも食べること、どうしてかというと肉で足りない……もう、いいですよね、理由は。それから、あまりにも当たり前で、いままでいいませんでしたが、食べすぎはいけません。宮廷の祭礼が終わった後、肉をみんなでいただくわけですが、その日のうちに、食べるなり、加工するなりすること。家で祭礼があったときの場合も、とにかく、肉は三日以内に食べてください。腐りやすいですからね。あとは、まあ、子どもじゃないんだから、わかるでしょうが、食事中は無駄話をしないこと。無駄話の件でいうなら、食事中だけではなく、寝るときも同じです。最後に、祭礼用の食べものは、特別なものではなく、ふだん食べているものであっても、そこで使われた場合には、必ず、謹んでお供えしたあと、粗末にせずに、きちんと始末すること！　わかりましたか」

244

席正しからざれば、坐せず。

「これは細かいことかもしれませんが、座席が真《ま》っ直《す》ぐになっていなかったら、必ず、真っ直ぐに直してから座ってください。座席が曲がっていたら気持ち悪いでしょう。でも、放置していたら、それでもよくなってくる。それが人間です。こんなちっぽけなことから、人間は、なにかをきちんと考えることができなくなったりするんです」

245
郷人《きようじん》、飲酒するに、杖する者出づれば、斯《ここ》に出づ。郷人、儺《だ》するときは、朝服して阼階《そかい》に立つ。

「町内で集まりがあって一杯飲んだりしますね、そういうとき、無礼講だ！　なんて思わないこと。そんな場合でも、きちんと礼儀を守ってください。集まりが終わっても、さっさと帰らない。杖をついたご老体がいたら、先に帰してあげて、そのあと帰る。これ常識。それから、町内のお祭りで御神輿《おみこし》が回って来たら、ちゃんと礼服を着て、入り口の階段のところで待っていること。町内の人間関係も大事にしなきゃなりません」

246　人を他邦《たほう》に問わしむるには、再拝してこれを送る。康子《こうし》、薬を饋《おく》る。拝してこれを受く。曰く、丘《きゅう》、未だ達せず。敢《あえ》て嘗《な》めず、と。

「他の国に使者を送るときには、二度、拝んでから送り出します。これも、儀礼ですね。そうそう、康子という、ちょっとわたしと名前が似た大臣から薬をいただいたことがありました。もちろん、深く拝礼して受けとりました。しばらくして、また康子大臣にお会いする機会があったので、そのとき、こういったんです。『実は、いただいた薬はまだ試しておりません。と申しますのも、方角の関係で避けた方がよろしいと占いに出ておりましたもので。誠に失礼なこととは存じますが、お許しください』と。まあ、このおかげで、それからは、薬をお断りする理由ができたわけですね」

247　廐《うまや》、焚《や》けたり。子、朝より退いて曰く、人を傷くるか、と。馬を問わず。

馬小屋が焼けたことがあった。センセイは、勤務先から戻ってくると、「誰にも怪我はなかった？」とだけおっしゃった。馬のことなどひとことも訊かず、わたしたちの心配だけされたのだ。これこそ、「礼」の正しいあり方ではないか。感動した！

248 **君、食を賜えば、必ず席を正して先《ま》ずこれを嘗む。君、腥《せい》を賜えば、必ず熟してこれを薦む。君、生を賜えば、必ずこれを畜《か》う。君に食に侍するに、君祭れば先ず飯す。疾ありて、君、これを視れば、東首《とうしゅ》し、朝服を加え紳を拖《ひ》く。君、命じて召せば、駕を俟《ま》たずして行く。**

「今度も、食に関する儀礼です。まず主君から料理を分けていただいたら、きちんと居住まいを正した上で、先に食べてください。遠慮することはありません。それが臣下の正しい作法です。では、料理ではなく生肉をいただいたときはどうするか。煮炊きした上で、まずご先祖に供えなさい。では、主君から生もの……じゃなく生きものをいただいたときはどうするか。これはもう自分のところで飼うしかありませんね。食べる方に戻ると、主君と一緒にご飯を食べることになったらどうするか。このときは、主君が、まず、ほんの少し料理をお供えになるでしょうから、それを確認したらすぐに食べてけっこうです。ついでに、食以外のことも説明しておきましょう。あなたが病の床《とこ》についたとして、主君がお見舞いにいらした、とします。そのときの作法は、枕は東向きにしておくこと、そして、布団《ふとん》の上に礼服をかけ、帯をのせておいてください。ちょっとめんどうくさいですが、病中でも臣下としての礼を示さなきゃならないわけです。もう一つ、おまけ。たとえば、主君から緊急の呼び出しがあったとします。みんな『馬車を呼べ！』と命令するはずですが、それで油断しちゃいけません。馬車を待たせないよう、すぐに門に向かって歩きだしておくことです。僅《わず》かな差かもしれませんが、それが大切なんですよ。気は心、っていうでしょう？」

249

太廟《たいびょう》に入りて、事ごとに問えり。

（これはレッスン3の（55）と重複しているので、そちらを読んでください。どうして、こんなことになったんでしょう。当時は、テレビドラマ『校閲ガール』の河野悦子（石原さとみ）みたいな可愛い……じゃなくて、しっかりした校閲者がいなかったからかもしれませんね。っていうか、いまだって実在しているか、ぼくは知りませんが）

250
朋友《ほうゆう》死して帰する所なければ、曰く、我において殯《ひん》せよ、と。朋友よりの饋《おくりもの》は、車馬と雖も、祭肉に非ればば拝せず。

センセイはこんなこともおっしゃった。

「友人が亡くなったとき、その人を弔《とむら》ってくれる親族がいなかったら、わたしの家でお棺を預かろうと思います」と。

センセイは、友だちからのプレゼントは、車や馬のような高価なものはもちろん、絶対に受けとろうとはしなかった。センセイが受けとったのは、祭礼で供えられた肉のおすそ分けの場合だけだったのだ。

251 寝ぬるに尸《し》せず。居るに容《かたち》つくらず。斉衰《しさい》する者を見れば、狎《な》れたりと雖も必ず変ず。冕《べん》する者と瞽者《こしや》とを見れば、褻《な》れたりと雖も必ず貌《かたち》を以てす。凶服する者はこれに式《しよく》す。負販《ふばん》する者に式す。盛饌《せいせん》あれば、必ず色を変じて作《た》つ。迅雷風烈には必ず変ず。

「さて、儀礼を学ばなければならない局面は、意外なところにもあります。まず、寝るときの姿勢ですが、両足を真っ直ぐ伸ばしてはいけません。それから、家で休んでいるときは、きちんとした恰好である必要はありません。着慣れたジャージーで十分。どちらの場合も、リラックスが必要だ、ということです。今度は、喪に関して、人と対面するときの礼法です。喪服《もふく》を着た人と出会ったら、その前に何度も会っていたとしても、その度に、沈鬱《ちんうつ》な表情で挨拶をしてください。礼服を着た人や目の不自由な人と会った場合は、親しい人だとしても、きちんと挨拶をすることです。喪服の人に会ったときの態度なんですが、一つ追加しておきますね。たまたま、あなたが馬車に乗っていたとしたら、そのままでいいですからきちんと会釈《えしやく》をしてください。喪章《もしよう》をつけた人にももちろん。お葬式で、心尽くしのもてなしがあれば、感謝の気持ちを表情に顕《あらわ》した上で、お礼のことばを述べてください。最後に、ものすごい雷雨や大風のときです。そういうときこそ慌てず、その場の雰囲気を壊さぬように、居住まいを正し、お悔やみの気持ちを表情に出してください」

252 **車に升るに必ず正立して綏《すい》を執る。車中にては、内顧《ないこ》せず、疾言《しつげん》せず、親指《しんし》せず。**

「馬車に乗るときの作法です。必ず、真っ直ぐ立ち、吊り革に摑《つか》まって上ってください。いったん乗りこんで、馬車が走り出したら、こんなことはいわなくてもわかるでしょうが、後ろを振り返ったり、おしゃべりしたり、あちこち指さしたりしないこと。誰が見ても、お行儀が悪いでしょ？」

253 **色すれば斯に挙る。翔《かけ》りて後に集《と》まる、とあり。曰く、山梁の雌雉《しち》、時なるかな、時なるかな、と。子路《しろ》これを共せしに、三たび嗅いで作ちたりき。**

あるとき、センセイはこんなことをおっしゃった。

「『気配があった。だから、翔《と》んだ。空を高く。そして、降りた。ゆっくりと』という詩がありました。これは、雄の雉《きじ》が、山の架け橋にとまった雌の雉に、自分の経験を語りつつ、注意を促したものなんですね。内容としては、雉の用心深さを歌ったものといえるでしょうね」

実は、これ、子路が、センセイに雌の雉の肉をプレゼントとしたときにおっしゃったことばだった。センセイがプレゼントをもらわないことはご存じのことと思うが、ただ断ると、子路が傷ついてしまう。なので、センセイは、こんな詩があるから、とても雌の雉の肉をいただくわけにはいかないね、と婉曲《えんきょく》に断られたのだ。さすが！

折り返し地点で

ここまで読んでくださって、ありがとうございます。

どうでしたか？　センセイ、っていいでしょう？　ほんとに、こんなセンセイがいまいたらいいのに、って思います。

『論語』を、というか、センセイのことばを読んでいると、とても、二千五百年も前の人だと思えない。そんな気がします。

世の中には、数十年で、すっかり古びてしまうものだって多いのに。どうしてなんでしょうね。

センセイは、政治や社会のことから親や友だちとの関係、いや、森羅万象あらゆることについて、お話ししてくれます。そりゃあ、いまのぼくたちの目から見て、「センセイ、それはちょっと」というところがないわけじゃありません。でも、はっきりいって、「いまだってスゴい！」とか「いまのぼくたちの常識よりスゴい！」といったものの方がはるかに多いと思います。さすがセンセイ。

もちろん、『論語』を読む前から、古びないものがたくさんあることは知っていました。いや、古いといわれているものの中に、実は、新しいなにかがあることを、センセイはよく知っていたのです。もうお読みになっていますよね。レッスン２（27）の「故きを温ねて新しきを知れば、以て師と為るべし」です。

もしかしたらセンセイと仲良くなったからなのかもしれません。古い、と呼ばれるもの、いわゆる「古典」を、ほんとうに真剣に読むようになったのは。

中でも最近凝っているのは、古代ギリシアに書かれたものです。トゥキュディデスという人が書いた『戦史』という本を読んでいたとき、こんな一節にぶつかったのです。

世界史で習った「ペロポネソス戦争」（ペロポネソス同盟対アテナイの戦いです、それ以上は、世界史の教科書かウィキペディアで調べてください）の最初の戦いで亡くなったアテナイ人たちのため、ペリクレスという人が葬送演説をしました。これは、その、ほんの一部です。

「われらの政体は他国の制度を追従するものではない。ひとの理想を追うのではなく、ひとをしてわが範に習わしめるものである。その名は、少数者の独占を排し多数者の公平を守ることを旨として、民主政治と呼ばれる。わが国においては、個人間に紛争が生ずれば、法律の定めによってすべての人に平等な発言がみとめられる。だが一個人が才能の秀でていることが世にわかれば、輪番制に立つ平等を排し世人のみとめるその人の能力に応じて、公の高い地位を授けられる。またたとえ貧窮に身を起こそうとも、国に益をなす力をもつならば、貧しさゆえに道を閉ざされることはない。われらはあくまでも自由に公につくす道をもち、また日々にたがいに猜疑の目を恐れることなく自由な生活を享受している。よし隣人がおのれの楽しみを求めても、これを怒ったり、あるいは実害なしとはいえ不快を催すような冷視を浴びせることはない。私の生活においてわれらはたがいに掣肘《せいちゅう》を加えることはしない、だがこと公に関するときは、法を犯す振舞いを深く恥じ恐れる。時の政治をあずかるものに従い、法を敬い、とくに、侵されたものを救う掟《おきて》と、万人に廉恥の心を呼びさます不文の掟とを、厚く尊ぶことを忘れない。……。

また、戦いの訓練に目を移せば、われらは次の点において敵側よりもすぐれている。まず、われらはなんぴとにたいしても都を開放し、けっして異国の人々を逐《お》い払ったことはなく、学問であれ見物であれ、知識を人に拒んだためしはない。敵に見られては損をする、という考えをわれらはもっていないのだ。なぜかと言えば、われらが力と頼むのは、戦いの仕掛けや虚構ではなく、事を成さんとするわれら自身の敢然たる意欲をおいてほかにないからである。

子弟の教育においても、彼我のへだたりは大きい。かれらは幼くして厳格な訓練をはじめて、勇気の涵養《かんよう》につとめるが、われらは自由の気風に育ちながら、彼我対等の陣をかまえて危険にたじろぐことはない。……。

ともあれ、苛酷な訓練ではなく自由の気風により、規律の強要によらず勇武の気質によって、われらは生命を賭《と》する危機をも肯んずるとすれば、はやここにわれらの利点がある。なぜなら、最後の苦悶に耐えるために幼少より苦悶に慣れ親しむ必要がない。また死地に陥るとも、つねに克己の苦悩を負うてきた敵勢にたいしていささかのひるみさえも見せぬ。これに思いをいたすとき、人はわが国に驚嘆の念を禁じえないだろう。だがわれらの誇りはこれにとどまるものではない。

われらは質朴のうちに美を愛し、柔弱に堕することなく知を愛する。われらは富を行動の礎とするが、いたずらに富を誇らない。また身の貧しさをみとめることを恥とはしないが、貧困を克服する努力を怠るのを深く恥じる。そしておのれの家計同様に国の計にもよく心をもちい、おのれの生業《なりわい》に熟達をはげむかたわら、国政のすすむべき道に充分な判断をもつように心得る。ただわれらのみは、公私両域の活動に関与せぬものを閑を楽しむ人とは言わず、ただ無益な人間と見なす。そしてわれら市民自身、決議を求められれば判断を下しうることはもちろん、提議された問題を正しく理解することができる。理をわけた議論を行動の妨げとは考えず、行動に移るまえにことをわけて理解していないときこそかえって失敗を招く、と考えているからだ。

この点についてもわれらの態度は他者の慣習から隔絶している。われらは打たんとする手を理詰めに考えぬいて行動に移るとき、もっとも果敢に行動できる。しかるにわれら以外の人間は無知なるときに勇を鼓するが、理詰めにあうと勇気を失う。だが一命を賭した真の勇者とはほかならず、真の恐れを知り真の喜びを知るゆえに、その理を立てていかなる危険をもかえりみないものの称とすべきではないだろうか。……。

まとめて言えば、われらの国全体はギリシアが追うべき理想の顕現であり、われら一人一人の市民は、人生の広い諸活動に通暁し、自由人の品位を持し、おのれの知性の円熟を期することができると思う。そしてこれがたんなるこの場の高言ではなく、事実をふまえた真実である証拠は、かくのごとき人間の力によってわれらが築いた国の力が遺憾なく示している。なぜならば、列強の中でただわれらの国のみが試練に直面して名声を凌《しの》ぐ成果をかちえ、ただわれらの国にたいしてのみは敗退した敵すらも畏怖をつよくして恨みを残さず、従う属国も盟主の徳をみとめて非をならさない。かくも偉大な証蹟をもってわが国力を衆目に明らかにしたわれらは、今日の世界のみならず、遠き後の世にいたるまで人々の賞嘆のまととなるだろう」（『戦史』トゥキュディデス／久保正彰訳・中央公論新社刊）

これが、紀元前四三一年から四三〇年にかけての冬、ペロポネソス同盟対アテナイの、いわゆる「ペロポネソス戦争」開始直後に行われた、アテナイのリーダー、ペリクレスの葬送演説（のほんの一部）です。おもしろいなあ。おもしろい、と思いませんか。だいたい、ほんとうに、この演説、およそ二千五百年も前のものか、っていうぐらい、リアルですよね。というか、これ、古代ギリシアの話なのか、って思います。

古代ギリシアは、というか、このペリクレスの母国のアテナイは、いわゆる「平和国家」じゃありません。歴史を見てみると、戦争の連続です。とにかく、しょっちゅう戦争をやってます。ペルシャと戦い、マケドニアと戦い、スパルタと戦いペロポネソス同盟と戦う。「軍事国家」といってもいいんじゃないでしょうか。アテナイと戦う相手の方は、ふつうに、王国であり軍事独裁国家です。なのに、アテナイは「民主政治」を標榜《ひょうぼう》してる。具体的には、他の国に対してなにも隠さない。他の「ふつうの国」は、「訓練や規律」で軍隊を作っているのに、アテナイの軍隊は「自由」をもとにしている。もっと驚くのは、「知」を大事にしていることで、「理詰めに考えぬいて行動に移る」ことが大事だ、と断言しているんですね。「理をわけた議論を行動の妨げとは考えず、行動に移るまえにことをわけて理解していないときこそかえって失敗を招く、と考えている」という部分を読んでいて、「いまの日本政府はアテナイの民主主義以前じゃん！」と思ってしまったのでした。でも、「アテナイの民主主義」の前には民主主義はなかったのだから、要するに、民主主義ではない、ってことなんですけど。いやいや、「列強の中でただわれらの国のみが試練に直面して名声を凌ぐ成果をかちえ、ただわれらの国にたいしてのみは敗退した敵すらも畏怖をつよくして恨みを残さず、従う属国も盟主の徳をみとめて非をならさない。かくも偉大な証蹟をもってわが国力を衆目に明らかにしたわれらは、今日の世界のみならず、遠き後の世にいたるまで人々の賞嘆のまととなるだろう」なんてところ、日本国憲法前文みたいだし。よっ、ペリクレス！　日本に来て、首相になって！　って、いいたいところです。

戦争につぐ戦争の時代でありながら、「法と知」の支配を目指したアテナイの民主主義、それは、王様の恣意《しい》による政治とは異なった原理を目指していたわけです。繰り返していいますが、およそ二千五百年も前に。すごく勉強になる。人間は、そんなに変わらない。いや、変わらないどころか、ペリクレスの方が、いまの人間よりまともっぽい。いったい、進歩って、なんなんでしょうね。

というところで、センセイです。センセイはペリクレスより少し前の人です（紀元前五五一年～紀元前四七九年）。センセイが亡くなって半世紀ほどたってから、ペリクレスの演説がありました。ギリシア文明対中国文明。いろいろ似てます。知性のレベルも。いや、ペリクレスの演説を記述しているトゥキュディデスと、センセイのことばを収録したセンセイの弟子たち、そしてセンセイを歴史の中で評価してみせた司馬遷が、なんだかよく似ているような気もします。

そうやって比較していくと、センセイのいっている「仁」とか「礼」というものの正体が、なんだかわかってくる（気がする）。政治というものを、王様の恣意に委《ゆだ》ねない。もっと、きちんとしたものに基礎をおかなきゃならない。それが、現代では、憲法であったり民主主義だったりするわけですね。ひとことでいえば「法の支配」です。だとするなら、センセイのいってるのも同じことかもしれない。堯や舜はすごい王様だった（実在してないかもしれないけど）。あの統治を再現すれば、みんなが幸せになる。でも、不幸なことに、誰もが堯や舜になれるわけではない。だから、民主主義にしよう、ということになると、ペリクレスです。でも、センセイは、少しちがった考えだった。堯や舜のようになれる「考え方」を定めたのです。

我が国を代表する憲法学者の長谷部恭男先生が「立憲主義」について、おもしろいことをいっています。実は、「立憲主義」には、二つある、というのです。

「立憲主義」は、権力の恣意的な行使を、なにかによって縛る、という考え方です。その「縛る」ものは、時代によって移り変わる。

「狭い立憲主義」は、たとえば、中世のヨーロッパで行われていた。ヨーロッパの王様は、みんな好きなことができたわけじゃない。「キリスト教」の考え方によって縛られていた。だから、ローマ教会から破門されて、許しを請うた王様だっていたわけです。この場合「立憲主義」があった、と考えるのです。

もう一つが、現代の「広い立憲主義」。この場合、縛っているのは「憲法」なんですが、その縛る憲法の根拠になっているのが「基本的人権」。「基本的人権」をベースにした「憲法」が、すべての権力の恣意的な行使を縛る、ということですね。

さて、ここでもう一度、センセイに戻りましょう。長谷部流にいうと、センセイもまた、ある種の「立憲主義」（ただし「狭い立憲主義」ですが）だったんじゃないでしょうか。王様の叡知《えいち》や権力に、ではなく、それを超えた倫理的な価値に、政治の力の源泉を求めた。行政の最高責任者（立法もなんですが）である王様に、解釈改憲の余地なんか残さない。うーん、センセイの方が、いまの日本の政治家より進んでいるのかも。

ギリシアと中国の両方で、ほぼ同じ頃、権力を縛ることで良き共同体を作ろうという試みが生まれたのは確かなようです。そう考えてみると、センセイって（というか、アテナイのエラい人たちだって）、ぼくたちが想像しているよりもずっと現代的なのかもしれません。というか、いま生きている人たち（とりわけ政治家たち）の方が、ずっと古いのかもしれない。

そうそう、いま生きている人たち（とりわけ政治家たち）の方が古い、というと、最近、「教育勅語」が話題になりましたね。なんでも、「教育勅語」にもいいところがある、と主張する政治家がいたり、園児に朗読させている幼稚園があったり、とか。

正直にいって、「教育勅語」だって、話題になるまで真剣に読んだことなんかありませんでした。まあ、ふつう、そういうものでしょう。

で、今回も、読んで驚いたわけです。だって、読む直前、「『教育勅語』なんて、『論語』みたいなものでしょう」なんていってる人がいたんです。

古くて、道徳っぽいことをいってる、共通点はそれだけですよ！　まあ、ぼくだって、読むまで知らなかったから、他人のことをとやかくいえないわけですが。

で、折角なので、この「教育勅語」も現代語に訳してみることにしました。

「教育勅語」（教育ニ関スル勅語）

「朕惟フニ我カ皇祖皇宗國ヲ肇ムルコト宏遠ニ徳ヲ樹ツルコト深厚ナリ我カ臣民克ク忠ニ克ク孝ニ億兆心ヲ一ニシテ世世厥ノ美ヲ濟セルハ此レ我カ國體ノ精華ニシテ教育ノ淵源亦實ニ此ニ存ス爾臣民父母ニ孝ニ兄弟ニ友ニ夫婦相和シ朋友相信シ恭儉己レヲ持シ博愛衆ニ及ホシ學ヲ修メ業ヲ習ヒ以テ智能ヲ啓發シ德器ヲ成就シ進テ公益ヲ廣メ世務ヲ開キ常ニ國

憲ヲ重シ國法ニ遵ヒ一旦緩急アレハ義勇公ニ奉シ以テ天壤無窮ノ皇運ヲ扶翼スヘシ是ノ如キハ獨リ朕カ忠良ノ臣民タルノミナラス又以テ爾祖先ノ遺風ヲ顯彰スルニ足ラン
斯ノ道ハ實ニ我カ皇祖皇宗ノ遺訓ニシテ子孫臣民ノ倶に遵守スヘキ所之ヲ古今ニ通シテ謬ラス之ヲ中外ニ施シテ悖ラス朕爾臣民ト倶ニ拳拳服膺シテ咸其徳ヲ一ニセンコトヲ庶幾フ
明治二十三年十月三十日
御名御璽」

(確かに、見た目は『論語』っぽい。って、漢文体だからですが。それに、『論語』に出てくるような単語もぞろぞろ入ってますね。しかし、中身の方は、かなり違うみたいなんですが)

「はい、天皇です。よろしく。ぼくがふだん考えていることをいまからいうので、しっかり聞いてください。もともとこの国は、ぼくたち天皇家の祖先が作ったものなんですよ。知ってますか？　とにかく、ぼくの先祖たちは代々、みんな実に立派で、実に素晴らしい徳の持ち主ばかりでしたね。きみたち国民は、いま、そのパーフェクトに素晴らしいぼくたち天皇家の臣下であるわけです。なんて幸せなことでしょう。そこのところを忘れてはいけませんよ。その上でいいますけど、きみたち国民は、長い間、臣下としては主君に忠誠を尽くし、子どもとしては親に孝行をしてきたわけです。その点に関しては、全員一致で、ひとりの例外もなくね。その歴史こそ、この国の根本であり、素晴らしいところなんですよ。そういうわけですから、教育の原理もそこに置かなきゃなりません。きみたち、すなわち、天皇家の臣下である国民は、それを前提にした上で、父母を敬い、兄弟は仲良くし、夫婦は喧嘩《けんか》せず、友だちは信じ合い、なにをするにも慎み深く、博愛精神を持ち、勉強し、仕事のやり方を習い、そのことによって智能をさらに上の段階に押し上げ、徳と才能をさらに立派なものにし、なにより、公共の利益と社会のためになることを第一に考えるような人間にならなくちゃなりません。もちろんのことだけれど、ぼくが制定した憲法を大切にして、法律もやぶるようなこと絶対しちゃいけません。よろしいですか。さて、その上で、いったんなにかが起こったら、いや、はっきりいうと、戦争が起こったりしたら、勇気を持ち、公のために奉仕してください。というか、永遠に続くぼくたち天皇家を護るために戦ってください。それが正義であり『人としての正しい道』というわけです。そのことは、きみたちが、ただ単にぼくの忠実な臣下であることを証明するだけではなく、きみたちの祖先が同じように忠誠を誓ってきたことを讃《たた》えることにもなるんです。一石二鳥ですよね。

さて、いままで述べたことはどれも、ほんとうに、ぼくたち天皇家の偉大な祖先が残してくれた素晴らしい教訓であり、その子孫であるぼくもきみたち臣下である国民も、共に守っていかなければならないことであり、あらゆる時代を通じ、それから、世界中どこに行っても通用する、絶対に間違いのない『真理』なんですよ。そういうわけですので、ぼくも、きみたち天皇家の臣下である国民も、そのことを決して忘れず、みんな心を一つにして、そのことを実践していこうと心の底から願ってます。以上！

明治二十三年十月三十日

天皇

」

さて、どう思われたでしょう。お断りしておきますが、これも、「超訳」でも、恣意的な翻訳でもありません。語り口はともかく（これは、明治天皇が、元老・山県有朋が作らせた「教育勅語」を、イヤイヤラジオで朗読している、というSF的シチュエーションで考えたものなので）、意味はほぼ厳密に訳しています。そのために、たくさんの本を参考にしました。いちばん参考になったのは、『昭和天皇の学ばれた「教育勅語」』（杉浦重剛著）で、これは昭和天皇のために作られた学校で、昭和天皇を教える専門講師であった杉浦重剛が天皇に「教育勅語」の意味を教えたものです。これを読むと、「教育勅語」が「教育論」ではなく「臣下の道」を説くものであったことがよくわかります。

センセイが、これを読んだらどう思ったでしょうか。興味は尽きませんね。センセイはレッスン８（２０２）で、「巍巍《ぎぎ》たるかな、舜《しゅん》、禹《う》の天下を有《たも》つや、而《しこう》してこれに与からず」（『統治』という点に関しては、誰も、あの舜や禹にはかなわないでしょう。なぜなら、彼らのやり方には、『天下を治めている』という、無理な感じがまるでない、なんというかものすごく自然なんです」）とおっしゃっていて、露骨なやり方で「天下を治める」ような政治にダメ出しをしています。なので、「教育勅語」なんて、センセイ的にはアウトじゃないかと思います。舜や禹は絶対、「教育勅語」みたいなことはいわないでしょうし。というか、現在の天皇陛下も上皇陛下も「教育勅語」ってお嫌いだと思いますよ。なんとなくね。

さあ、お耳汚し、すいませんでした。ぼくの無駄話はここまで。もう一度、センセイのお話に戻ります。ではでは。

レッスン11

先進

254 子曰く、先進の礼楽《れいがく》におけるや、野人なり。後進の礼楽におけるや、君子なり。如《も》しこれを用うるには、吾れは先進に従わん。

「昔の人たちが身につけていた教養は、いまと比較すれば、野蛮《やばん》なものだというべきでしょう。現代人の教養は、それに比べて、都会風に洗練されたものです。でも、どちらの教養が『本物』かといわれたら、わたしは、昔の方だと思いますね」

255 子曰く、我に陳蔡《ちんさい》に従いし者は、皆な門に及ばざりき。徳行には顔淵《がんえん》、閔子騫《びんしけん》、冉伯牛《ぜんはくぎゅう》、仲弓《ちゅうきゅう》。言語には宰我《さいが》、子貢《しこう》。政事には冉有《ぜんゆう》、季路《きろ》。文学には、子游《しゆう》、子夏《しか》ありき。

「陳と蔡のあたりを旅していたときのことです。そこで、わたしはトラブルに巻き込まれました。でも、城門のところで、わたしに追いついて助けてくれる者はいませんでした。徳に関してなら、顔淵や閔子騫や冉伯牛や仲弓が優秀でした。外交問題なら宰我や子貢が役立ちます。政治となると、冉有や季路がいちばん。そして、テーマが文学なら、子游と子夏が素晴らしい才能を持っていました。でも、ほんとうに危機の際に、駆けつけてくれる弟子はいなかった、というわけですね。残念ですけれど」

256

子曰く、回《かい》や、我を助くる者に非《あら》ざるなり。吾が言において説《よろこ》ばざるところなし。

「顔回《がんかい》のことなんですが、学問に関していうなら、実はあまり役に立たないのです。どうしてかというと、顔回は、わたしのいうことになんでも賛成するからですよ。それじゃあね」

257

子曰く、孝《こう》なるかな閔子騫。人、其の父母昆弟《こんてい》を間《かん》するの言あらず。

「孝行者といえば、まず閔子騫の右に出る者はいないでしょうね。彼が孝行者であることをみんな知っているので、彼の場合、親兄弟まで誉められる始末ですよ」

258

南容《なんよう》、三たび白圭《はくけい》を復《ふく》す。孔子、其の兄の子を以《もっ》てこれに妻《め》あわす。

南容は、『詩経《しきょう》』の中に入っている「白玉の詩」が好きで、よく口ずさんでいた。センセイは三度もそれを耳にしたそうだ。こんな詩である。

「白玉についた傷は、磨いて減らすことができる。けれども、ことばについた傷は、永遠に直すことができない」

それが決め手になったのかどうかはわからないが、センセイは、南容を高く評価していて、結局、兄の娘と結婚させたそうだ。

259

季康子《きこうし》問う、弟子《ていし》孰《た》れか学を好むと為す。孔子対《こた》えて曰く、顔回なる者ありて学を好む。不幸、短命にして死せり。今や則《すなわ》ち亡し。

(これもレッスン6〈121〉とほぼ同じ、哀公《あいこう》が季康子になっただけ。これは、やはり石原さとみ……じゃなくて、校閲者の不在が原因というより……〈249〉参照……顔回(顔淵)

の死がセンセイにとって衝撃だったから、繰り返すことになったのだろう。ここから、顔回の死についての文章が続くんですが、弟子の死に、センセイはたいへんなショックを受けていて、動揺を隠していない。あれだけ、ふだん、冷静なことをいってるセンセイが、いざ、弟子が死んだとなると、もうメロメロ。いや、ほんとうにいい先生だと思いますね。こういうところが、ぼくは大好きです）

260
顔淵死す。顔路《がんろ》、子の車を請い、以てこれが椁《かく》を為《つく》らんとす。子曰く、才、不才あるも、亦《ま》た各々其の子と言うなり。鯉《り》や死せしとき、棺ありて椁なし。吾れ徒行して以てこれが椁を為らざりしは、吾れは大夫《たいふ》の後に従い、徒行すべからざりしを以てなり。

顔淵が亡くなったとき、その父の顔路は、センセイの車をいただけないでしょうか、と願い出た。棺というものは、二重になっているのだが、顔路は、それで息子の外棺を作ろうと思ったのだ。すると、センセイは、こうおっしゃった。

「才能がある、なし、のちがいはあっても、みんな、それぞれ自分の子どもがいます。わたしが子どもの鯉を亡くしたときには、内棺だけにして、外棺は作りませんでした。別に車を壊して、子どものために外棺を作ってもいいじゃないか、と思われますか？　そういうわけにはいかなかった。わたしは大夫という位についていました。それはわたしにとって『公』の仕事です。大夫ともあろう者が、徒歩の姿を見せるわけにはいかなかったのです。『公』が『私』より優先されなければならない場合があるのです」

261
顔淵死す。子曰く、噫《ああ》。天、予《われ》を喪《ほろぼ》すか。天、予を喪すか。

顔淵が亡くなったとき、センセイは絶望のあまり呻き声をあげられた。
「ああ……なんということだ、なんということだ。天は、わたしを滅ぼそうというのか」

262
顔淵死す。子、これを哭《こく》して慟《どう》す。従者曰く、子、慟するか。曰く、慟あらんには、夫《か》の人の為に慟するに非ずして、誰が為にせん。

顔淵が亡くなったとき、センセイは、慟哭《どうこく》し、身も世もなく泣き崩れた。すると、センセイの召使いが、こういった。

「ご主人さま、あまりお嘆きになっては、お体にさわります」

すると、センセイはこう答えた。

「なにもいうな……好きなだけ泣かせておくれ」

263 **顔淵死す。門人、厚くこれを葬らんと欲す。子曰く、不可なり、と。門人、厚くこれを葬れり。子曰く、回や、予を視ること猶《な》お父の如かりき。予は視ること猶お子のごとくするを得ず。我に非ざるなり。夫の二三子《にさんし》なり。**

顔淵が亡くなって、顔淵の友人であり仲間でもあった、センセイの弟子たちは立派な葬式を出そうとした。それに対して、センセイは、「わたしは賛成できない」とおっしゃった。けれども、弟子たちは、センセイのいうことを聞かずに、たいへん立派で華やかな葬式を行ったのだ。センセイは、残念そうに、こうおっしゃった。

「回（顔淵）は、わたしのことを実の父親のように慕ってくれました。なのに、わたしは、回を、自分の息子のようには扱うことができませんでした……いいたくはないが、あの連中のせいで」

264

季路、鬼神に事《つか》うるを問う。子曰く、未だ人に事うる能《あた》わず、焉《いずく》んぞ能《よ》く鬼に事えん。曰く、敢《あえ》て死を問う。曰く、未だ生を知らず、焉んぞ死を知らん。


季路がセンセイにこんな質問をした。

「センセイ、先祖の霊を慰めるためには、なにをすればいいのでしょう」と。

すると、センセイはこうお答えになった。

「生きている人間を慰めることもできないのに、死者を慰めることはできないでしょう」

季路は、さらに、こう質問した。

「では、センセイ。死とはなんなのでしょう」

「死？　季路、おまえは、生きていることの意味もわかっていないよ。だとするなら、おまえに、死の意味を理解することはできないでしょうね」

265
閔子《びんし》、側に侍す、誾誾如《ぎんぎんじょ》たり。子路、行行如《こうこうじょ》たり。冉有、子貢、侃侃如《かんかんじょ》たり。子楽しむ。由《ゆう》の若《ごと》くんば、其の死然《しかる》を得ざらん。

センセイの周りに、弟子たちがずらりと並んでいた。みなさん、個性的な方ばかりだった。順にいうと、まず、閔子騫は、くそマジメな感じだった。それから、子路は、自信たっぷりな雰囲気を漂わせていたし、冉有や子貢は、ただもうニコニコしていた。そんな弟子たちに囲まれて、センセイは、たいへん機嫌がよろしかった。そして、こんなことをおっしゃった。

「いまふと思ったんだが、由（子路《しろ》）のような『いい人』は、畳の上では死ねないかもしれないねえ」

266
魯人《ろひと》、長府を為らんとす。閔子騫曰く、旧貫に仍《よ》らば、これを如何《いかん》せん。何ぞ必ずしも改め作らん。子曰く、夫の人言わず、言えば必ず中《あた》るあり。

あるとき、魯の国のある人が、主君の宝物倉を改築したことがあった。別に古くなったわけでもなく、手狭になったわけでもないのにだ。それを見て、閔子騫は、どうしてそんな無駄なことをするんだろう、それ必要ないんじゃないですか、といったのである。そのエピソードをお聞きになったセンセイは、手を打って、こうおっしゃった。
「あの子は、ふだんは無口だけど、いうべきときにいうべきことをぴしゃりというわけですよ」

267
子曰く、由の瑟《しつ》、奚《なん》すれぞ、丘《きゅう》の門に於てせん。門人、子路を敬せず。子曰く、由や、堂に升《のぼ》れり。未だ室に入らざるのみ。

あるとき、センセイは、「お琴なんだけど、子路は、まだまだ下手ですね」とおっしゃった。すると、弟子たちは、センセイのことばを真《ま》に受けて、子路のことをバカにするようになった。それを見てセンセイは、すっかり呆《あき》れてしまわれた。

「ぜんぜんわかってないですね、みんな。学問のことでも同じだけど、子路はたいへんよくできる人なんです。ただ、わたしが求めているレベルは、世間一般より遥かに高いから、文句をいってるだけですよ」

268 **子貢問う、師と商と孰《いず》れか賢《まさ》れる。子曰く、師や過ぎたり。商や及ばず。曰く、然らば則ち師愈《まさ》れるか。子曰く、過ぎたるは猶お及ばざるがごとし。**

子貢がセンセイに訊ねた。

「かねがね疑問に思っているのですが、弟子の中で、子張《しちょう》さん（師）と子夏さん（商）、どっちが優秀だと思われますか？」

するとセンセイはお答えになった。

「子張は、なんでも徹底的に究《きわ》めないと気がすまない人ですね。子夏は、まったく逆で、なにをやっても中途半端で終わってしまいます」

「じゃあ、子張さんの方が優秀なんだ」

ところが、センセイは意外なことをおっしゃったのだ。

「と思うでしょう？　でもね、そうじゃないんです。徹底的にやりすぎても、中途半端でもダメなんです。どんなことにも、『ちょうどいい』という頃合いがあるんですよ。それは『中庸《ちゅうよう》』ということなんですが、『中庸』というと、左と右を足して二で割る、というような中間的なものじゃないんです。これは、あらゆるものごとの根本的な原理といってもいいかもしれませんね。なにかを学んでいると終わりがありません。でも、大切なのは、どこかで学びをストップして、現実に戻ることなんです。闘牛用の牛や特攻機じゃないんだから、戻るタイミングを知らなきゃならない。そういう意味では、子張も子夏も同じなんですよねえ」

（かの有名な、「過ぎたるは猶お及ばざるがごとし」の一節である。ふつうに考えると、「徹底的に考える＝行き過ぎる」子張さんの方がいいに決まっている。でも、それだと、「原理主義」に直行してしまう。この部分の、センセイの「中庸」論は、いわばプラグマティックな方法論と呼んでもいいのではないでしょうかね。さすが、センセイ！）

269
季氏《きし》、周公《しゅうこう》よりも富む。而《しこう》して求《きゅう》や、これが為に聚斂《しゅうれん》してこれに附益す。子曰く、吾が徒に非ざるなり。小子《しょうし》、鼓を鳴らしてこれを攻めて可なり。

魯の国の大臣だった季氏は、魯の国の偉大なご先祖、周公よりも金持ちになっていた。それなのに、季氏のところに勤めていたセンセイの元弟子の冉求《ぜんきゅう》は、過酷に税をとりたてて、さらに季氏を豊かにしていたのである。さすがのセンセイも、この件に関しては、キレておられた。

「サイテーですね。いったい、ここでなにを学んだのでしょうか。ほんとうに、センセイは怒っています。みなさん、わたしが許しますから、冉求のところに『突撃』しちゃってください。ドアの呼び鈴を押して、ダッシュで逃げるやつ、やっちゃっていいです。あと、ハンドマイクで『こら、冉求、孔子塾の面汚し！』とシュプレヒコールするとか。もう、こうなったら、なにをやっても許します！」

270
柴《さい》や愚、参《しん》や魯、師や辟《へき》、由や喭《がん》なり。

「弟子の欠点をあれこれあげつらうのはどうかと思いますが、でも、はっきりいった方がいいときもあります。まず、高柴《こうさい》。一生懸命だけど、それだけ。もうちょっと考えなきゃ。それから、曾参《そうしん》。正直にいって、自分がなにを勉強しているのかさえ、よくわかってないみたいです。残念だけど。そして、子張は、見栄っ張りですね。わかってなくても、わかってるふり。で、子路はというと、がさつ、っていうの？　だいたいこんな感じ、ですましてるんですよね」

271
子曰く、回や其れ屢々空《しばしばむな》しきに庶《ちか》し。賜《し》は命を受けずして貨殖す。億《はか》れば則ち屢々中《あた》る。

「さっきの続きでいうと、顔淵は、学問はともかく、お金にはまったく縁がありませんでした。それに対して、賜（子貢）は、まあ大したもんです。こっちも学問の方はとりあえず置いておいて、金儲けの才能はすごかった。なんていうか、ヘッジファンドのマネージャーみたいな才能があるんじゃないですか」

272
子張、善人の道を問う。子曰く、迹《あと》を践《ふ》まざれば、亦た室に入らず。

子張が、センセイに、質問した。
「センセイ、『善人』って、どうすればなれるんでしょう」
すると、センセイは、こうおっしゃった。
「子張、『善人』だけじゃないんだけれど、なにごとも、そのお手本になる人の真似をすることから始まるんです。そうやって、その人の『あと』をついてゆく。すると、いつの間にか、自分も、その道を歩いていることに気づくというわけですよ」

273
子曰く、論の篤《あつ》きに是れ与《くみ》す、とあり。君子者か。色荘《しきそう》なる者か。

「『真剣に議論する者は立派な人だ』ということばがありますね。でも、『真剣に議論している』だけでは、その人が、ほんとうに君子なのか、それとも、ただおしゃべりが上手なのかは、わからないんですよ」

274
子路、聞けば斯《ここ》にこれを行う、（の語）を問う。子曰く、父兄の在《いま》すあり、これを如何ぞ其れ、聞いて斯にこれを行わんや。冉有、聞けば斯にこれを行う、を問う。子曰く、聞いて斯にこれを行うなり。公西華《こうせいか》曰く、由や、聞けば斯にこれを行う、を問いしに、子曰く、父兄の在すあり、と。求や、聞けば斯にこれを行う、を問いしに、子曰く、聞いて斯にこれを行うなり、と。赤《せき》や惑う。敢て問う。子曰く、求や退く。故にこれを進む。由や人を兼ぬ。故にこれを退く。

さて、子路が、いいました。

「センセイ、『聞けば斯にこれを行う』ということばがありますよね。それって、どんな意味なんでしょう」

すると、センセイはこうおっしゃった。

「もちろん、なんでも、決めたらすぐに実行しなきゃならない、って意味です。でも、親が生きているうちは、実行する前に、考えなきゃいけないことがあります。家族のことかね。だから、文字通りに解釈するわけにはいきませんね」

また、別のあるとき、冉有が同じ質問をしたことがあった。すると、センセイは、こうおっしゃった。

「なんでも、決めたらすぐに実行しろ、って意味に決まってるでしょ」

そういうわけで、センセイは、同じ質問に異なった回答をしたわけである。どちらの現場にもいた公西華は、納得できずに（そりゃそうだろう）、センセイに訊ねたのである。

「センセイ、ちょっといいですか。センセイは、子路が『聞けば斯にこれを行う』の意味を訊ねたときには、親が生きている間には控えろ、的なことをおっしゃいました。ところが、冉有が同じ質問をしたときには、書いてある通りそのままでいい、とおっしゃった。同じ質問に正反対の回答ですよ。まったく意味がわかりません」

「おまえは、なんでも正解が一つだと思ってるね。そうじゃないんだ。答える相手によって、その回答もちがってくるものなんですよ。冉有は気が弱いから、背中を押してやるように回答した。でも、子路は、イケイケだから、逆にブレーキをかけるように答えたわけです。わかりましたか？」

275　子、匡《きょう》に畏《い》す。顔淵、後《おく》る。子曰く、吾れ女《なんじ》を以て死せりと為す。曰く、子在す。回、

何ぞ敢て死せん。

匡という土地で、センセイがひどい目にあった。そのときのことだ。はぐれた顔淵が、センセイに追いついたのは、事件のあとのことだった。センセイは、大ピンチだったのを忘れ、本気で顔淵のことを心配して、こうおっしゃった。

「ああ、よかった。おまえ、生きていたんだね」

すると、顔淵は、こう答えたのである。

「センセイ、ぼくはセンセイが生きていらっしゃる間は、絶対死にません！」

276 **季子然《きしぜん》、問う。仲由《ちゅうゆう》、冉求は大臣と謂《い》うべきか。子曰く、吾れは子を以て、異るをこれ問うと為す。曾《すな》わち由と求とをこれ問う。いわゆる大臣なる者は、道を以て君に事え、可《きか》れざれば則ち止む。今、由と求や、具臣と謂うべきなり。曰く、然らば則ちこれに従う者か。子曰く、父と君とを弑《しい》するには、亦た従わざるなり。**

季子然が、こんな質問をした。

「センセイ、この間、センセイのお弟子の仲由と冉求を召し抱えさせていただきました。で、彼らは、『大臣』と呼んでもいいほどの能力を持っていると思われますか？　正直にいってもらえると嬉しいんですが」

それに対して、センセイは、こう答えられた。

「いや、驚きましたね。それって、雇う前に訊ねることではないですか？　まあ、いいでしょう。いま、お訊ねになった『大臣』ですが、ひとことでいうなら、『道理』に基づいて主君に仕える者のことです。なので、もし、主君が『道理』に反することをするなら、その地位をあっさり捨ててしまうでしょうね。でも、ふたりとも、まだまだその域に達していません。なので、現時点では、『その他大勢の臣下』のひとり、といった程度でしょう」

「では、とりあえず、なんでもわたしのいうことは聞いてくれるということですか？」

「いえいえ。確かに、まだ、『大臣』の域には達していませんが、それでも、『それなり』の者ではありますよ。失礼ですが、あなたが、父や君主を殺害することを命じたら、従わないでしょう。それぐらいの道理はわかっているはずです」

277 **子路、子羔《しこう》をして費《ひ》の宰《さい》たらしむ。子曰く、夫の人の子を賊《そこな》う、と。子路曰く、民人あり、社稷《しゃしょく》あり、何ぞ必ずしも書を読んで、然る後に学と為さん。子曰く、是の故に夫の佞者《ねいしゃ》を悪《にく》む。**

子路は、友だちの子羔（高柴）を費というところの代官に抜擢した。もちろん、当人のことを慮《おもんぱか》ってだ。センセイにも当然誉められるものと思っていた。ところが！　意外なことに、センセイは子路に文句をいったのだ。

「もう、子路はなにをやってるんですか。子羔みたいな未熟な人間を代官なんかにしてしまったら、治められる人たちも迷惑だし、当人のためにもなりませんよ」

これを聞いた子路はカチンときて、こう反論した。

「いくらセンセイとはいえ、ことばが過ぎるんじゃないですか。人びとを治め、社会問題に実際にぶつかってみる。それは、最高の勉強ですよ。学問は、ただ、本を読むだけじゃありません！　実は、これ、センセイの受け売りなんですけどね」

さすがのセンセイも、子路の反論にはぐうの音も出なかった。

「ったく、もう。だから、口がうまいやつは嫌いなんだよね」

278
子路、曾皙《そうせき》、冉有、公西華、侍坐《じざ》す。子曰く、吾れ一日爾《なんじ》に長ずるを以て、吾れを以てする毋《なか》れ。居りては則ち曰く、吾れを知らざるなり、と。如し爾を知るものあらば、則ち何を以てせんや。子路、率爾《そつじ》として対えて曰く、千乗《せんじょう》の国、大国の間に摂《はさ》まれ、これに加うるに師旅を以てし、これに因《よ》るに饑饉《ききん》を以てす。由やこれを為め、三年に及ぶ比《ころ》おい、勇ありて且つ方を知らしむべきなり。夫子《ふうし》、これを哂《わら》う。求、爾は何如。対えて曰く、方、六、七十、如しくは五、六十、求やこれを為め、三年に及ぶ比おい、民を足らしむべし。其の礼楽の如きは、以て君子を俟《ま》たん。赤、爾は何如。対えて曰く、これを能くすると曰うには非ず。願わくはこれを学ばん。宗廟《そうびょう》の事、如しくは会同に、端章《たんしょう》甫《ほ》して、願わくは小相《しょうしょう》と為らん。点《てん》、爾は何如。瑟《しつ》を鼓すること希《まれ》なり。鏗爾《こうじ》として瑟を舎《お》いて作《た》つ。対えて曰く、三子者《さんししゃ》の撰に異なり。子曰く、何ぞ傷まんや。亦た各々其の志《こころざし》を言うなり。曰く、暮春《ぼしゅん》には、春服《しゅんぷく》既に成る。冠する者五、六人、童子六、七人、沂《き》に浴し、舞雩《ぶう》に風し、詠じて帰らん。夫子、喟然《きぜん》として歎じて曰く、吾れは点に与せん。三子者出づ。曾皙後《おく》る。曾皙曰く、夫の三子者の言は何如。子曰く、亦た各々其の志を言うのみ。曰く、夫子、何ぞ由を哂うや。曰く、国を為むるには礼を以てす。其の言譲らず。是の故にこれを哂う。唯だ求は則ち邦《くに》に非ざるか。安《いずく》んぞ方六、七十、如し

くは五、六十にして、邦に非ざる者を見んや。唯だ赤は則ち邦に非ざるか。宗廟、会同は諸侯に非ずして何ぞ。赤やこれが小たらば、孰れか能くこれが大と為らん。

子路、曾皙、冉有、公西華、の四人の弟子たちが、センセイのおそばに侍《はべ》っていたときのことだった。センセイが、いきなり、こんな質問をされたのである。

「わたしは、きみたちより、まあ若干年上なんだけれど、そこのところは気にしないで、ざっくばらんに答えてもらいたいことがあるんです。というか、きみたちの本音を聞いてみたいんですよ。きみたちは、よく、愚痴《ぐち》をこぼしてるでしょ？『ああ、おれたちの才能に気づいて、雇ってくれる人がいないんだよね。もう、見る目がなさすぎでしょ』って。では、訊きますが、もし、きみたちの能力をかって、採用してくれる君主がいたとしたら、そのときには、なにをやってみたいかな？」

センセイがそう訊ねると、「待ってました！」とばかりに手をあげたのが子路だった。

「その国がですね、戦車を千台くらい常備しているような、まあ、ふつうの国だとします。でも、大国の間にあって、不幸なことに戦争に巻き込まれてしまったとしましょう。アメリカ・中国・ロシアが角つきあわせている間に、北朝鮮が暴発して、集団的自衛権を発動した日本みたいな感じ、といえばわかりやすいかも。その結果、国はボロボロ、大饑饉発生となっちゃった。そんな国の政治を任されたとしても、わたし、三年で立て直してみせます。おまかせください。国力を回復させるだけじゃなくて、なんというか、近隣の国々に愛され信頼される、まっとうな国家にしてみせます！」

子路がそういうと、センセイは、ニヤリと意味ありげにお笑いになった。そして、今度は、冉有に向かって、こうおっしゃった。

「おまえは、どうだね？」

「そうですねえ。数十キロ四方程度の、それほど大きくない国で、そして、三年の猶予をいただいたなら、まあ、なんとか、経済的には豊かにすることはできるのではないか、と。でも、文化関係については、わたし、ちょっと自信がありませんので、その方面が得意な人材をリクルートして、まかせることにします」

センセイは小さくうなずくと、続いて、公西華の方を向いた。

「で、おまえは？」

「……あの、正直に申し上げて、自信はそんなにありません……でも、雇っていただいたのですから、まずは一生懸命、勉強して、主君のご先祖さまの祭礼や諸侯との会議の際に、とりあえず、きちんと礼装して、アシスタント役を果たすぐらいのことはできたらいいな……と」

そこまで聞くと、最後に、センセイは、曾皙に質問した。

「さあ、おまえの答えを聞くことにしようか」

すると、それまで、ギターを静かに弾いていた曾皙は、弾く手を止め、カタッと音を立ててギターを横に置くと、居住まいを正して、こう答えた。

「ぼくの考えは、いまお話しになった方々のものとは、あまりにちがいますので……」

「いいから、いいから。みんな好きなことをいってるんだから、おまえも思うところをいえばいいいんだよ」

「『えっ、それ、なに？』とかいわない、って約束してくれます？」

「約束するから、思うところをいってごらん」

「はい。じゃあ、いいます。ぼくがやりたいのは、春の終わりの頃、季節にふさわしい恰好をして、五、六人の青年、あと、六、七人の子どもを連れて、遊びに出かけることです。近くの川で水浴びをして、その後、雨乞《あまご》いをする広場で風に吹かれてぼんやりし、そして、最後に、歌を口ずさみながら戻ってくる。それぐらいですね。他にやりたいことはありません」

それを聞いたセンセイは深いためいきをついて、こうおっしゃった。

「それ……いいねえ。曾皙についてゆくのがいちばん楽しそうですねえ」

さて、子路、冉有、公西華の三人が退席したあとも、曾皙はひとり残っていた。センセイに訊いてみたいことがあったからだ。

「センセイ」

「なんですか？」

「センセイは、あの三人のしゃべったことをどう思われたのですか？」

「どうもこうも、みんな、やりたいことをしゃべっただけでしょう」

「でも、センセイ。子路さんがしゃべったあと、ニヤリとされたじゃないですか。あれは？」

「ああ、あれね。だって、子路はまっとうな国家にします、っていってるわりには、あまり謙虚な感じがしなかったから。いってることと態度が矛盾してる、そんな感じがしなかったかい？」

「そうかも」

「それから、冉有は、『それほど大きくない国』っていったけれど、『数十キロ四方』っていえば、立派な国ですよ。冉有は、謙遜《けんそん》してるけど、子路がいってる『戦車を千台』の大国だって治められるぐらいの能力があると思いますね。ほんと謙虚すぎるんですよ。そして、最後に、公西華。アシスタント役だなんていってるけど、全般を指揮することだってできるんだけどね、彼は。ほんとに、公西華も、謙遜が過ぎますね」

レッスン12

顔淵

279

顔淵《がんえん》、仁《じん》を問う。子曰く、己れに克ち、礼に復《か》えるを仁と為す。一日《いちじつ》、己れに克ちて礼に復えらば、天下仁に帰せん。仁を為すは己れに由《よ》る、而《しこう》して人に由らんや。顔淵曰く、其の目《もく》を請い問う。子曰く、非礼は視る勿《なか》れ、非礼は聴く勿れ、非礼は言う勿れ、非礼には動く勿れ。顔淵曰く、回《かい》、不敏なりと雖《いえど》も、請う、斯《こ》の語を事とせん。

顔淵がセンセイに質問した。

「センセイ、そもそも『仁』とは、なんでしょう」

「それは根本的な質問ですね。なので、わたしもはっきり答えましょう。『仁』とは、私心、すなわち個人的な思いや感情や欲望にうちかって、普遍的な『礼』の精神で生きることをさしています。これはとても難しいが、効果抜群です。たとえ一日でも、リーダーが私心を捨て去ることができたなら、そのグループのメンバーはみんな、同じように、他人を思いやることができるようになるでしょうね。とにかく、『仁』というものは、まず第一に、その人の心がけの問題なので、相手がいてどうこうするということではないんですよ」

「うーん、センセイ、まだよくわからないんですが。もうちょっと、くわしく説明してくださると……」

「えっ、この説明でわからないの？　顔淵でもダメなのか……。じゃあ、超具体的にいうから、よく聞いてね。この世の中には、『非礼』なものがあります。正しくない、くだらない、愚かな、最低なものやことや人です。いいですか、『非礼』なものは見るな！　目が腐るから。『非礼』なものは聴くな！　耳が腐るから。『非礼』なことはいうな！　口が腐るから。『非礼』なことは一切するな！　地獄に落ちるから！　わかった？」

「……わ、わかりました……。あの、わたしに、そんなことができるかどうかはわかりませんが……センセイのおっしゃったことを噛《か》みしめて、生きていきたいと思います……」

280
仲弓《ちゅうきゅう》、仁を問う。子曰く、門を出でては大賓《だいひん》を見るが如く、民を使うには大祭を承くるが如くす。己れの欲せざる所は、人に施すことなかれ。邦《くに》にありて怨みなく、家にありても怨みなし。仲弓曰く、雍《よう》、不敏なりと雖も、請う、この語を事とせん。

それから、仲弓もまた、センセイに「仁」とは何ですか、と訊ねた。

「具体的にいいます。よく聞きなさいね。『仁』とは、たとえば、家から一歩でも外へ出て、人と会うときは、それがどんな人であっても、常に、大事なお客を迎えたときのように深い敬愛の気持ちで相対することです。それから、人びとを使う側に立ったときでも、傲慢《ごうまん》な態度ではなく、大きな祭祀《さいし》をとりあつかうときのように、うやうやしい態度で接することです。要するに、相手の気持ちになって、自分がその立場だったらイヤだなと思うようなことはしない、ってことですよ。一つの国の国民みんなからも、その家の使用人からも同じように、怨まれたりしないように、ということですね」

「わかりました。ぼくにできるかどうかはわかりませんが、『仁』の精神で頑張ってみます！」

281 司《し》馬牛《ばぎゅう》、仁を問う。子曰く、仁者《じんしゃ》は其の言うこと訒《おそ》し。曰く、其の言うこと訒くして、斯《ここ》にこれを仁と謂《い》うか。子曰く、これを為すこと難《かた》きなり。これを言いて訒きことなきを得んや。

さらに、司馬牛もまた、センセイに、「仁」とはなにかと訊ねた。みんないちばん訊きたいことだったのだ。

「では、『仁』が身についている人かどうか判断する基準を教えてあげましょう。そういう人は、みんな、つっかえつっかえしゃべるものなんです。だから、つっかえながらしゃべる人を見たら、『仁者』である可能性が高い、ってことですね」

「えええっ？　それって、ただ、つっかえながらしゃべってるだけ、ってことなんじゃないですか？」

「どんなことがらでも、真剣に考え、考えながらしゃべるから、当然、出てくることばもつっかえながら、になるわけです。『いい出しかねて（アイ・キャント・ゲット・スターテッド）』ってジャズのスタンダードがあるでしょう？　あれは『仁者』のテーマソングだと、センセイは思いますね。つっかえてしまうぐらい真剣に考えるなんて、ほんとうに難しいことなんですよ。おまえは、そんなこと大したことないと思っているみたいだけれど、それじゃあ、『仁者』の第一ステージの地点で落第ですね」

282 司馬牛、君子を問う。子曰く、君子は憂えず懼《おそ》れず。曰く、憂えず懼れず。斯にこれを君子と謂うか。子曰く、内に省《かえり》みて疚《やま》しからずんば、夫《そ》れ何をか憂え、何をか懼れん。

司馬牛は、センセイに、こう訊ねた。

「センセイ、『君子』とは、どういう人間のことをいうんでしょうか」

「『君子』ですか？　それはね、くよくよしたり、びくびくしたりしない人のことをいうんですよ」

「それだけ？　マジで？　くよくよ、びくびくしないだけで、『君子』なんですか！　簡単ですね！」

「わかってないね、司馬牛。いいですか、よく聞きなさい。どうして、くよくよもびくびくもしないのか。それは、その人が、日頃、深く、自分の言動に思いをこらしているからなんです。そういう人を『君子』というわけ。当たり前でしょう？」

283 司馬牛、憂えて曰く、人には皆な兄弟《けいてい》ありて、我れに独り亡し。子夏《しか》曰く、商《しょう》、これを

聞く。死生、命あり。富貴は天にあり、と。君子、敬《つつし》んで失なく、人に与《むか》い恭にして礼あらば、四海のうち、皆な兄弟なり。君子、何ぞ兄弟なきを患《うれ》えんや。

あるとき、司馬牛が、ものすごく落ちこんでいたことがあった。そして、こんなことを呟いた。

「誰だって兄弟がいるのに、ぼくには兄弟がいないんだ。ほんとうはいるんだけど、いろいろあって、いないのと同じなんだよね。それがつらい……」

その呟きを聞いた子夏は、こんなふうに慰めたそうだ。

「ねえ、いいかい。ぼくは、センセイが、こうおっしゃるのを聞いたことがあるんだよ。『人の生死というものは、わたしたちの力の及ぶところではありません。財産や地位も同じです。どう頑張っても、ダメなときはダメ。天命だと思った方がいいでしょう』ってね。思うんだけど、きみも同じ状況なんじゃないかな。だから、そんなシケた顔をしないで、やるべきことを粛々《しゆくしゆく》とやっていけばいいと思うよ。なにごとにも慎み深くして、バカなことはしない。それでもって、誰に向かっても謙虚でおごり高ぶらず、礼儀正しく接するんだ。そのときには、きっと、『人類、みな兄弟』って気分になってると思うよ。要するに、きみは孤独じゃないってことさ」

284

子張《しちょう》、明《めい》を問う。子曰く、浸潤《しんじゅん》の譖《そし》り、膚受《ふじゅ》の愬《うった》え行われざるは、明と謂うべきのみ。浸潤の譖り、膚受の愬え行われざるは、遠と謂うべきのみ。

子張が、センセイに、こういう質問をした。

「センセイ、『聡明』であることって、どういうことなんでしょうか」

「では、例をあげて説明してあげよう。たとえば、ツイッターで繰り返し繰り返し罵倒《ばとう》されると、ふつう気持ちが病んでくるでしょう。それから、親や子どもや彼や彼女から、突然携帯に電話が来て、『明日までに百万円用意しないと、会社をクビになる！』とか、いわれると、動揺するものですね。でも、そういうとき、ツイッターを見て、『アホかいな』と思えたら、十分『聡明』といえるでしょう。さらに、携帯の相手に向かって『オレオレ詐欺《さぎ》ちゃうの？　「オレオレ」って、いったい、あんた誰？』と、落ち着いて対応できるようなら、それはもう、『聡明』以上！」

285
子貢《しこう》、政《まつりごと》を問う。子曰く、食を足《た》らわし、兵を足らわし、民にこれを信ぜしむ。子貢曰く、必ず已《や》むを得ずして去らば、この三者において何れを先にせん。曰く、兵を去る。子貢曰く、必ず已むを得ずして去らば、この二者において何れを先にせん。曰く、食を去る。古《いにしえ》より皆な死あり、民、信なければ立たず。

子貢が、「政治」とはなにかと質問した。

「『政治』ですか、それはとても大切な質問ですね。よく聞いてください。『政治』とは、国民を飢えさせないこと、国民を守るため軍備をきちんと整えること、そして、国民に信用してもらうこと、この三つをきちんとやることです」

「では、センセイ。お訊きしますが、この三つを同時に行うことが不可能だとしたら、後回しにするのは、どの項目ですか」

「いちばんいらないのは軍備ですね」

「では、残りの二つも同時に行うのは無理となったら、切り捨ててもいいのはどっちですか?」

「意外かもしれませんが、食糧です。そりゃあ、食糧がなかったら、餓死《がし》する人も出てくるでしょう。けれども、どっちみち、人はみんな死んでしまうじゃありませんか。それよりも、『民衆からの信頼』が大切です。それがなくなったら、そんなもの、もう『政治』じゃありませんよ」

（おお、なるほど。軍備より食糧より「民衆の信頼」ですか！　現在の政治家のみなさんにも、このセンセイの名言をぜひ聞いてもらいたいものですね）

286

棘子成《きよくしせい》曰く、君子は質のみなり。何ぞ文《ぶん》を以て為さん。子貢曰く、惜しいかな、夫子《ふうし》の君子を説くや。駟《し》も舌に及ばず。文は猶《な》お質のごとく、質は猶お文のごときなり。虎豹《こひよう》の鞟《かく》は猶お犬羊《けんよう》の鞟のごとし。

棘子成がこんなことをいった。

「君子というのはですね、『実質』が大切なわけです。わかりますか？　『中身』ですよ、なんといっても。どんなにカッコいいことをいったり書いたりしても、そんなものは表面のことにすぎないから、ダメってことです」

このことばを聞いた子貢は、呆《あき》れたようにこう呟いた。

「ケッ。こういう人がいるんだよね。『外見』より『実質』が大事とか。これ、なんとなく正しいような気がする、という典型なんですよ。『実質』がない人間に限って、『外見』より『実質』っていいたがるよね。あまり適当なことはいわない方がいいと思うな。だって、そっと呟いたつもりでも、あっという間に広まって、ぼくのところまで届いたわけなんだから。当たり前すぎていうのもなんだけど、『外見』と『実質』って、そもそも分けられないでしょ。たとえば、思想っていうのは、ことばになって初めて、わかるものじゃないですか。なんか深遠な考えを抱いているけど、なかなかことばにならない、とかウソですから。ボーッとしている人がいたら、すごいことを考えてるんじゃなくて、ただボンヤリしているだけか、せいぜい、今日の昼飯なににしようかな、って考えてるだけですよ、ふつう。『虎豹の鞟は猶お犬羊の鞟のごとし』っていうでしょ。虎や豹の皮が人気があるのは、『表面』の毛があるからで、毛をむしって『実質』の皮だけにしたら、犬や羊と変わらないって！」

287
哀公《あいこう》、有若《ゆうじゃく》に問うて曰く、年饑《う》えて用足らず。これを如何《いかん》せん。有若、対《こた》えて曰く、盍《なん》ぞ徹せざるや。曰く、二なるも吾れ猶お足れりとせず。これを如何ぞ其れ徹せんや。対えて曰く、百姓《ひゃくせい》足らば、君孰《た》れと与《とも》にか足らざらん。百姓足らずんば、君孰れと与にか足らん。

魯《ろ》の哀公が、有若にこんな質問をした。

「いまわが国は、財政は破綻《はたん》寸前です。老人が増えて医療費や年金の支払いは増大する一方、逆に若年人口は減って年金の払い手も減少するばかり。その場しのぎの国債をどんどん発行していますが、もはや利払いで精一杯。ＩＭＦから、いつ、デフォルトが通告されるかわからない。いったいどうしたらいいんでしょう」

すると、有若はこう答えた。

「とりあえず、消費税を８％から３％に戻すことですね。なんなら、消費税を撤廃《てっぱい》しちゃってもかまいませんよ」

「えええええっ！　消費税が８％でも財政赤字なのに、なんで３％にするんですか……」

「あんた、経済がぜんぜんわかってないよ。まず、国民が豊かになんなきゃ、国家が豊かになるわけないじゃない。いま、国民全体が貧しいんだから、とりあえず、国民を豊かにすることを考えなきゃダメ！」

（そりゃそうだよね）

288 **子張、徳を崇《たっと》び惑いを弁ずるを問う。子曰く、忠信を主とし義に徙《うつ》るは徳を崇ぶなり。これを愛しては其の生を欲し、これを悪《にく》んでは其の死を欲す。既に其の生を欲し、又た其の死を欲す。是れ惑いなり。**

子張がセンセイに質問した。

「センセイ、『徳を尊び、惑いを脱却する』という格言がありますよね。それ、どんな意味ですか？」

すると、センセイはこうおっしゃった。

「それは、我々人間にとってとても大切なモラルだから、よく聞いてくださいね。『徳を尊び、惑いを脱却する』といっても、なんとなく『徳は大事』なんだな、ぐらいにしか思わないでしょ。その『徳』の中身というのは、『なにごとにも誠実に、そして、正義を大切にする』ということです。具体的に説明しましょう。たとえば、インターネットで『我が首相サイコー！』とかいう人たちがたくさんいるとするでしょう。そういう人たちは、反対に、『アサヒ死ね』とか書きこむわけです。マンセーかディスるか、どっちかしかないわけです。で、どうなるかというとですね、なにをやっても『サイコー！』とかいって誉めあげていると、誉められたその人は増長しちゃって『おれ、けっこうイケてる？』みたいに誤解するわけです。その結果どうなるかというと、どんどんおごり高ぶって、『アサヒ？　情けない新聞ですよ』なんていい出すわけ。首相たるものがいちいちメディアをディスっちゃいけませんよね。でも、みんなが『サイコー！』って誉めて、現実が見えなくなってしまうんです。で、気がついたら、次々に文書の書き換えが発覚して、窮地《きゅうち》に陥る。これって、『サイコー！』っていってる人たちのせいなのかもしれないでしょう。これが『惑い』なんです。誠実と正義をもとにしないと、こうなっちゃうわけですね。わかりました？」

（なっ……なるほど）

289
斉《せい》の景公《けいこう》、政を孔子に問う。孔子対えて曰く、君を君とし、臣を臣とし、父を父とし、子を子とす。公曰く、善い哉《かな》。信に如《も》し、君、君とせられず、臣、臣とせられず、父、父とせられず、子、子とせられずんば、粟《ぞく》ありと雖も、吾得てこれを食わんや。

斉の景公がセンセイにこんな質問をされた。

「センセイ、政治というものはどうあるべきなんでしょう」

すると、センセイはこうお答えになった。

「上に立つ者は下の者を正しく扱う。下の者は上に立つ者に正しく仕える。それだけのことです。というと、当たり前のことに聞こえるでしょう？　でも、それが、実に難しいことなんです。たとえば、上司が、『ちょっとこの書類、ヤバいから書き換えておいて』と命令したとするでしょう。上司がキャリア官僚で、部下がノンキャリだったりすると、絶対、逆らえない。でも、国家公務員法の第九十八条第1項には『職員は、その職務を遂行するについて、法令に従い、且つ、上司の職務上の命令に忠実に従わなければならない』と書いてあります。つまり、法令違反の命令に従う義務はないんです。これは『上に立つ者は下の者を正しく扱う』ことができなくなった結果、『下の者は上に立つ者に正しく仕える』ことができなくなった例ですね。関係のある条文でいうと、国家公務員法第九十六条第1項の『すべて職員は、国民全体の奉仕者として、公共の利益のために勤務し、且つ、職務の遂行に当つては、全力を挙げてこれに専念しなければならない』というやつと、憲法第十五条第2項の『すべて公務員は、全体の奉仕者であつて、一部の奉仕者ではない』というやつでしょうか。これを守れば、当然の如く『君を君とし、臣を臣と』することができるわけなんです。これは、父と子の間でもまったく同じです。子は親の所有物じゃない。そこに、子どもが親に対して守るべき倫理があるように、親が子どもに対して守るべき倫理もある。そこのところを忘れないように、ね」

「なるほどねえ……」景公は思わず呻いた。

「政治倫理が麻の如く乱れたり、親子関係が断絶するような大混乱の世の中になったら、もはや秩序なんかなくなって、それこそ、わたしに食事を作ってくれるような者もいなくなってるかもしれないよなあ」

290

子曰く、片言、以て獄《うつたえ》を折《さだ》むべき者は、其れ由《ゆう》なるか、と。子路《しろ》は宿諾《しゅくだく》なかりき。

「裁判なんていうものは、考えてゆくと、なかなか結論が出ないものです。たとえば、最高裁は、本来、違憲かどうか審査できるのに、実際はしてないでしょう。あれは、勇気や決断力がないからなんですねえ。そういうとき、ズバッと結論を出す勇気があるのは、わたしの弟子でいうと子路ぐらいですかねえ。あの子、決断するときは、もう感心するぐらい速いんですよ」

291
子曰く、訟《うったえ》を聴くは、吾は猶お人のごときなり。必ずや、訟えなからしめんか。

「さっきの続きですが、そもそも、裁判を開けば、その結果は、誰が裁判官をやってもそんなに変わらないでしょう。ということは、そもそもそんなことにならないように努力することがなにより大事なんですよ」

292
子張、政を問う。子曰く、これに居りて倦《う》むことなかれ。これを行うに忠を以てせよ。

子張が、センセイに政治にたずさわるときの心がまえについて質問をした。

「じゃあ、訊くけど、君はどう思うの？」

「そりゃあ……常に倫理的にものを考え……それから……上に立つ者は下の者を正しく扱って……下の者は上に立つ者に正しく仕える……んじゃないですか？」

「それ、全部、わたしがいったことばかりじゃん。そうじゃないよ、子張、もっと大切なことがあるんですよ」

「それはなんですか、センセイ」

「楽しくやる、ってことですよ。いくら立派なことでも苦行になっちゃったらダメですからね。もちろん、誠意はいつだって必要ですけれど」

293
子曰く、博《ひろ》く文を学び、これを約するに礼を以てすれば、亦《ま》た以て畔《そむ》かざるべし。

「えっと、ここレッスン6（144）とほとんど同じだね。ボケちゃったのかなあ。この前も、原稿書いて送ったら、『センセイ、これと同じ原稿、三ヶ月前にいただきました』って、いわれて、仰天したし」

294
子曰く、君子は人の美を成し、人の悪を成さず。小人《しょうじん》は是れに反す。

「君子というものはですね、人のいい所、素晴らしい所を見たら、感心し、誉めてあげる。それはわかりますね。じゃあ、その人が問題を抱えていたときはどうするか。というか、そっちの方が多いんですが。そういうとき、ダメだといって相手を否定しちゃいけません。それもまた、その人の一部であり、その人そのものだと認めてあげなきゃいけないのです。やたらにダメ出しする人間がいるでしょ。そういうのを『小人』というわけです」

295
季康子《きこうし》、政を孔子に問う。孔子対えて曰く、政なる者は正なり。子、帥《ひき》いるに正を以てすれば、孰《た》れか敢《あえ》て正しからざらん。

季康子が、センセイに、政治のあり方について質問をした。すると、センセイは、こうおっしゃった。

「単刀直入にいうと、政治とは正義そのものです。そう考えてください。不正を行わない、不法行為をしない、一つ一つまっとうなことをする。それでいいんです。あなたがそのようにすれば、それを見ている人たちも、あれでいいんだ、ということになってゆく。逆を考えればわかるでしょう。政治のトップが、憲法を無視する、法規を勝手に変える、となってくると、下の者たちも、それでいいんだと思うようになる。そこから、政治が崩壊してゆくわけなんですよ」

296

季康子、盗《とう》を患えて、孔子に問う。孔子対えて曰く、苟《いやしく》も子の欲せざらんか、これを賞すと雖も窃《ぬす》まざらん。

季康子がこんなことをいった。

「センセイ、最近、わが国は、盗人が横行して困っています。いったいどうしたらいいんでしょう」

　すると、センセイは意外なことをおっしゃった。

「ふつうは、盗人が増えるのは貧しいからで、だから、まず経済対策だとか、弱者救済だとか、いうものでしょう。まあ、いまはどちらかというと、新自由主義的な考えの人も多いので、そんなやつどんどん捕まえて厳罰に処せばいい、貧しいのは自己責任！　とかいうんでしょうね。でも、わたしの考えはちがうんです」

「そう申しますと？」

「あなたがまず、絶対に盗まない、と思えばいいんです」

「……センセイ、それ、社会に盗人が増えているのと関係ないんじゃないですか」

「ちがいます。上に立つ者が、そのことを身に沁《し》みて理解することが大事なんです。想像力ですよ。自分がもし絶望的に貧しくなったら、他人のものを盗むだろうか。家族を悲しませるようなことをしてしまうだろうか。いや、それを盗まないと家族が飢えるとしたら、やってしまうだろう。それでもやらないでいられるとしたら、自分にどんな論理があるだろうか。そうやって、盗むことに追いこまれる人間の心の奥の襞《ひだ》を理解できたとき、やっと、どのような方策が必要か気づくわけなんですよ。いや、そこまで行かないと気づかないものなんです」

「なるほど！」

297 **季康子、政を孔子に問うて曰く、如し無道を殺して以て有道を就《な》さば何如。孔子対えて曰く、子、政を為すに焉《な》んぞ殺《さつ》を用いん。子、善を欲すれば民善なり。君子の徳は風にして、小人の徳は草なり。草はこれに風を上《くわ》うれば必ず偃《ふ》す。**

季康子は、さらに、政治の在り方についてセンセイに質問をした。

「では、次に、政治についてお訊ねします。この社会には救いようのないアウトレージな悪人もいれば、非の打ち所のない善人もいるわけです。わたしとしては、悪人のいない清潔で清浄な世界を作ってみたいのですが。それって、どうなんでしょう」

すると、センセイはためいきをつかれて、こうおっしゃった。

「あなた、政治というものをぜんぜんわかってませんね。じゃあ、悪人を全部捕まえて死刑にしたとするでしょう。その残りの人たちの中に、また悪人が出てきます。そして、その悪人を捕まえて、また死刑にする。でも、またその残りから悪人が出てくるのです。なぜだか、わかりますか？　そりゃあ、あなたが『悪人』というものを『社会の害悪であり除去すべき存在』と考えているからです。そして、あなたがそのように考えて政治を行えば、人びともみんな同じように『社会の害悪』は『除去』しなきゃならないと思う。そのマインドが人びとの間にある限り、『社会の害悪』を見つけようという衝動はなくならないのです。それがどのような結果になるのか、わかりますね。ヘイトスピーチやレイシズムに行き着くのですよ。政治を行う者がやらなきゃいけないのは、その反対なんです。『社会の害悪』を見つけようとするのではなく、『社会の中の善』を見つけようとしなきゃなりません。災害ユートピアということばをご存じですね。震災のような絶望的な状況の下で、人びとが自然に連帯して助け合うことを指しています。そのような『善』の能力を、人びとは持っています。政治を行う者は、人びとのその能力を見つけ、育てなければなりません。そのためには、まず、政治を行う者自身が、その能力を身につけなければならないのです。大衆の本質は『風になびく草』のようなものです。あなたたちは、善き方角に向かって吹く風にならなきゃいけないのです」

298

子張、問う。士は何如《いか》にして斯にこれを達と謂うべきか。子曰く、何ぞや、爾《なんじ》の所謂《いわゆ》る達とは。子張対えて曰く、邦にありても必ず聞こえ、家にありても必ず聞こゆ。子曰く、是れ聞こゆるなり。達にあらざるなり。夫れ達なるものは、質直《ちょく》にして義を好み、言を察して色を観る。慮《はか》りありて以て人に下る。邦にありても必ず達し、家にありても必ず達す。夫れ聞こゆるとは、色は仁を取りて行いは違い、これに居りて疑わず。邦にありても必ず聞こえ、家にありても必ず聞こゆ。

子張が、センセイにこんなことを質問した。

「センセイ、『学者』というものは、なんといいますか、どの程度、勉強し、どの程度まで行ったら『すごい学者』とか、まあ、そんなチャンピオン的存在といえるんですか」

すると、センセイは、子張の顔をまじまじと見つめて、こうおっしゃった。

「子張、訊くけどね、おまえがいうところの『すごい』って、どんな意味なの？」

「そうですねえ……たとえば、国のなんとか委員会とかの委員長になって、新聞に載るとか……それから、よくテレビのニュースに出てくるとか、ノーベル生理・医学賞をとった山中センセイとか、そんな感じ？」

「ハア……」

センセイはなんだか、すっかり脱力なされたようだった。

「子張、おまえがいってるのは、『すごい』学者じゃなくて、単に『有名な』学者、というだけだね。ほんとうに『すごい』学者というのはね、学問というものに仕える人、真理に頭《こうべ》を垂れることができる人のことですよ。そういう学者は、もちろん正義を貫こうとするでしょうね。それだけじゃありません。相手のことを理解する能力だってズバ抜けています。相手がしゃべることばの裏の裏までわかってしまうし、それどころか、黙っていても、表情を見ているだけで心の底まで見抜いてしまう。なにしろ、ふだんから真理にたどり着こうと真剣な努力を重ねている人なんですからね、それぐらい、お茶の子さいさいですよ。しかも！　そういう人に限って、思慮深くって、おれがおれがと自己主張したりしない。そういう人を『すごい』学者と呼ぶわけです。そして、そういう『すごい』人は、国に呼ばれて仕事をしたら、『すごい』仕事をするだろうし、ただ家でふつうに暮らしていても、『すごい』生活をしている、ってわけです。それに対して、子張、おまえがいう、『有名な』学者なんていうのは、たとえば『朝まで生テレビ！』に出てるやつとかがその典型ですけど、表面上は『すごい』学者を演じているけれど、中身は空っぽです。そもそも、『有名』であることにこだわるなんて、『仁』といちばん遠いことじゃないですか。それなのに、まったくそのことに気づかない。まあ、そうやっていると、確かに『有名』にはなるんでしょうが。子張、おまえ、『有名な』学者になりたいの？　それとも『すごい』学者になりたいの？」

「いやあ……そう訊かれたら、『有名な』っていえないでしょ、センセイ！」

299
樊遅《はんち》、従って舞《ぶ》雩《う》の下に遊ぶ。曰く、敢て徳を崇《たっと》び、慝《とく》を脩《おさ》め、惑いを弁ずる、を問う。
子曰く、善いかな、問いや。事を先にして得るを後にす。徳を崇ぶにあらずや。其の悪を攻め、人の悪を攻めず。慝を脩むるにあらずや。一朝の忿《いか》りに其の身を忘れ、以て其の親に及ぶ。惑いにあらずや。

さて、樊遅がセンセイのお供をして「雨乞い」の台が置いてある広場で休んでいたとき、こんな質問をした。

「センセイ、『徳を崇び、慝を脩め、惑いを弁ずる』っていいますよね。それって、どういう意味なんでしょう」

「いい質問だね。それは、修養について、みんなが守るべき三つの決まりということなんです。まず、『徳を崇び』というのは、なにかするべきことがあるならやってみる、ということです。それについて報酬や称賛を期待せずにね。それから、二つ目の、『慝を脩め』というのは、自分がまちがっていたらそれを反省し、厳しく責めるけれど、他人については、責めたりしない、ということです。そして、最後に『惑いを弁ずる』というのは、怒りのあまり我が身を忘れてなにかをしてしまうと、自分ばかりか他人、たとえば親にまで迷惑をかけてしまう、そういうことが『惑い』だとわかることです。どれも、人として身につけておくべきことばかりですよね」

300 **樊遲、仁を問う。子曰く、人を愛す。知を問う。子曰く、人を知る。樊遲未だ達せず。子曰く、直《なお》きを挙げてこれを枉《まが》れるに錯《お》き、能く枉れる者をして直からしむ。樊遲退く。子夏を見て曰く、郷《さき》にや吾れ夫子に見えて知を問うに、子曰く、直きを挙げてこれを枉れるに錯き、能く枉れる者をして直からしむ、と。何の謂いぞや。子夏曰く、富めるか**

な、言や。舜《しゅん》、天下を有《たも》ち、衆より選んで皐陶《こうよう》を挙げて、不仁者、遠ざかる。湯《とう》、天下を有ち、衆より選んで伊尹《いいん》を挙げて、不仁者、遠ざかれり。


樊遅がセンセイに、質問をした。

「センセイ、『仁』とはなんでしょうか」

すると、センセイはこうおっしゃった。

「『仁』とはね、簡単にいうと、『人を愛すること』なんですよ」

「じゃあ、センセイ、『知』とはなんでしょう」

「『知』とはね、樊遅、要するに、『人を知ること』ですよ」

センセイがおっしゃったことに、樊遅は納得がいかないようだった。それに気づいたセンセイは、こう付け加えられた。

「いいかね、樊遅。素直で、正直な人間を、ひねくれて、誠実とはいえない人間の上に登用すると、その、ひねくれた人間が、素直になってしまうものなんですよ」

樊遅は、「そうですか」とだけいって、センセイのところから退出した。なんだか、もやもやした気分が残っただけだった。しばらくして、兄弟子の子夏に会ったとき、その話をした。

「この前、センセイにお会いしたとき、『知』とはなにか、ってお訊ねしたんですよ。そしたら、センセイは、『素直で、正直な人間を、ひねくれて、誠実とはいえない人間の上に登用すると、その、ひねくれた人間が、素直になってしまうものなんです』とおっしゃったんですが、それ、答えになってないんじゃないですか？　先輩、どう思われます。ぼく、なんか、誤魔化されたみたいな気分なんですけど」

するど、子夏は、感心したような表情になって、こう答えた。

「なるほどなあ……さすが、センセイだよ。それって、けっこう『深い』回答だと思うよ、樊遅。センセイがおっしゃりたかったのは、こういうことだと思うんだ。かの舜が天子になられたとき、たくさんの候補者の中から皐陶を選んで登用すると、その結果、どうしようもない連中は一斉に逃げ出してしまった。自分たちが『不仁者』であることに気づいてしまったからだろうね。それから、殷の湯王が天子になられたときにも同じようなことがあった。伊尹を抜擢《ばってき》したところ、やはり、『不仁者』たちは自ら逃げ出してしまったんだ。真の『仁者』を目の前にすると、『不仁者』は自分が何者であるかに気づかざるを得ないんだろう。舜や湯王のように、ほんとうに『仁』を持った人を見抜く力こそ『知』だと、センセイはおっしゃりたかったのさ」

（いや、子夏ならずとも、感心しますね）

301 **子貢、友を問う。子曰く、忠告して善くこれを道《みちび》く。可《き》かれざれば止む。自ら辱《はずかし》めらるるなかれ。**

子貢が、センセイにこんな質問をした。

「センセイ、友情ってなんでしょう」

すると、センセイはこうおっしゃった。

「いちばん大切なのは、相手がまちがったことをしてると思ったら、それをはっきり指摘してあげることです。でも、自分の弱点を認めるのは、とても難しいことですからね。たいていは、反発するか、そればかりか、逆にもっとひどいことをしたりするわけです。自分がまちがっていないことを証明したいばっかりにね。それじゃあ、逆効果になってしまいます。なので、そういうときは、諦めることが必要ですね。それ以上深入りしちゃいけません。人間関係すべてにいえることですが、近づいてもいい限界を知らなければ、とんでもないしっぺ返しを食らうことになりますからね」

302
曾子《そうし》曰く、君子は文を以て友を会し、友を以て仁を輔《たす》く。

曾子がこんなことをいっている。

「君たちは、まず学問を通じて、友人を作りなさい。その上で、その知り合った友人たちと切磋《せっさ》琢磨《たくま》することで、人間性を磨きなさい」

レッスン13

子路

303

子路《しろ》、政《まつりごと》を問う。子曰く、これに先んじ、これを労《ねぎら》う。益を請う。曰く、倦《う》むことなかれ。


子路が、センセイに、こんな質問をした。

「センセイ、政治というのはなんでしょう」

すると、センセイはこうおっしゃった。

「部下より働き、そして、部下に思いやりを示し、気を配ること。それだけです」

「ただ、それだけ⁉」

「そう。ただ、それだけ」

(そうか、そうなのか。部下がどうしても忖度《そんたく》しなければならなくなったり、部下が答弁に困ったり、公文書を改ざんするように追いつめられたりしないように、気を配ること。それが、上に立つ者の「唯一」の仕事だと、センセイはおっしゃっているのか……。さすが、センセイ、目のつけどころがぜんぜんちがいますねえ)

304
仲弓《ちゅうきゅう》、季氏《きし》の宰《さい》となり、政を問う。子曰く、先の有司《ゆうし》は、小過を赦《ゆる》し、賢才を挙げよ。曰く、焉《いず》くんぞ賢才を知りてこれを挙げん。曰く、爾《なんじ》の知るところを挙げよ。爾の知らざる所を、人其れこれを舎《お》かんや。

弟子の仲弓が、季家の代官に就職が決まった。そこで、仲弓は、どんな心がまえで勤めればいいのか、センセイに訊ねた。

「まず、前の代官がやってきたことを非難しないことです。どんなミスがあったにしてもね。みんな、君がどんな人物かを見つめているわけです。なのに、最初にすることが、ネガティヴな対応だとしたら、そういう人間だと思われてしまうでしょう？　その上で、次に、素晴らしい人材をどんどん登用することです」

「でも、どうやって人材を集めたらいいのか、わからないんですが」

「最初は、おまえが知っている中で、自信をもって『これは』といえる人物を選べばいい。そうすれば、みんな、『ははあ、この人は能力があれば登用してくれるんだ』とわかって、どんどん人材が集まってくる、ということですね」

305
子路曰く、衛君《えいくん》、子を待ちて政を為さば、子は将《まさ》に奚《いず》れをか先にせんとする。子曰く、必ずや名を正さんか。子路曰く、是れあるかな、子の迂《う》なるや。奚《いずく》んぞ其れ正さん。子曰く、野《や》なるかな、由《ゆう》や。君子は其の知らざる所において、蓋《けだ》し闕如《けつじょ》たり。名正しからざれば、言うこと順ならず。言うこと順ならざれば、事成らず。事成らざれば、礼楽《れいがく》興《おこ》らず。礼楽興らざれば、刑罰中《あた》らず。刑罰中らざれば、民手足を措くところなし。故に君子はこれを名すれば、必ず言うべきなり。これを言えば必ず行うべきなり。君子は其の言において、苟《いやし》くもするところ無きのみ。

子路が、こんな質問をした。

「センセイ、もし、衛公が、センセイに国政を委《ゆだ》ねたとしたら、まず、なにからとりかかりますか?」

するとセンセイはきっぱりとこうおっしゃった。

「なによりもまず、正しい国家ビジョンを国民に提示するでしょうね」

「えええっ! そんな回りくどいことからやるんですか? いま、まさに衛公が父親と抗争中のこの危機の時代、『実行できる政治』が求められているんじゃないですか? センセイ、意外と世間知らずなんですねえ。国家ビジョンとかいってる場合ではないと思うんですが」

するとセンセイは、大声でこういわれた。

「喝！」

「ああ、びっくりした！　センセイ、脅《おど》かさないでくださいよ」

「あまりに愚かなので、びっくりするのはこっちの方ですよ。君子というものは、知ったかぶりはしないものですよ、子路。いいかい、耳をかっぽじって聞きなさい。大切なことですから。おまえがいったように、麻の如く乱れているこの国だからこそ、明確な国家ビジョンを必要としているってことです。国家ビジョンが曖昧《あいまい》だったら、筋道の通った政策を作ることはできない。筋道の通った政策を作ることができなかったら、きちんとしたルールやシステムは生まれない。なにごとにもはっきりしたルールやシステムが生まれなかったら、そもそも、なにが正しいのかさえわからなくなってくる。なにが正しいのかわからない社会では、そこに住む者は誰も不安で仕方ないだろう。だって、なにがまちがいなのかもわからないのだから。わかりますか、子路。これが、衛の国が置かれている現状なんですよ。だとするなら、この国を立て直すためには、国家ビジョンの再構築から始めるしかないんですよ。そして、そのビジョンに沿った政策を考え、システムを作り、ルールを設ける。そして、粛々《しゅくしゅく》として実行してゆく。それが、まっとうな政治というものなんです。わかりますか、子路」

（センセイ、わかりました。そのおことば、ぜひ、我々の国の政権を担当する人たちにもいってあげてください）

306 **樊遅《はんち》、稼《か》を学ばんと請う。子曰く、吾れは老農に如《し》かず。圃《ほ》を為《つく》るを学ばんと請う。曰く、吾れは老圃に如かず。樊遅出づ。子曰く、小人《しょうじん》なるかな、樊須《はんす》や。上《かみ》、礼を好めば、民敢《あ》えて敬せざるなし。上、義を好めば、民敢えて服せざるなし。上、信を好めば、民敢えて情を用いざるなし。夫《そ》れ是の如くんば、四方の民、其の子を襁負《きょうふ》して至らん。焉んぞ稼を用いん。**

あるとき、樊遅が、センセイに、こんな質問をした。

「センセイ、センセイならお米の作り方もご存じじゃないですか？」

センセイはこうお答えになった。

「『餅は餅屋』というでしょう。お米の作り方なら、農民にお訊きなさい」

するとと、樊遅は、今度は方向を変えて、こんな質問をした。

「じゃあ、センセイ、野菜作りなら教えてもらえますか？　知ってらっしゃるんじゃないかって、思うんですが」

「だから、その道のプロに訊きなさい、っていってるでしょ」

センセイに叱られた樊遅は、なんで怒られなきゃいけないんだよ、ただ訊いただけじゃん的な表情を浮かべると、バタンと大きな音を立ててドアをしめ、そのまま部屋を出ていった。センセイは、肩をすくめると、苦笑しながらこうおっしゃった。

「あの子、ちっちゃいよね、『器』が。上に立つ者が、まつりごとを真剣にやっていれば、人びとは自然にリスペクトするようになるものでしょう。誰からも後ろ指をさされないように、『正しく』まつりごとを営んでいたら、安心して、いうことを聞いてくれるでしょう。ついでにいうと、上に立つ政治家が、公約をきちんと守っていたら、人びとは安心して、心を開いてくれるでしょう。そういうのを理想的な政治運営、っていうんですよ。そんな国があったら、世界中から、ドイツではなくその国に難民が押し寄せてくるでしょう……うーん、それ自体はちょっとまずいんですけどね。まあ、そういうわけだから、上に立つ者には、自分でなにかをやらなくても、いろんなことを人びとが安心してやってくれるような環境を作り出すことが大切なんですよ。別に自分で田植えをする必要なんかありませんから！」

307 **子曰く、詩三百を誦《しょう》す。これに授《さず》くるに政を以《もっ》てして達せず。四方に使いして専対《せんたい》する能《あた》わずんば、多しと雖《いえど》も亦《ま》た奚《なに》を以て為さん。**

「あるところに、『詩経《しきょう》』の中の詩三百篇を丸暗記した人がいたそうです。『詩経』は、政治を志《こころざ》す人間の必読書ですからね。でも、この人、実際に政治家になってみたけど、なにもできない。ちょっと難しい交渉のため、特使として外国に派遣されたけど、やっぱりまるで役に立たない。じゃあ、あんなに長い時間をかけて『詩経』を勉強したのはなんだったのか、ってことですよ。まあ、時間をかけただけで、まるで理解してなかったわけですね。丸暗記とか、受験勉強とか意味なし！」

308
子曰く、其の身正しければ、令せずして行わる。其の身正しからざれば、令すと雖も従われず。

「上に立つ人間は、ほんとうのところ、命令なんかしなくても、みんな従ってくれるんです。その人が、ふだんからきちんとした振る舞いができる人間ならですが。逆にいうなら、それができないダメ人間だとしたら、いくら命令しても、そもそも人望がないんだから、誰も従わないですよ。一応は、『はいはい、わかりましたあ』といい返事はするんですけどね」

309
子曰く、魯《ろ》と衛との政は、兄弟《けいてい》なり。

「魯の国と衛の国の祖は、もともと兄弟だったんですが、いまや、政治の質という点では、どっちもどっち。ひどいもんですよ。そこまで似る必要はないと思うんですけどね」

310 **子、衛の公子荊《けい》を謂《い》う、善く室に居る、と。始めて有るや曰く、苟くも合せり、と。少しく有れば曰く、苟くも完《まった》し、と。富有なれば曰く、苟くも美なり、と。**

「わたしは、衛の公子荊さんは、すごい人だと思います。まだ若い頃、貧乏所帯だったときには、いやいや十分に暮らしていけますよ、とおっしゃった。それから、少し裕福になってきたときには、もう満足してます、最高です、とおっしゃった。そして、誰が見てもお金持ちだなあとなった頃におっしゃったのが、いやこんなに恵まれて嬉しいですほんと、ということです。実に謙虚な人ではありませんか。こういう人こそ、政治家の鑑《かがみ》ですよ」

311 **子、衛に適《ゆ》く。冉有《ぜんゆう》、僕たり。子曰く、庶《おお》いかな。冉有曰く、既に庶し。又何をか加えん。曰く、これを富まさん。曰く、既に富めば、又何をか加えん。曰く、これに教えん。**

センセイが衛の国に出張なさったときのことです。そのときには、冉有をお供に連れていかれました。

「いや、ずいぶん、人が多いね。人口、すごいでしょ、ここ」

「センセイ、人がたくさんいればいい、というわけではないですよね」

「そりゃそうです。政治家たる者は、この多くの人たちの暮らしが成り立つようにしなきゃなりません」

「では、センセイ。暮らしが成り立つようになったら、その次は？」

「もちろん、教育です。これがなければ、国とはいえませんからね」

312
子曰く、苟しくも我を用うる者あらば、期月《きげつ》のみにして可ならん。三年にして成るあらん。

「自慢するわけではないですが、正直にいって、どうして、わたしに政治をまかせてくれないんでしょう。たった一年でもいいです。どれだけ能力があるか、わかってもらえると思います。三年もやらせてもらえれば、びっくりするような成果をあげられるんですけどねえ……いや、愚痴《ぐち》でしたね」

（センセイだって、愚痴の一つもこぼしたくなることがあるんですよ。人間だから）

313 **子曰く、善人、邦《くに》を為《おさ》むること百年ならば、亦た以て残に勝ち殺を去るべし、と。誠なるかな、是の言や。**

「『高いモラルを持った人間が百年間、統治すれば、その国から人殺しはいなくなっているだろう』ということばがありますが、その通りだと思いますね。政治というものは、一つ一つの政策よりも、もっと根本的なモラルこそが大切だということなんです」

（別に現代の政治家に向かっていっているわけではありません！）

314 **子曰く、如《も》し王者あらんも、必ず世にして後に仁《じん》たらん。**

「どんなにすごい王様が現れて、国を治めても、国民ひとりひとりに『仁』の気風が行き渡るのに、どれくらいかかると思いますか。少なく見積もっても一世代まるまる、ざっと三十年はかかるでしょうね」

315 **子曰く、苟くも其の身を正しくせば、政に従うに於て何かあらん。其の身を正しくする能わずんば、政を如何《いかん》せん。**

「政治家を志すのはたいへんけっこうなことです。でも、その前に、一つ大切なことがあるのを覚えておいてください。『正しさ』に敏感であることです。わかりますか？　なにかをするとき、それが『正しい』かどうか、常に考えておかなきゃならない。それができていれば、政治家になっても大丈夫。もし、できていないとしたら、あなたには、政治家の資格がありません」

（別に現代の政治家に向かって……あ、さっき書いたっけ）

316
冉子《ぜんし》、朝《ちょう》より退く。子曰く、何ぞ晏《おそ》きや。対《こた》えて曰く、政ありき。子曰く、其れ事ならん。如し政あらば、吾を以てせずと雖も、吾其れこれに与り聞かん。

冉子が、役所から戻ってきた。そこで、センセイは、質問をされた。

「どうして、そんなに遅くなったんだい？」

「ああ……いや、ちょっとトラブルがあったもので。大したことないです」

「どうせ、季一族の内輪の件をやらされていたんでしょ？　そんなもの時間の無駄です。もし、ほんとうに魯の国の政治に関わることだったら、どうして、わたしを呼ばなかったのかなあ。わたし、一応、顧問みたいなものだと思うんですけど。もともと、魯の国の政治にも詳しいし」

（こういうとき、センセイって、むっちゃ強気なんだよね。というか、自己評価、すごく高いです。見習わなきゃ）

317
定公《ていこう》、問う。一言にして以て邦を興すべきはこれあるか。孔子対えて曰く、言は以て是

人の言に曰く、君たるは難《かた》く、臣たるは易《やす》からず、と。如し君たるの難きを知らば、一言にして邦を興すに幾からずや。曰く、一言にして邦を喪《ほろぼ》すもの、これありや。孔子対えて曰く、言は以て是の若《ごと》くなるべからざるも、其れ幾《ちか》きか。人の言に曰く、予《わ》れ君たるより楽しきはなし。唯だ其れ言うのみにして、予れに違《たが》うなきなり、と。如し其れ善くしてこれに違うなくんば、亦た善からずや。如し善からずして、これに違うなくんば、一言にして邦を喪ぼすに幾からずや。


魯の定公が、こういった。

「センセイ、ちょっと教えていただきたいことがあるんですが」

「なんですか」

「なんというか、一発で、国が栄えるような、効果てきめんのキャッチフレーズってないですかねえ。『力強く前へ』とか『世界の真ん中で咲き誇れ』とか」

「そんな都合のいいことばがあるわけないじゃん……でも、まあ、それに近いものなら、なんとか」

「じゃあ、早く！」

『人の上に立つのは難しいし、人に仕えるのも難しい』ということばがあります。とりあえず、『人の上に立つのは難しい』と自分にいい聞かせてみてはどうでしょう。国家を経営する難しさもわかるし、謙虚に国政に向かい合うことができるでしょう。当然ですが、そういう統治者がいる国は栄えるでしょうね」

「では、逆に、国を滅ぼしてしまうようなキャッチフレーズは？　そんなものありますか？　あったら怖いけど」

「だから、そんな即効性のあるようなことばはない、っていってるでしょ。でも、まあ、なんとなくそれっぽいものなら……」

「勿体《もったい》つけてないで、教えてくださいよ」

「はいはい。わかりました。いいですか、王様。こんなことばがあります。『王様になるのは最高の楽しみ。だって、みんな、おれのいうことを聞いてくれるんだもの』」

「ちょっと、なんか悪意こもっていませんか？」

「そんなことはないです。これはなかなか、逆の意味で、含蓄があることば、といっていいでしょう」

「そうなんですか？」

「考えてもみてください。臣下がみんなホイホイいうことを聞いてくれるんですよ。そりゃあ、素晴らしい政策を次々打ち出すことができるなら、それほど都合のいいことはないでしょう。でも、王様がアホで……失礼……無能で、目もあてられないような政策ばかりやっているのに、誰も口出しできないとしたら、そりゃあ、国家破滅まで一直線。その場合は、国を滅ぼした名言として永遠に記憶されるんじゃないですか」

「そうなのか……」

「えっ？　あなたのことをいったわけじゃありませんよ」

318
葉公《しょうこう》、政を問う。子曰く、近き者説《よろこ》べば、遠き者来《きた》る。

葉公が、センセイにこんな質問をした。

「センセイ、ざっくりひとことでいうと、政治ってなんでしょう」

「いや、だから、そんな都合のいいことばはないんですけど」

「そこをなんとか、ひとことで！」

「仕方ないなあ。じゃあ、簡単にいいますから、よく聞いてください。領民が喜んでくれるような政策を行うことです。そうすると、他の国の人たちも、『えっ、いいな、あの国』といって、やって来るようになります。極端なことをいうと、この国を目指して亡命してきます。逆に、どんどん国外に脱出するようになったら、あの国みたいに……そりゃ、ひどい政治だってことでしょう」

「なるほど！」

319 **子夏《しか》、莒父《きよほ》の宰となり、政を問う。子曰く、速《すみや》かなるを欲するなかれ。小利《しようり》を見るなかれ。速かならんと欲すれば達せず。小利を見れば、大事成らず。**

めでたく、莒父というコミュニティーの役人になった子夏が、センセイに、アドヴァイスを求めた。すると、センセイは、きっぱりこうおっしゃった。

「いいですか。まず、成果を求めることにシャカリキになってはいけません。それは、政治に初めて関わる者が陥りやすい罠みたいなものです。いいところを見せようとして焦るんですよね。そうなると、落ち着いて仕事ができないでしょう。それから、なんでもいいから、目に見える成果が欲しいと思っていると、視野狭窄《しやきようさく》になって、大きな仕事はできません。わかりましたか?」

「はい!」

320
葉公、孔子に語りて曰く、吾が党に直躬《ちよくきゆう》なる者あり。其の父、羊を攘《ぬす》む。而《しこう》して子、これを証せり。孔子曰く、吾党の直《なお》き者は是に異なり。父は子の為に隠し、子は父の為に隠す。直きこと其の中にあり。

あるとき、葉公がセンセイにこんなことをいった。

「そうそう、わたしの領内に、正直者で有名な躬さんという男がいたんですね。あるとき、その男の父親が羊を盗んだという事件がありました。すると、その男は、確かにわたしの父がその羊を盗むところを見ました、親とはいえそんなことはしてはいけません、法律を守らなきゃ、と警察に通報したんですよ。見上げたものですよね、模範にしなきゃいけませんよね、その態度」

するると、センセイは、呆れたようにこうおっしゃった。

「申し訳ありませんが、あなたの、というか、その男の考え、根本的にまちがってます」

「えっ！　そうなんですか！」

「そうです。確かに、その男は、法律を守るという点にかけては立派かもしれない。でも、もっとずっと大切なものを忘れてますね。わたしの町内にも、マジメな人間、正直な人間はいますが、そんなことはしません。もし、子どもが悪事を働いたら、警察に突き出すより、とりあえず、見つからないようにするでしょう。逆に父親がとんでもないことをしでかしたら、子どもは、まず、父親が捕まらないよう心をくばるでしょう。やり方はいろいろあるじゃないですか。父親に『とうさん、どろぼうはまずいよ。羊一匹のため、人生、終了するじゃん。ぼくがこっそり返しておくから、もう、あんなことやめてね』というとか。別の羊を買って父親に渡して『その羊は返して、それから、盗ったところに謝って。うちら、「万引き家族」じゃないんだから』と注意するとか。そもそも、親子は、お互いに慈しみ合う関係じゃありませんか。『みんなで法律を守りましょう』というスローガンの先にあるのは、密告社会ですよ！　そんなこともわからないんですか」

「……すいません……」

321 **樊遅、仁を問う。子曰く、居処《きょしょ》するに恭《うやうや》しく、事を執るに敬《つつ》しみ、人に与《むか》って忠ならば、夷狄《いてき》に之《ゆ》くと雖も、棄つべからざるなり。**

樊遅がこんな質問をした。

「センセイ、ものすごく基本的なことをお訊きしますが、怒らないで答えてください。あの、『仁』って……なんですか」

「まだ、それを訊くの？　いや、おまえの気持ちもよくわかりますよ。『仁』はすごく難しい概念だといっていいですからね。一つ覚えておいてもらいたいのは、わたしは、いろないい方をしているけれど、それは『仁』というものが、具体的な行動を通して現れるものだからです。まあ、それはいいでしょう。たとえば、休憩中に、おれの自由時間だからとやかくいわれたくない、なんてことはいわずに、静かに休んでいること。そして、仕事をしているときは、というと、なにがあっても対処できるようにいつも緊張していること。そして、当たり前かもしれないけれど、どんな人間に対しても、誠実に向かい合うこと。どれも、どんな異国に行っても通じる、万国共通の『仁』だと思いますね」

「わかりました、ありがとうございます!」

322 子《し》貢《こう》、問うて曰く、何如《いか》なれば斯《ここ》にこれを士と謂うべきか。子曰く、己を行うに恥あり。四方に使いして君命を辱《はずか》しめず。士と謂うべし。曰く敢て其の次を問う。曰く、宗族《そうぞく》、孝《こう》を称し、郷党《きょうとう》、弟を称す。曰く、敢て其の次を問う。曰く、言うこと必ず信、行うこと必ず果。硜硜然《こうこうぜん》として小人なるかな。抑《そもそ》も亦た以て次と為すべし。曰く、今の政に従う者は何如。子曰く、噫《ああ》、斗《と》筲《そう》の人、何ぞ算《かぞ》うるに足らんや。

子貢が、センセイにこんな質問をした。

「センセイ、ちょっとお訊きしたいのですが、真の政治家とは、どんな人間のことをいうんでしょうか」

「いい質問ですね。じゃあ、子貢、せっかくの直球の質問だから、わたしも、直球で答えてあげよう。まず、なんにでも責任をとることができて、恥を知っている人間でなければなりませんね。それから、王様の命令を受けて、どこか外国に派遣されたときには、きちんと期待に応《こた》えるだけの能力を持つこと。それなら、一流の政治家と呼んでいいでしょうね」

「センセイ、それ、けっこう、期待値高いんじゃないですかねえ。そこまで行かなくてもいいんで、その下のレベルはどんな感じですか」

「そうですねえ……たとえば、親戚の間では、あいつは親孝行だよ、といわれてる、とか、周りの人たちから、あいつさあ、よく気がきくよね、最近自己チュウなやつが多いのに、ほんと大したもんだよ、といわれるとか？　その程度なら、まあなんとか」

「センセイ……もう一声」

「まだレベル下げろ、っていうの？　信じられないんですけど……まあ、しようがないね。じゃあ、いいます。約束は守る、グズグズしない。これで、なんとか最低レベルの政治家といえるんじゃないですか。正直にいって、こんなの、人間として上等とかというレベルじゃないんですけど、いまの時代、これだけできてれば、ぎりぎり合格点」

「それなら、ぼくでもなんとか……。ところで、センセイ。いま、政治をやってる連中は点をつけると何点ぐらいですか?」
「わたしにそれをいわせるの? 子貢、訊くだけ野暮《やぼ》ですよ。どいつもこいつも問題外。お話にもなりません」
(だから、ほんとに現代の政治家に向かっていってるわけじゃありません!!)

323
子曰く、中行《ちゅうこう》なるものを得てこれに与《くみ》するにあらずんば、必ずや狂狷《きょうけん》か。狂なる者は進んで取り、狷なる者は為さざる所あるなり。

「友だちを見つけようとするとき、ふつうは、欠点のない、常識を知った人間を探すでしょう? でも、結論からいうとですね、そうやって見つけた人間は、つまらない。しゃべってても、ガッカリすることが多い。当たり障りのない人間、というか、ぜんぜん刺激にならない。だから、見つからなかったら、よし良かった! そう考え直して、狂犬……じゃなくて、狂狷な人間を探してみることです。『狂』は、クレイジーなやつ、つまり、世間一般の常識を持ってない人間で、そういうやつは、ものすごくおもしろいですね。それから、『狷』は、へそ曲がりのことで、それも、やはりふつうの人間とは違って、強情《ごうじょう》かつ一徹《いってつ》で、やはり、付き合ってみる価値がありますよ」

324

子曰く、南人《なんじん》言えることあり、曰く、人にして恒《つね》なければ、以て巫医《ふい》を作《な》すべからず、と。善いかな。其の徳を恒にせざれば、或いはこれに羞《はじ》を承《すす》む、とあり。子曰く、占わずして已《や》まん。

「南方に、こんなことばがあります。『恒なければ、以て巫医を作すべからず』。これは、人間というものは、心の中に『天秤《てんびん》』がなければならない、それがなかったら、巫女《みこ》に意見を訊いたり医者にかかったりしても意味がない、ということをいっているのです。わかりますか。もしかしたら、それは『仁』や『孝』よりも大切なものかもしれない。『天秤』は、ことばではありません。ものごとの善悪を自分で自動的に調節し、判断する装置です。つまり、考えることによるものではなく、自分の中にあるはずのもっと根源的な、『秤《はかり》』なのです。自分の中に、自分を判定する装置がないのに、他の装置によって判定してもらおう、というのは、ものすごく危険なことでしょう。だって、全部、他人の判断に任せてしまう、ってことなんですから。かの偉大な占いの本、『易経《えききよう》』にも、『其の徳を恒にせざれば、或いはこれに羞を承む』ということばがありますが、これも同じ意味ですね。行動原理がない人間の将来を占っても、無残なものになるばかりだ、といっているのです。まあ、そんな人間は、そもそも占う必要なんかないでしょう。この世で、『芯《しん》』のない人間ほど、無益な存在はないのですから」
（センセイ、辛辣《しんらつ》！）

325
子曰く、君子は和して同ぜず、小人は同じて和せず。

「『和して同ぜず』は、わたしの名言の中でも、ヒット中のヒットとなったやつです。短い中にも、深い意味がこめられているし、語調もいいし、人口に膾炙《かいしや》するのも無理はないですね。えっと、この意味ですが、最初のフレーズは、『仲良くすることは大切だが、だからといってよくわかってないのに「いいね！」ボタンを連打するのは考えもの』ということ、次のフレーズは『で、実際はどうなっているかというと、「いいね！」ボタンを連打する連中に限って、「賛同していただいたみたいなので、一緒にどうぞ」というと「えっ？　ぼく、ボタン押しただけで、それ以上はどうも」って答えがち』という意味ですよ」

326
子貢、問うて曰く、郷人《きょうじん》皆なこれを好しとせば何如。子曰く、未だ可ならざるなり。郷人皆なこれを悪しとせば何如。子曰く、未だ可ならざるなり。郷人の善き者これを好しとし、其の善からざる者これを悪しとするに如かず。

子貢がこんな質問をした。

「センセイ、みんなが揃って『あいつはいいやつだなあ』と誉めるような人間がいるとしたら、それは信じていいでしょうか」

「それだけでは、わかりませんね」

「では、みんなが異口同音《いくどうおん》に『あれはダメ』とディスるような人間は？　意外とそういうやつがイケてたりとか?」
「それも決め手にはなりませんね。まともな人間が『あの方はいい人だ』といって、どうしようもない人間が『あいつ、ぜんぜんダメだね』というなら、その人間がまともである確率は高いでしょうね」
(ちょっとした心理学の達人ですね、センセイは)

327
子曰く、君子は事《つか》え易くして説ばし難きなり。これを説ばすに道を以てせざれば説ばざるなり。其の人を使うに及んでや、これを器とす。小人は事え難くして説ばし易きなり。之《これ》を説ばすに道を以てせずと雖も説べばなり。其の人を使うに及んでや、備わるを求む。

「まともな上司に仕えると、たいへん働きやすいです。でも、その上司に気に入られるかどうかはわかりません。どうしてかというと、そういう立派な上司が大切にしているのは、部下が有能であるか、とか、きちんと仕事ができるか、とか、といった、いってみれば『公』の役に立つかどうかということなので、おべんちゃらをいわれてもまったく喜びません。いや、逆効果になるぐらいです。でも、仕事をするなら、そういう上司に限りますね。反対に、無能な上司の下では、お世辞をいって喜んでもらうのは簡単ですが、仕事をしにくいですね。なにせ、見え見えのお世辞でも喜んじゃうようなアホだから、仕事をするときでも気分次第。どうすればうまくいくのかわからないから、『そんなの絶対無理！』なんて思えるような指示を平気でするんですよ。ほんと、そういう上司につかないよう、祈っていてください」

328
子曰く、君子は泰《やす》くして驕《おご》らず。小人は驕りて泰からず。

「いいですか、君子というものは、自信に溢れているけれど、それを表情に出さない。ポーカーフェイスなんですよ。その反対に、つまらぬ人間は、すぐに威張るけれど、内心はいつもびくびくしてるんです。自分に中身がないことを自覚してるんですね」

329 **子曰く、剛《ごう》、毅《き》、木《ぼく》、訥《とつ》なるは仁に近し。**

「また『仁』の説明になるけれど、『剛毅木訥』でいいんじゃないかな。漢字四文字ですね。『剛』は、どんな状況になってもどんな事態になっても耐えられる『芯』を持っていること、『毅』は、どんな状況になっても対応できる強さがあること、『木』は、見かけがぜんぜん洗練されてなくて素朴であること、そして、『訥』は、無駄なことばをしゃべらないことです。この四つの要素はどれも、『仁』に通じるものがあると思いますね。わかる人にはわかると思いますが、このことば、『巧言令色《こうげんれいしょく》には、鮮《すくな》いかな仁』とペアになっているんですよ」

330 **子路、問うて曰く、何如なれば斯にこれを士と謂うべきか。子曰く、切切《せつせつ》、偲偲《しし》、怡怡《いい》如《じょ》たらば、士と謂うべきなり。朋友《ほうゆう》には切切、偲偲たり。兄弟には怡怡たれ。**

子路がセンセイに質問した。

「センセイ、わたしたちは、自分的にはそうだと思っているんですけど、『学徒』に恥じない振る舞いをふだんしていますかね」
「そうですね。『学徒』の条件は、厳しいこと、思いやりがあること、お互いに仲良くすることだと思いますね。中でも、友だちには、厳しくも思いやりをもって接すること、兄弟には、特に仲良くすること。そういう態度がふだんできていれば、オッケーです」

331
子曰く、善人が民を教うること七年ならば、亦た以て戎《じゅう》に即《つ》かしむべし。
「モラルに厳しい人が七年、指導者の位置にいたなら、その国の領民は徴兵しても、大いに役立つ存在になっているでしょうね」

332
子曰く、教えざるの民を以《ひき》いて戦う。是れ、これを棄つと謂うなり。
「訓練もせずに、人びとを戦場に送りこめば、どうなるかわかりますね。犬死にするだけです。かつての日本がそうであったように。というか、物資も戦略もなくて、精神と竹槍で戦わせたわけですから、もっとひどいんですが」

（センセイ、怒ってる……）

レッスン14

憲問

333 **憲《けん》、恥を問う。子曰く、邦《くに》に道あれば穀《こく》す。邦に道なくして穀するは、恥なり。**

あるとき、原憲がセンセイにこんな質問をした。

「センセイ、政治にたずさわる者としてのモラルを教えていただけませんか」

すると、センセイはこうおっしゃった。

「わかりやすい例をあげましょう。政治がきちんと機能していて、国全体にモラルが高いようなところでは、役人として堂々と給料をもらいましょう。でも、不正・腐敗がはびこる国、そう、行政文書がいくら改ざんされても誰も責任をとらないような国ですね、そんな国の役人なのに、不正や腐敗に目をつぶり黙って給料だけはいただく、というのは、ダメだと思いますね」

334 **克《こく》・伐《ばつ》・怨《えん》・欲《よく》、行われざるは、以《もっ》て仁《じん》と為すべきか。子曰く、以て難《かた》しと為すべし。仁は則《すなわ》ち吾れ知らざるなり。**

「センセイもう一つ、質問していいですか。なんていうか、グループの中でお互いをライヴァル視したり、おれの方がすごいぜって上から目線で自慢し合ったり、ちょっとしたことでディスり合ったり、なにかにつけておまえいいなあ金持ちだから的に羨ましがったり、そういうことをしなかったら、『仁者《じんしゃ》』っていっていいですか？」
「そんなことは滅多にないと思いますが、でも、それって、『仁者』であるかどうかと、関係ないんじゃないですか。ふつうに、ヤッタラあかんことですよ」

335
子曰く、士にして居を懐《おも》えば、以て士と為すに足らず。

「あのですね、学問の道を歩むことはたいへん厳しいことなんです。ああつらいなあ、たまにはレジャーの時間が欲しいなあ、なんて思うだけでアウト！」

336
子曰く、邦に道あるときは、言を危《たか》くし行いを危くす。邦に道なきときは、行いを危く

し、言は孫《ゆず》る。

「腐敗・不正のない、モラルがきっちりした国……って、いまのニッポンを揶揄《やゆ》しているわけじゃありませんよ……そういう国では、きちんと道理の通った発言をし、かくあるべき行動をすればよろしい。当たり前ですよね。要するに、最善を尽くせ、ということです。問題は、腐敗・不正が蔓延《まんえん》している国、それも上から下まで、なにをいってもまともに応《こた》えない政府首脳から、ツイッターやヤフーのコメント欄で相手を叩くのだけが生きがいの人たちまで、そんな人ばかりの国だったらどうするか。やるべきことはやる、その点だけは、どんな国においても同じです。ただし、発言は同じでは無理ですね。だって、まともに応えない連中なんですから。仕方がないので、相手の水準に合わせるしかありません。とはいえ、相手の水準まで下げる必要はありません。最高でもなく最低でもない、そんな気配りをしなきゃならないのは残念ですね。でも、政治も学問も、『ことば』を用いるしかないのです。あなたたちの力が試されるのは、こんな状況でなのかもしれませんね」

337
子曰く、徳ある者は必ず言あり。言ある者は必ずしも徳あらず。仁者は必ず勇あり。勇者は必ずしも仁あらず。

「『徳』がある人のことばは、例外なく、素晴らしいものです。けれども、素晴らしいことをいっているからといって、『徳』ある人、まあ立派な人ですね、そういう人とは限らない。同じように、『仁』ある人は、例外なく、勇気のある人ですが、逆に、勇敢だからといって、『仁』ある人とはいいえないですね。っていうか、『蛮勇《ばんゆう》』ということばがあるくらいですから、なんにも考えない猪突猛進《ちょとつもうしん》タイプ、装備なしでエベレスト登頂だ！　みたいな『勇気』の持ち主ならいくらでもいますよ」

338
南宮适《なんきゆうかつ》、孔子に問いて曰く、羿《げい》は善く射、奡《ごう》は舟を盪《くつが》えす。倶《とも》にその死然《しかる》を得ず。禹《う》、稷《しょく》は躬《みず》から稼して天下を有《たも》てり、と。夫子《ふうし》、答えず。南宮适出づ。子曰く、君子なるかな、若《かくのごと》きの人、徳を尚《たつと》ぶかな、若き人。

南宮适がセンセイにこんなことをいった。

「こんなお話がありますよね。羿という人はたいへんな弓矢の名人だったし、奡という人は、舟をひっくり返すぐらいの怪力の持ち主だったそうです。なのに、まだまだ元気であってもおかしくない年齢であっさり亡くなってしまいました。それに対して、古《いにしえ》の聖王、禹や后稷《こうしょく》は力を誇示《こじ》せず、自ら鍬《くわ》や鋤《すき》を手にして畑を耕すような、大地に根ざした方々だったから、後には天下を治めるほどまでになった。なんだか、いろいろ考えさせられるエピソードですよね」

センセイは、南宮适の話を黙って聞いていらしたが、彼が退出した後に、感心したようにこうおっしゃった。

「さすが、ですよね、南宮适。『君子』っていうのは、あの人みたいな人のことをいうんですよ。いや、わかってる、っていうか、ふだんからよく考えている、っていうかね」

339 **子曰く、君子にして不仁《ふじん》なる者はあるかな。未だ小人《しょうじん》にして仁なる者あらざるなり。**

「『君子』、つまり、ほんとうのインテリといわれている人の中にも、けっこう『仁』に欠けている者、モラルに欠けたインチキ野郎が混じっています。けれども、最初から『小物』、ちっちぇい野郎だよねと思われている人の中に、厳しいモラルの持ち主がいた例《ためし》はありません」

340
子曰く、これを愛しては能《よ》く労《ねぎら》うなからんや。忠ならば、能く誨《おし》うるなからんや。

「愛する人に対しては、その人がなにをしても、自然に、ああ頑張っているなあと心の底からいたわりの気持ちが湧いてきて、抱きしめてあげたくなったりします。これが、友人が相手となると変わってきます。その友人がなにかをしてですね、しかも、それがまちがってるなと思うと、その時自然に湧いてくる思いは、ああちょっと忠告してあげなきゃ、ぼくがそのことをいってあげなきゃ、っていう感情なんですね。どちらも、ポジティヴな感情であることにちがいはないんですが、そうとうちがうでしょう?」

341 子曰く、命《めい》を為《つく》るには、裨諶《ひじん》、これを草創し、世叔《せいしゅく》、これを討論し、行人子羽《こうじんしう》、これを脩飾《しゅうしょく》し、東里《とうり》の子産《しさん》、これを潤色《じゅんしょく》せり。

「鄭《てい》の国では、外交文書はこんな順番で作っていたそうです。まず草案を作るのはアイデア豊かな裨諶、それをじっくり吟味検討するのが博覧強記の世叔、その次に、外交官の子羽がチェックを入れて修正案を作り、最後に、首相の子産が決定版にまとめあげる、この四つのプロセスが、順に草創《ソウソウ》・討論《トウロン》・脩飾《シュウショク》・潤色《ジュンショク》、ほら、なんだかリズミカルな感じがするでしょ」

342 或るひと子産を問う。子曰く、恵人《けいじん》なり。子西《しせい》を問う。曰く、彼れをや、彼れをや。管仲《かんちゅう》を問う。曰く□（脱字）人なり。伯氏《はくし》の駢邑《べんゆう》三百を奪う。疏食《そし》を飯《くら》い、歯《し》を没するまで怨言《えんげん》なかりき。

ある人がセンセイに質問した。

「センセイ、子産さん、ってどんな人ですか」

「そうですね、慈悲深い心の持ち主ですかね」

「では、子西さんは？」

「子西……そう、なんというか……ああいう人なんだよね……困りましたね、これ以上いわせないでくださいよ」

「じゃあ、最後にもうひとり。管仲さんは？」

「ああ、管仲ですか。あの人は、ひとことでいうと、正しい人、ですかね。管仲についてはこんなエピソードがあるんですよ。あるとき、伯という人が駢という村に持っていた三百戸の所有地を没収したことがあったんですよ。そのせいで、伯さんは、もう食べるものにも事欠くほど貧しくなったそうです。怨みますよね、ふつう。でも、伯さんは、死ぬまでひとことも怨み言をいわなかったそうです。伯さんも立派ですが、そうさせた管仲も立派だと思いますよ。公平公正だとみんなに思われていたからじゃないですか」

343
子曰く、貧にして怨むなきは難《かた》く、富みて驕《おご》るなきは易《やす》し。

「ですから、伯さんのように、貧乏暮らしをしていても愚痴《ぐち》一つこぼさない、というのはほんとうに難しいし、それができる人はほんとうに立派ですよ。お金持ちだけれど贅沢はしない、なんて人なら、掃いて捨てるほどいますけれどね」

344 **子曰く、孟公綽《もうこうしやく》は趙魏《ちようぎ》の老たるには優なり。以《もつ》て滕薛《とうせつ》の大夫《たいふ》となるべからず。**

「孟公綽さんは、たとえば、趙や魏のような超大国の官房長官のような大役だって十分こなせるでしょう。けれども、というか、それにもかかわらず、というか、滕や薛のような小国に行ったら小さな役所の長《おさ》ですら務まらないと思います。大国向けの器量があるといっても、小国でも通用するわけじゃないんですよ」

345 **子路《しろ》、成人を問うて曰く、臧武仲《ぞうぶちゆう》の知、公綽の不欲、卞荘子《べんそうし》の勇、冉求《ぜんきゆう》の芸あるが若《ごと》くして、これを文《かざ》るに礼楽《れいがく》を以てすれば、亦《ま》た以て成人と為すべきか。子曰く、今の成人**

なる者は何ぞ必ずしも然らん。利を見ては義を思い、危きを見ては命を授け、久要《きゆうよう》に平生の言を忘れざれば、亦た以て成人と為すべし。


子路がセンセイにこんな質問をした。

「センセイ、どの程度の能力があれば『人』として『合格！』といってあげられるでしょうか。たとえばですね、臧武仲ほどの知性があって、なおかつ孟公綽みたいにまったく欲というものがない性格で、おまけに、勇気があることにかけては卞荘子なみ、ついでにもう一丁、冉求なみの華麗《かれい》な才能の持ち主で、それらを全部足した上に、仕上げとして、礼儀正しくて音楽のセンスがある、そんな人間なら、合格ですよね」

するとセンセイは肩をすくめて、こうおっしゃった。

「そもそも、子路、おまえがいうような、そんな人間いるかね……。まあ、それはともかく、『人としての合格点』なんて、もっとずっとハードルが低いですよ。うまい儲け話を前にして、いや、おれだけいい目を見るってよくないよな、と思って手を出さないとか、いざというときには自分の命を危険にさらすことを厭《いと》わないとか、ふだん立派なことをいっていてもいざとなったらすっかり忘れてるのがふつうなのに、ちゃんと自分がいったことを覚えているとか、もうそれだけで十分、合格！」

346 子、公叔文子《こうしゆくぶんし》を公明賈《こうめいか》に問うて曰く、信《まこと》なるか、夫子は言わず、笑わず、取らずとは。公明賈対《こた》えて曰く、以て告ぐる者の過《あやま》ちなり。夫子は時にして然る後に言う。人、其の言を厭わず。楽んで然る後に笑う。人、其の笑うを厭わず。義にして然る後に取る。人、其の取るを厭わず。子曰く、其れ然り。豈《あに》其れ然らんや。

センセイは公叔文子の人となりを公明賈に訊ねてみた。

「あの人は、なにもしゃべらないし、笑わないし、なにも受け取らない、とまあ、そんな噂を聞いたのですが、ほんとうなんですか？」

すると、公明賈は、こう答えた。

「ああ、誰がいったか知りませんが、それ間違ってますね。あの方は、確かにあまりしゃべらない。でも、いうべきときにはちゃんとおっしゃいます。だから、あの方がおっしゃることには誰も文句はいいません。それから、あのお方は、ほんとうに楽しいときには、ちゃんとお笑いになりますよ。いい笑顔なんですよね。周りのみんなもつられて笑うような。それから、なんでしたっけ？　なにも受け取らない？　そんなことはまったくありません。受け取るべきものは、恥ずかしがったり、もったいぶったりせず、きちんとお受け取りになります。ですから、その点で、おかしな噂が立つこともまったくなし、です」

センセイは、公明賈の話を聞くと、ためいきをつかれた。

「いや、すべて当たり前のことばかりですね。でも、この世でいちばん難しいのは、当たり前のことを当たり前にやることなんですよ」

347 **子曰く、臧武仲は防《ぼう》を以て後を為すことを魯《ろ》に求めたり。君を要せずと曰うと雖《いえど》も、吾れは信ぜざるなり。**

「魯の国の役人だった臧武仲には、こんなエピソードが伝わっています。臧武仲は、家の跡《あとと》取りを決めるとき、魯の王様と交渉したのですが、その際、自分の領地であった防という土地を楯《たて》にとって、交渉に臨んだようです。脅《おど》しでもなんでもないといわれていますが、そんなわけありません。完全に脅迫ですよ、臣下として最低ですね」

348
子曰く、晋《しん》の文公《ぶんこう》は譎《きつ》にして正ならず。斉《せい》の桓公《かんこう》は正にして譎ならず。

「晋の文公は権力を用いる点においては優秀でしたが、道理のある政治はできませんでした。一方、斉の桓公はというと、その逆で、誰にも納得のゆく、モラルのある立派な政治を行いましたが、王様に不可欠な才能である、『権力の使い方』という一点においては、残念ながら、能力がないことを露呈してしまいましたね」

349
子路《しろ》曰く、桓公、公子糾《こうしきゅう》を殺して、召忽《しょうこつ》これに死し、管仲は死せず。未だ仁ならずと曰わんか。子曰く、桓公は諸侯を九合《きゅうごう》し、兵車を以てせざるは、管仲の力なり。其の仁を如《い》せん、其の仁を如《い》せん。

子路はセンセイにこんな質問をしました。

「かねがね疑問に思っていたことがあります。斉の桓公が、兄弟である公子糾を殺害したとき、糾の臣下であった召忽は殉死《じゅんし》しました。でも、同じ臣下であったのに、管仲は生き延びることを選んだのです。管仲のこの行為は『仁』にもとる、とお考えですか」

「子路よ、聞きなさい。なにごとも一面だけを見て判断してはいけませんね。かつて、桓公が天下の諸侯を招き、我こそ『覇者』である、従ってもらおうと宣言したとき、背後に軍隊を忍ばせ力で従わせようとしたのではなかった。その策を進言したのは管仲であったそうです。管仲には管仲なりの道理があるのでしょう。そして、その中には、明らかに『仁』に基づいたものもあります。だから、一つの行いだけで『仁』にもとる、と決めつけるのはやめておいた方がいいと思いますよ」

350 子貢《しこう》曰く、管仲は非仁なる者か。桓公、公子糾を殺したるに、死する能《あた》わず。又たこれに相たり。子曰く、管仲は桓公に相とし、諸侯に覇《は》たらしめ、天下を一匡《いっきょう》す。民、今に到るまで、其の賜《たまもの》を受く。管仲微《なか》りせば、吾れ其れ髪を被り、衽《えり》を左にせん。豈に匹夫《ひっぷ》

匹婦《ひっぷ》の諒《まこと》を為し、自ら溝瀆《こうとく》に経《くび》れてこれを知る莫《な》きが如くせんや。

これはまた別のときに、子貢が、子路と同様に、センセイに、やはり管仲について質問したことがある。

「センセイ。もしかしたら、他にも同じ質問をした者がいるかもしれませんが、どうしてもお訊きしたいことがあるのです」

「いいよ、なんでも訊いて」

「簡単にいうと、あの管仲は、『仁』なき者じゃないか、ってことですよ。だってですよ、斉の桓公が、こともあろうに、兄弟の公子糾を殺したとき、糾の臣下として当然後を追って殉死するかと思いきや、生き延びたばかりか、主君を殺した斉の桓公のもとで首相になっちゃったわけですからね。ちょっと、それ、ありえないんじゃないですか、『仁』的にいって」

「いや、子貢、冷静になって管仲のやったことを考えてご覧。管仲は、桓公のもとで首相に任命された。彼がやったことはなんだったかわかるかい。桓公を『覇者』にして、諸侯をまとめあげ、天下を揺るぎないものに作り上げた。全中国の人たちは、みんな、その恩恵をこうむっているではありませんか。もし、管仲がいなかったら、我々はみんな、『夷《い》狄《てき》』と呼ばれる連中に支配されて、彼らと同じようにざんばら髪にして、半裸の上に直接革のチョッキを着ている……みたいな恰好だったかもしれない。ほんとうに、管仲には感謝してもしきれないと思うんですよ。やたらと、『仁』なのかそうではないのか、と目をつり上げて議論をするのは、本質を見誤るとセンセイは思いますね。たとえば、どこかで許されぬ恋に落ちたカップルが、お互いに義理立てして、心中したとして、そういうものこそ『仁』でしょう、それに引き換え管仲は、なんていわれても、『仁』が困ってしまいますよ。本末転倒だよねって」

351 **公叔文子の臣の大夫僎《せん》、文子と同じく、これを公に升《しょう》さる。子、これを聞いて曰く、以て文《ぶん》と為すべし。**

衛の国の公叔文子の臣下であった大夫僎は、その公叔文子の推薦によって、衛の王様の直属の臣下になり、ふたりで共に王様の前に並び仕えたという逸話《いつわ》がある。それを聞いたセンセイは、すっかり感心して、こうおっしゃった。

「いや、なかなかできるものではありませんね。自分の臣下を王様に推薦して、同じ位置にまで上げたわけです。公叔文子には、ちっぽけなプライドより、国を良くすることの方がずっと大切だったってわけですね。きっとその功績が認められて、死後に『文』という諡《おくりな》を受けることになるでしょうね」

（実際、センセイの予言通りになったのである）

352
子、衛《えい》の霊公《れいこう》の無道を言うや、康子《こうし》曰く、夫《そ》れ是の如くんば、奚《なん》すれぞ喪《ほろ》びざる。孔子曰く、仲叔圉《ちゆうしゆくぎよ》、賓客《ひんかく》を治め、祝鮀《しゆくだ》、宗廟《そうびよう》を治め、王孫賈《おうそんか》、軍旅を治む。夫れ是の如し、奚すれば夫れ喪びん。

「いや、衛の霊公がやっていることは、もうむちゃくちゃですよ」

センセイがうんざりしたようにそう呟くと、それを聞いていた康子が、不思議そうに訊ねた。

「王様がそんなにひどいのに、どうして衛の国は滅びないんですか？」
「よく訊いてくれました。それはですね、衛の国を実質的に動かしているのは霊公ではないからです。外交は仲叔圉が、内政は祝鮀が、そして、軍事に関しては王孫賈が、それぞれ責任をもって担当していて、どれもみんなうまくやっています。そういうわけですから、滅びる兆《きざし》すらありませんよ」

353
子曰く、其れこれを言いて怍《は》じざれば、則ちこれを為すや難し。

「なにごともぺらぺらと立て板に水とばかりにしゃべる人間には気をつけなきゃなりません。とりわけ、おしゃべりをして、恥じらうとかはにかんでみせるとか、そういった『ためらい』がない人間には要注意です。そんな人間には、まずそのことばを実行する能力はまったくないと思った方がいいでしょうね」

354

陳成子《ちんせいし》、簡公《かんこう》を弑《しい》す。孔子、沐浴《もくよく》して朝《ちょう》し、哀公《あいこう》に告げて曰く、陳恒《ちんこう》、其の君を弑す。請うこれを討たん。公曰く、夫の三子に告げよ。孔子曰く、吾れは大夫の後に従うを以て、敢《あえ》て告げずんばあらざるなり。君は曰う、夫の三子者に告げよ、と。三子に之《ゆ》きて告ぐ。可《き》かれず。孔子曰く、吾れは大夫の後に従うを以て、敢て告げずんばあらざるなり、と。

斉の国の陳成子が謀叛《むほん》を起こし、主君の簡公を殺害した。それを聞いたセンセイは、まず沐浴して身を清めた後に、宮廷に向かった。そして、主君の魯の哀公に、こう申し上げた。

「斉の陳成子が、主君を殺しました。これは誠に道理に反することと言わねばなりません。そこで、お願いがございます。どうか、兵を率い、この謀叛人を討伐していただけないでしょうか」

するとと、哀公はこうおっしゃった。

「そのようなことは、わたしの一存では決められぬのだ。この件、責任者である三人の大臣に諮《はか》ってもらいたい」

「わかりました。不躾《ぶしつけ》と思われたかもしれませんが、わたしも、公の臣下のひとりとして、官房の末端にいる者として、以上のようなことを申し上げました。三人の大臣に相談するように、とのおことば、確かに承りました」

そう返事をすると、センセイは、すぐに三人の大臣のところに行き、王様に言上《ごんじょう》したのと同じことを申し入れた。けれども、センセイの意見はすべて却下されたのである。もちろん、その際、センセイは必ず付け加えるのを忘れなかった。

「差し出がましいことを申し上げましたが、わたしも、職責があって申し出ただけで、他意はありません」

（この事件、センセイの微妙な立場をよく示しているように思われる。道理としては、哀公に、謀叛人討伐をアドヴァイスしたいところだが、国の現状を鑑《かんが》みるとそれも難しい、ましてや、官僚機構のトップにいるわけでもないのに、そんな重大事を上司の大臣に直接談判するようなことは、組織として問題でもある。悩んだ末の落とし所が、センセイのこの行動だったわけだが、そのために、身を清めるところがいかにもセンセイらしい覚悟の現れなんじゃないでしょうか）

355 **子路、君に事《つか》えんことを問う。子曰く、欺くなかれ。而《しこう》してこれを犯せ。**

子路がセンセイに質問した。

「センセイ、君主に仕えるとき、いちばん大切なポイントはなんですか?」

「ほんとうのことをいう、それに尽きます。耳触りのいいことをいって、ご機嫌とりをしちゃいけません」

356 **子曰く、君子は上達し、小人は下達す。**

「いいですか、なにかについて考えるとき、いつも、その『最高のレベル』で考えなさい。本質まで降りて考えなさい。とても難しいことですが。ご覧なさい、新聞、テレビ、インターネット、そこで行われている議論の悲惨なことを。相手をやっつけることだけ考えて、そのテーマについて真剣に考えている者などいないでしょう?」

357
子曰く、古《いにしえ》の学者は己の為にす。今の学者は人の為にす。

「昔の学者は自分自身を充実させるために学問をしました。いまはちがいます。彼らの学問は、他人に見せるためのものなんです。だから、『最高のレベル』にたどり着けないわけですよ」

358
蘧伯玉《きよはくぎよく》、人を孔子に使いせしむ。孔子、これに坐《ざ》を与えて問うて曰く、夫子は何をか為す。対えて曰く、夫子は其の過ちを寡《すくな》くせんと欲して未だ能わざるなり。使者出づ。子曰く、使いなるかな。使いなるかな。

あるとき、センセイの古い友人で衛の大臣だった蘧伯玉が、センセイのところに使いを寄こした。センセイは、その使いを座らせると、親しげにこうおっしゃった。

「蘧伯玉殿は、いかがおすごしですか？」

すると、そのお使いはこう返事をした。

「はい。主人は、いつも過ちをなくそうと努力しておりますが、なかなかできないようで、悩んでいらっしゃいます」

そのお使いが戻った後、センセイは感心したようにこうおっしゃっていた。

「自分が仕えている主人について、あそこまで突っこんだ意見をいうなんて、大したものですよ。主人もすごいけど、家来もすごいね」

359 **子曰く、其の位にあらざれば、その政《まつりごと》を謀らず。**

レッスン8（198）と同じですね。もう少し簡単にいうと、こんな感じです。

「なんにでも首を突っこむ必要はありません。自分が、これだけはわかっている、ということだけを発言していればいいんですよ」

360 **曾子《そうし》曰く、君子は思うこと、其の位より出でず。**

曾子がいいました。
「わたしも、この一つ前のセンセイの発言、(359)に同意します！」

361
子曰く、君子は其の言の其の行いに過ぐるを恥ず。
「口で立派なことをいうのは簡単です。でも、実行がともなわなきゃ意味がありません。口舌の徒のなんと多いことか。センセイはうんざりですよ」

362
子曰く、君子の道なるもの三あり。我れ能くするなし。仁者は憂えず、知者《ちしゃ》は惑わず。勇者は懼《おそ》れず。子貢曰く、夫子自ら道《い》うなり。
センセイがしみじみ、こんなことをおっしゃった。
「目標としていることが三つあります。一つは『仁者』となること。そうすれば、なにに対しても不安を抱くことがなくなるはずです。もう一つは『知者』となること。そのときには、一切の迷いをふっきることができるはずです。そして、最後の一つは『勇者』になること。そのときには、恐れを感じることがなくなるでしょう。けれど、わたしは、どの一つも達成できていないのですよ」

するとと子貢は、こういった。

「……センセイは、全部、できてると思いますけど。自己評価、厳しいですね……参考にします」

363
子貢、人を方《たくら》ぶ。子曰く、賜《し》や賢《けん》なるかな。我は則ち暇《いとま》あらず。

子貢は、やたらと他人を批判ばかりしていた。なので、センセイは皮肉たっぷりにこうおっしゃった。

「子貢、おまえ、いつから『評論家』になったのですか。人の揚げ足ばかりとってるけれど、他の人間を批判するほど、おまえは立派におなりなのかね。鏡で自分の顔を見てご覧。

みっともないよ」

364 **子曰く、人の己を知らざるを患《うれ》えず。己の能くするなきを患う。**

「誰も自分のことを知ってくれない、と悩んでも、そんなの意味ありませんよ。そんなことで悩む暇があったら、知ってもらう努力をしなさい」

365 **子曰く、詐《いつわ》りを逆《むか》えず。信ならざるを億《はか》らず。抑《そもそ》も亦た先《ま》ず覚る者は是れ賢なるか。**

「騙されちゃいけないと身構えたりするのでもなく、ウソいってんじゃないかと疑ってかかるわけでもない。なのに、直感で相手がどんな人物か見ぬける、っていうのが、ほんとに頭のいい人なんじゃないでしょうか」

366

微生畝《びせいほ》、孔子を謂いて曰く、丘《きゅう》は何ぞ是の栖栖《せいせい》たるを為すか。乃《すな》わち佞《ねい》たるなからんや、と。孔子曰く、敢て佞を為すに非《あら》ず。固きを疾《にく》むなり。

あるとき、センセイの大先輩にあたる微生畝が、センセイにずけずけこんなことをいったことがある。

「あのね、昔から、きみにいいたかったことがあるんだ。だいたい、きみ、なんでそんなにあくせく働いているの？　もうすっかり社会に妥協しちゃってるんじゃないのかなあ。もう少し、自分磨きをしたらどう？」

すると、センセイは、こうお答えになった。

「いいですか、先輩。先輩は、そりゃあ、『隠者《いんじゃ》』だから、好き勝手に暮らしてればいいんでしょう。社会の矛盾なんか目に入れないようにしてれば、楽ちんですよ。でも、そういうのって、単に自分の殻に閉じこもっているだけじゃないですか」

（いるよね、こういう「正しい」ことを説教する先輩）

367 **子曰く、驥《き》は其の力を称せず。其の徳を称するなり。**

「名馬というものは血統だけで決まるものじゃありません。たとえば、ディープインパクトは史上最高の名馬ということになっていますが、父も母も同じブラックタイドはその百分の一も活躍しませんでした。そういうことはよくあります。いちばん大事なのは、その馬にほどこす調教、トレーニングもとても大切です。そんなことは、競馬関係者ならみんな知っていますよ。日本の中央競馬でも、昔は関東馬の方が強かったのに、新しく関西のトレーニングセンターに坂路《はんろ》コースができて、劇的な逆転が起こったのは、サラブレッドにとっては調教も重要だからですよ……って、ちょっと熱く語りすぎましたが、サラブレッドでそうなんだから、人間だって当然、そうなりますね。自分に能力があると過信しないで、日々の努力も大切だってことです」

368 **或るひと曰く、徳を以て怨みに報いたらば何如《いかん》。子曰く、何を以て徳に報いん。直きを以て怨みに報い、徳を以て徳に報いん。**

ある人が、センセイにこういった。

「いやなことをされても、むかつかず、逆に、優しく接してあげなさい、というじゃないですか。そんなこと、わたしにはとても無理ですが、センセイはどうお思いですか」

すると、センセイはこう答えられた。

「難しいですよね、その問題。それができたら最高だけれど、実際はなかなかそんなことできないでしょう。なので、実行可能なことを考えてみたらどうでしょう。まず、いやなことをされたら、とりあえず落ち着いて、『やめてくれないかな』といってみるんですね。それならできるでしょう。それから、逆に、親切にされたら、素直に『ありがと』っていうことかな。それでいいんじゃないですか」

369 **子曰く、我を知るもの莫きかな。子貢曰く、何すれぞ其れ子を知る莫からんや。子曰く、天を怨みず、人を尤《とが》めず。下学《かがく》して上達す。我れを知る者は、其れ天なるか。**

センセイがふとこんなことを呟かれた。

「残念だけれど、わたしのことを理解してくれる者は、この世にはいないのかなあ」

それを聞いた子貢は、当然のようにこういった。

「いや、そんなことないでしょ、センセイ。センセイほどの有名人はいませんよ」

「『有名』とか、そういうレベルのことをいっているのじゃありませんよ、子貢。わたしは、これまで、運が悪かったと思っても天を怨んだことはありません。人を批判して悦《えつ》に入ったこともありません。ただただ、地味に学問の道を歩んで、少しでもましな人間になろうと努力してきました。そのことをほんとうに理解してくれるとしたら、神様以外にはないのかもしれませんね」

370 **公伯寮《こうはくりょう》、子路を季孫《きそん》に愬《うった》う。子服景伯《しふくけいはく》、以て告げて曰く、夫子固《もと》より公伯寮に惑志《わくし》あり。吾が力、猶《な》お能くこれを市朝《しちょう》に肆《さら》さん。子曰く、道の将《まさ》に行われんとするや、命なり。道の将に廃せんとするや、命なり。公伯寮、それ命を如何せん。**

公伯寮という人が、子路を陥れようとして、魯の大臣の季孫にウソの訴えをしたことがあった。それを知った、魯の高官である子服景伯が、心配になってセンセイに相談をした。

「センセイ、公伯寮は季孫のお気に入りなので、子路、ヤバいことになりそうです。どうでしょう。わたし、それなりに力もありますし、以前から、公伯寮は一度こらしめておかないとたいへんなことになると思ってもいました。ヤッちゃっていいですか？」

「放っておきなさい。どんなことが起ころうと、『天命』というしかありません。公伯寮にそんな力なんかありませんよ」

（まあ、そうかもしれないけど、もう少し、弟子のこと心配してやったらいいんじゃないのかなあ、センセイ）

371 **子曰く、賢者は世を辟《さ》く。其の次には地を辟く。其の次には色を辟く。其の次には言を辟く。**

「世が乱れたとき、真の『賢者』は、隠棲《いんせい》します。どこか世界の片隅で生きてゆくことにします。それでも、まだ危険なら、その国を離れて亡命します。そこまで行っても危険があるなら、生活に潤いを求めず、楽しそうなことはなにもせず、じっと息をひそめて暮らします。それでも危険が近づいてきたら？　もう、なにも言わず黙って過ごすしかないですね」

372
子曰く、作《た》つ者、七人ありき。

「さっきあげたような『賢者』ですが、わたしの知っている限り、七人ほど、その資格がある人がいますね。それが誰か詳しく知りたい人は、この本のどこかに書いてあるので調べてくださいね」

373
子路、石門《せきもん》に宿す。晨門《しんもん》曰く、奚《いず》れよりする。子路曰く、孔氏よりす。曰く、是れ其の（為す）べからざるを知りて、これを為さんとする者か。

子路が外泊した時のことだった。朝になって、城門から中に入ろうとすると、門番に声をかけられた。

「おまえは、何者だ？」

「孔子先生のところで勉強している学生です」

「ふーん。できるわけない理想をかかげて日夜奮闘されているあの大先生のところのねえ……」

一瞬、子路は怒りにかられたが、黙って、門を通りすぎた。そんな無理解のもとで、センセイは生きてこられたのをよく知っていたからである。

374

子、磬《けい》を衛に撃つ。蕢《ふご》を荷《にな》いて孔氏の門を過ぐる者あり。曰く、心あるかな、磬を撃つや、と。既にして曰く、鄙《ひ》なるかな。硜硜《こうこう》たるや。己を知るなくんば、斯《ここ》に已《や》まんのみ。深ければ厲《ころもぬ》ぎ、浅ければ掲《すそかか》ぐ、ものぞ。子曰く、果なるかな。これを難しとする末《な》きなり。

センセイが衛の国に滞在していたときのことである。センセイは、「ケイ」という楽器を奏でていらした。どのような楽器なのかはわかりません。そのとき、ちょうど、センセイが滞在していた家の前を、モッコを担いで通りすぎようとした人がいた。その人は、センセイが奏でる「ケイ」の音に耳をかたむけて、こんなことをいった。

「音を聴いてると、それを演奏しているプレイヤーの気分がわかるっていうけど、ほんとだよな。なんか意味ありげ、この音」

その人は立ち止まったまま、しばらく聴いていた。

「なんか下品だな、あの感じ。おれを認めてくれよ、っていってるみたい。あれだね、ルックアットミー的な押しつけがましさがあるよね。誰も認めてくれなかったら、ひっこめばいいだけ。歌にあるじゃん、『深い川を渡るときは服を脱いで、浅瀬を渡るときは裾をからげて』って。そういう心境になりゃいいのにさ」

こう捨てゼリフを残すと、その人は立ち去った。そのあとで、彼の発言を聞いた門人から教えてもらったセンセイは、こうおっしゃった。

「いわれるまでもないんですけどねえ。それぐらいわかってますって」

375 **子張《しちょう》曰く、書に云う、高宗《こうそう》は諒陰《りょうあん》に、三年言《ものい》わず、とあり。何の謂いぞや。子曰く、何ぞ必ずしも高宗のみならん。古の人は皆な然り。君薨《こう》ずれば、百官は己れを総《す》べて、以て冢宰《ちょうさい》に聴くこと三年なり。**

子張がセンセイに訊ねました。

「『書経《しょきょう》』には、こんなことが書かれています。『殷の王様だった高宗は、父の喪に三年服し、その間、政治には口出ししなかった』。これ、大丈夫なんですかね。君主がなにもしない、ってことでしょう?」

「それはだね、子張、殷の高宗だけじゃなく、昔の人はみんなそうしたものです。君主が亡くなると、役人はみんな、例外なく自力で仕事をしなければなりませんでした。そしてどうしても自分で判断ができないようなことがあると、最高責任者の総理大臣の指揮に従ったんです。三年の間、新しく君主になった者は服喪《ふくも》しているから、その代わりを総理大臣が務めていたわけですね。しっかりした組織だから、それが可能だった、ともいえるでしょうね」

376
子曰く、上《かみ》、礼を好めば、民、使い易きなり。

「上の者が率先して、礼儀正しくすれば、それに感化されて、人びとも礼儀を守るようになるし、結果として、そういう人たちなら治めやすいってことになるでしょう。一見、遠回りのようだけれど、政治を志《こころざ》すものはかくありたいですね。もちろん、コーチや会長の暴力やパワハラなんて、もってのほか！」

377
子路、君子を問う。子曰く、己を脩《おさ》むるに敬を以てす。曰く、斯《かく》の如きのみか。曰く、己を脩めて以て人を安んず。曰く斯の如きのみか。曰く、己を脩めて以て百姓《ひゃくせい》を安んぜん。己を脩めて以て百姓を安んずるは、堯舜《ぎょうしゅん》も其れ猶おこれを病めり。

子路がセンセイに質問をした。
「センセイ、そもそも、わたしたちの究極の目標である『君子』になるにはどうすればいいんでしょうか」

するとセンセイはあっさりこうおっしゃった。

「自分を磨くこと、それから、他人を尊敬すること。以上」

「そっ……それだけ？」

「そう、それだけ。自分を磨くことのできる人間は、その周りにいる人びとの気持ちを平和で穏やかなものにできるでしょう」

「それだけ？」

「そうです。自分を磨く、修養に励む。そのことで、国中の人びとの気持ちを安らかにすることができるでしょう。それがどれほど困難なことか、おまえにはわからないんですか。あの堯や舜のような、とてつもない名君主でさえ、常に自分を磨き、そのことで万民の心を安らかにしようとチャレンジしつづけられたのですよ」

378
原壌《げんじょう》、夷《あぐら》して俟《ま》つ。子曰く、幼《よう》にして孫弟《そんてい》ならず。長じて怵《おそ》るるところなく、老いて死せず。是れを賊と為す、と。杖を以て其の脛《すね》を叩く。

センセイが幼なじみの原壌くんのところへ出かけたことがある。センセイはどんなときでもきちんとした恰好で出かけることはみなさんも知っていますね。ところが、原壌くんのところへ着いてびっくり、なんと、原壌くんは、ヤンキー座りをして待ってるではありませんか。

「よっ、コウちゃん、久しぶり。なんか、かったるくね」

この態度にはさすがのセンセイもキレた。持っていた杖でヤンキー座りをしている原壌くんの脛《すね》を思いきり叩くと、こうおっしゃった。

「おまえさあ、幼なじみだからはっきりいうけど、子どもの頃からまるで成長してないね。っていうか、退化してんじゃないの？　おまえ、クソ生意気なガキだったよね。おとなをバカにしてさ、ああはなりたくないよね、っていってたろ。なりたくないおとなになってんの、おまえじゃん。威張ってばかりで、相手のことなんか考えたことないだろ、おまえ。全部態度に出てんだよ。鏡で自分の顔を見てみろよ、最低だぞ、おまえ。死に損ないのジジイじゃん。なんのために生きてんのか、少しは考えろよ、アホ！」

（こ、怖いじゃないですか……センセイ。幼なじみが相手だと、口調も変わるんですね。知りませんでした）

379 闕党《けっとう》の童子、命を将《おこな》う。或るひとこれを問いて曰く、益する者か。子曰く、吾れ其の位に居るを見る。其の先生と並び行くを見る。益を求むる者に非ざるなり。速に成らんと欲する者なり。

闕という村の出身の少年が、センセイの学校の案内係になりました。それを見た、ある人がセンセイに訊ねました。

「あんなに若くて、重要な仕事をさせるなんて、あの子、よほど見こみがあるんですね」

「そうではありません。その逆なんです。あの子、電車では優先席に座って妊婦や老人が目の前に立っても寝たふりをするし、上野動物園のパンダを見るために並ぶ列に割りこむし……というのは冗談ですが、おとなの座る席に勝手に座ったり、おとなが使ってるものを無断で使ったりするんですよ。礼儀知らずというより、早くおとなになりたいからですね。でも、そんなことをやっても、すぐにおとなになれるわけがありません。なにごとも『速成《そくせい》』は無理ですから。なので、じっくり基礎から教えてあげようと思って、案内係に起用したんですよ」

レッスン15

衛霊公

380
衛《えい》の霊公《れいこう》、陳《ちん》を孔子に問う。孔子対《こた》えて曰く、俎豆《そとう》の事は則《すなわ》ち嘗《かつ》てこれを聞けり。軍旅の事は未だ学ばざるなり、と。明日《めいじつ》遂に行《さ》る。陳にありて糧《りょう》を絶つ。従者病み、能く興《よ》つことなし。子路《しろ》慍《いか》り見《まみ》えて曰く、君子も亦《ま》た窮するあるか。子曰く、君子固《もと》より窮《た》す。小人《しょうじん》は窮すれば斯《ここ》に濫《みだ》す。

衛の霊公がセンセイにこんな質問をしたことがある。

「失礼ですが、センセイは、軍事についてはお詳しいですか?」

すると、センセイはこうお答えになった。

「わたしは、祭祀《さいし》やさまざまな文化については学んでまいりましたが、軍事や戦争については学んでおりません」

そして、そういった後、翌日には、衛の国を立ち去ってしまった。おそらく、センセイは、衛の王様の言動に、帝国主義的侵略欲を感じ、そんなことに協力させられてはたまらない、と思ったのかも。さて、衛の国を出たセンセイ一行は、今度は招待されていた楚《そ》の国を目指した。それを聞きつけた陳の国では、センセイの力で楚がこれ以上強くなったらヤバいとばかりに、軍隊を派遣して、センセイ一行を包囲した。たちまち、センセイたちは、食事にも事欠くようになったのである。門人たちの中には病気になって立ち上がることもできない者まででた。イラついた子路は、つい、センセイに当たり散らしてしまった。

「なにが『君子』ですか。このざまじゃしようがないですよ！」

「『君子』だって人の子です、悲惨な目にだって遭いますよ。そういうとき、ジタバタと取り乱すのが『小人』ね。子路、慌てない、慌てない」

381

子曰く、賜《し》や、女《なんじ》は予《われ》を以て多く学んでこれを識《し》る者と為すか。対えて曰く、然《しか》り。非《あら》ざるか。曰く、非ず。予は一以《もっ》てこれを貫く。

センセイは子貢にいった。

「おまえは、わたしのことを、たくさんのことを学んで該博《がいはく》な知識を持った人間だと思っているのかい？」

「はい、もちろんです！」

「それはまちがいだよ、子貢。わたしが知っていることはたった一つだけなんです。その一つがとても大事なんですよ」
「……それ、なんですか？」
「自分で考えてご覧」
（と補ってみましたが、センセイが考える、『大切な一つ』ってなんでしょうね）

382
子曰く、由《ゆう》や、徳を知る者は鮮《すくな》いかな。

「子路、ほんとうにつくづく思うのだけれど、『徳』がなにであるかを知っている者、というか、それを知って実践している者は、実に少ないのですよ」

383
子曰く、為すなくして治むる者は、其れ舜《しゅん》なるか。夫《そ》れ何をか為すや。己を恭《うやうや》しくして、南面を正すのみ。

「あの舜という王様は、なにか特別なことをしたわけじゃありません。というか、これといったことはなにもしなかった。だいたい、権力者というものは、他の誰もやったことのないことをやろうとするものですよ。うまく統治することより、自分が如何《いか》に優れているかを証明したいという本能があるんです。でも、舜はそんな欲望から自由でした。そして、そんな舜の統治下、国は平和で豊かで、国民は舜を深く敬愛していたのです。ほんとうに考えさせられますよね」

384
子張《しちよう》、行わるることを問う。子曰く、言うこと忠信《ちゆうしん》にして、行い篤敬《とくけい》ならば、蛮貊《ばんぱく》の邦《くに》と雖《いえど》も行われん。言うこと忠信ならず、行い篤敬ならずんば、州里《しゆうり》と雖も行われんや。立てば其の前に参《まじ》わるを見、輿《よ》にありては其の衡《こう》に倚《よ》るを見て、夫れ然る後に行われん。子張これを紳《しん》に書す。

子張がセンセイにこんなことを訊ねた。

「センセイ、わたし、悩んでおります。どうすれば、わたしの思いが相手にきちんと伝わるのか。いくら考えてもわからないのです」

「いいですか、子張。しゃべることばが真剣で、しかも、一度いったことを違《たが》えない。そして、なにかをするときにはいつも誠実で、真心がこもっている。そうだったら、世界中、どこに行ったって、おまえの思いは通用するだろうね。逆に、ことばがでたらめで、なにかをするといっても、いつもいい加減なことしかできないとしたら、おまえの生まれ故郷でさえ、相手にされないでしょう。いまわたしがいったことをスローガンにしてみると『言忠信行篤敬』となります。この六文字のコピーが、家にいるときも車で出かけるときも、常に目の前に浮かぶぐらい頭にすりこまれていれば、思いを伝えることができるようになりますよ」

センセイのことばに感銘を受けた子張は、この六文字をステッカーにしていつも持ち歩くポーチや財布に貼り付けておいたそうだ。

385
子曰く、直《ちょく》なるかな、史魚《しぎょ》。邦に道あれば矢の如く、邦に道なきも矢の如し。君子なるかな、蘧伯玉《きょはくぎょく》、邦に道あれば仕え、邦に道なければ、巻いてこれを懐《ふところ》にすべし。

「真《ま》っ直《す》ぐな政治家というと、衛の国の史魚がまず思い浮かびますね。彼は、国の政治が混乱していようと、あるいはきちんと行われていようと、いつも、自分の考えをストレートに発信していました。それは、政治家としてとても大切な資質です。同じように、尊敬すべき政治家というと、蘧伯玉が第一でしょう。彼は、君主がきちんとした政治を行っていれば、ちゃんとお仕えし、君主がとんでもないことをやるようになったら、あっさり職を辞してひっこんでしまいました。それもなかなかできないことですね」

386　**子曰く、与《とも》に言うべくしてこれと言わざれば、人を失う。与に言うべからずしてこれと言えば、言を失う。知者《ちしゃ》は人を失わず、また言を失わず。**

「信用できる友人だと思ったら、ほんとうのことをいってあげなさい。さもないと、そうか信用されていないんだなあと思われ、友を失うことになってしまうから。その逆で、信用できない人に、ついうっかりなんでもしゃべったりしてはいけません。大切なことほど、そいつはぺらぺらしゃべるでしょう。その結果、とんでもないことになってしまう。いわゆる『失言』は、ここでのわたしのことばから来た熟語なんですよ。友だちもなくさず、おかしな失言もしない、そういう人を『知者』というわけです」

387 **子曰く、志士、仁人《じんじん》は、生を求めて以て仁を害するなく、身を殺して以て仁を成すあり。**

「高い志《こころざし》を持った人間、それから、人間として正しく生きる道をきわめた人間は、命が惜しいからといって、自分の理想を捨てることはしません。たとえ命を失おうと、理想を実現させようとするでしょう。そういうものなんです」

388 **子貢《しこう》、仁を為さんことを問う。子曰く、工《こう》、その事を善くせんと欲すれば、必ず先《ま》ず其の器を利にす。是の邦に居るや、其の大夫《たいふ》の賢《けん》なる者に事《つか》え、其の士の仁なる者を友とす。**

子貢がセンセイに質問をした。

「センセイ、『仁』を身につけるのにはどうしたらいいでしょうか」

「そうだね。大工がいい仕事をしようと思ったら、まず、道具を磨き、きちんと整備するでしょう。『仁』もまったく同じです。自分を磨いてくれる立派な先生を見つけて教えてもらい、やはり自分を磨いてくれるような、同じ志の仲間を見つけて切磋《せっさ》琢磨《たくま》する。それしかないでしょうね」

389
顔淵《がんえん》、邦を為《おさ》めんことを問う。子曰く、夏《か》の時を行い、殷《いん》の輅《ろ》に乗り、周《しゅう》の冕《かんむり》を服す。楽《がく》は則ち韶舞《しょうぶ》。鄭声《ていせい》を放ち、佞人《ねいじん》を遠ざく。鄭声は淫《いん》にして、佞人は殆《あや》うし。

顔淵がセンセイに、国を治めるために必要なポイントはなんですか、と訊ねた。

「いいでしょう。順番にいいますから、メモしてください。まず、その一は、夏の時代の暦を使うことです。わたしたちの国は農業国ですから夏の時代に使われていた農業暦を採用するのが合理的ですね。ポイントの二は、王様が乗る車は殷の時代に使われていた輅がいいでしょう。質素で丈夫で見栄えも悪くありません。ポイントの三は、儀式用の冠はファッショナブルで材質も悪くなくおまけに経済的なものにすること。周の時代のものがいいと思います。最後に国歌についていっておきます。これも大切です。威厳があって浮ついていなくてしかも音楽性の高いものにすること。お手本は、舜《しゅん》の時代の韶という舞曲です。ほんとうに素晴らしいと思いますよ。いま一世を風靡《ふうび》しているTポップ……そう、鄭のヒット曲ですね、ああいう、低劣な本能に訴えるだけの音楽を採用するのだけはやめてください。あと、口だけ人間は用いぬこと。これはいうまでもないことですが」

390
子曰く、人、遠き慮《おもんぱか》りなければ、必ず近き憂えあり。

「いまが良ければと目先のことばかり考える。そうなると、必ずしっぺ返しに遭います。断言してもいいですよ。このことは、政治にとってもっとも大切なことといってもかまいません。いま金がないから緊縮する、その結果、将来の世代がひどい目に遭う。いま、働く世代がたくさんいるからその金を使ってじゃんじゃん軍備を増強する、でも半世紀後、高齢化社会を迎えたら、働く世代がいなくなって年金制度が崩壊する。いくらでも例をあげることができるでしょう。でも、政治家も有権者も役人も、みんな『目の前』のことさえよければ、自分だけなんとかなれば、と思って行動してしまうのです。残念ですがね」

（すいません、センセイ……）

391 **子曰く、已《や》んぬるかな。吾れは未だ徳を好むこと、色を好むが如き者を見ず。**

「正直にいいますが、センセイは、ガッカリしています。あなたたちに。気持ちはわかりますよ。みんな、若い男の子ばかりなんですから。女の子のことが頭に浮かんで勉強も手につかないのも。でもね、これだけ雁首《がんくび》を揃えていて『女の子より学問の方が好き！』という人間がひとりもいないなんて……えっとレッスン９（222）でも同じことをいいましたので『またかよ！　うるせえなあ』と思っている弟子もいるかもしれません。悪いけど、何度でもいいますからね！」

392 子曰く、臧文仲《ぞうぶんちゅう》は其れ位を窃《ぬす》む者か。柳下恵《りゅうかけい》の賢なるを知りて、与に立たざるなり。

「魯《ろ》の国の高官・臧文仲のような人間を『月給泥棒』と呼ぶのです。わたしは、あまり人を誹謗《ひぼう》するのは好みませんが、なあなあにしておくのも反対です。なにしろ、臧文仲は、名裁判官で知られた柳下恵がほんとうに優れた人材であるのを知っていたのに、いうことを聞かないのでクビにしてしまったのです。政治家としても上司としても最低のクソ野郎というしかありませんね」

393 子曰く、躬《み》自から厚くして、薄く人を責むれば、怨みに遠ざかる。

「自分には厳しく、他人には寛大に。こういう態度で接すれば、他人から怨まれる心配はありません」

394
子曰く、これを如何《いかん》、これを如何と曰わざる者は、吾れこれを如何ともする末《な》きのみ。

「学ぶときにいちばん大切なことは、疑うこと、真実を知りたいという熱い思いです。『なぜ？　どうして？』と常に思わない人間に対しては、なにをいっても通じません。馬の耳に念仏ですよ。わたしがどんなに頑張ってもね」

395
子曰く、群居すること終日、言、義に及ばず、好んで小慧《しょうけい》を行う。難《かた》いかな。

「みんなで集まって議論をするとします。ただもう、みんな勝手に自分の意見をいうばかりで、他人の話なんか誰も聞いてはいません。しかも、どの意見も本質をついたものなんか一つもなく、どれもこれも枝葉末節《しようまつせつ》のつまらないものばかり。どうしようもないですね。でも、これ、わたしたちの社会のあらゆる場所で見かける光景なんですよ」

（そっ、その通りですよ。センセイの時代からまったく変わってないんです……）

396 **子曰く、君子は義、以て質と為し、礼、以て之《これ》を行い、孫《そん》、以て之を出し、信、以て之を成す。君子なるかな。**

「『君子』は、どういう行動をとればいいのか説明します。よく聞いてください。まず、社会正義を実現しようという思いを根本にしてください。でも、それだけではもちろんダメです。その『思い』を実行に移すときには、誰もが納得するようなやり方で行ってください。正しいことをするのだから、やり方はなんでもいいと思ってはいけません。実現するプロセス自体も重要なのです。さて、今度は、その実現のプロセスを別の角度から検証してみましょう。最初に『思い』を訴えるとき、気をつけてもらいたいのは、上から目線にならないようにすることです。謙虚に、恥ずかしそうに、ことばを選んで語りかけてください。『正義』の悪いところは、こんなに正しいことをやってるんだから実行して当たり前と思いこんでしまうところでしょう。あなたの『正義』だけが正しいのではありません。あなたが説得したいと思っている人たちはみんな、じっとあなたの行動やことばを見ているのです。そして、最後。『正義』やその『思い』を実行するとき、それまでのことばや行いとは異なったやり方にならないよう気をつけてください。これもよくあることです。最初にある政策を唱えたときとは事情が違うからやり方も変えるのは当たり前。それは正しいのかもしれません。けれど、それはあなたにとっての正しさにすぎません。あなたをじっと見てきた人たちは、あなたのことばに疑いを持つでしょう。そうなっては、あなたは『君子』の資格を失ってしまうのです」

397 **子曰く、君子は能くするなきを病《うれ》え、人の己れを知らざるを病えざるなり。**

「あなたたちが気を遣わなければならないのは、自分には能力があるかどうか、ないとしたら、どうやって培《つちか》っていけばいいのか、ということです。でも、実際には、そうではないですよね。『ああ、誰もおれを認めてくれない』とか、他人の目や評判ばかり気になってるでしょう。そういう人は『君子』とは無縁です！」

398 **子曰く、君子は世を没して名の称せられざるを疾《や》む。**

「どんなに優れた人間でも生きている間に評価されないことは多いのです。だから、気に病むことはありません。けれど、死んだ後も、やはり評価されないということになると、ちょっとそれは問題ですね」

399 **子曰く、君子はこれを己に求め、小人はこれを人に求む。**

「つまらないことだと思うかもしれませんが、心して聞いてください。あなたたちがなにかをして、その結果がどのようなものであっても、すべては自分の責任だと思うようにしてください。その思いが、あなたを成長させてくれるはずです。決して、責任を他人に転《てん》嫁《か》しないように。うまくいかなかったのはあいつのせいだ、あいつが邪魔したからだ、あいつがいなかったら、あいつがあんなことをしなかったら、きっとうまくいったのに。そう思ったとき、あなたは、あなたの成長を止めている真の原因を知ることができなくなってしまうのですから」

400
子曰く、君子は矜《ほこ》りて争わず、群して党せず。

「あなたたちにいいたいことは他にもあります。プライドをもって生きてください。あなたたちのやることの多くは理解されないこともあります。それを支えるのは、あなた自身、あなたのプライドなのですから。けれども、プライドは孤立を意味しません。あなたは、他の人たちともうまくやっていかなければなりません。無意味に争う必要はないのです。他の人たちのいいところを見つけなさい。そこに、もうひとりのあなたがいるのですから。だからといって、安易に仲間になってはなりません。孤独の寂しさは、ときに、過剰な信頼をもたらします。気をつけてください。ほんとうの友人と、ただことばの表面だけで繋《つな》がる友人とがいるのです」

401
子曰く、君子は言を以て人を挙げず、人を以て言を廃せず。

「ことばは大切です。わたしたち、学ぶ者、政治に志す者、真理を求める者は、ことばによって生きているのですから。なので、ことばに敏感になってください。誰かのことばを耳にしたとき、それがどのようなものなのか、気をつけてください。ことばだけで、その人を判断してはなりません。ときに、人は『思い』とは異なったことばを発することがあるからです。けれどもまた、どんなにつまらぬと思った人でも、そのことばに耳を傾けてください。誰もが、自分でも信じられぬような素晴らしいことばを発することがあるからです。人はことばを自由に発するわけでありません。そんな思い上がった人間にならないでください。最良のことばは、向こうからやって来るのですから」

402 **子貢、問うて曰く、一言にして以て終身これを行うべきものあるか。子曰く、其れ恕《じょ》か。己れの欲せざる所は人に施すことなかれ。**

子貢がセンセイに訊ねた。

「センセイ、ひとこと、生涯そのことばによって生きていけるような、そんな決定的なひとことはあるでしょうか」

すると、センセイはこんなふうにお答えになった。

「もし、そんなことばがあるとするなら、『恕』の一語でしょう。それは、相手の身になってみること、いえ、もっと本質的ないい方をするなら、自分以外の他人であると想像してみることです。ここではないどこかで、自分ではない誰かになる。現実にどこかに行かなくても、想像力で、それが可能になるのです。外国人になる、難民になる、差別を受けている人間になる。そのことで、あなたは、もっとも遠くまで行くことができるでしょう。そうすれば、自分でイヤなことは他人もイヤなのだから、決してそんなことはしなくなるはずですね」

403
子曰く、吾れの人に於けるや、誰をか毀《そし》り誰をか誉めん。如《も》し誉むる所ある者は、其れ試みし所あるなり。斯《こ》の民や、三代の直きを以て道《みちび》いて行かしめし所なり。

「『人をみだりにけなしたり誉めたりするものではない』という古いことばがあるけれど、わたしはその教えの通りにしてきました。誰しも、いいところと悪いところを持った中途半端な存在なのですから。けれども、ときには、思いきり誉めてあげたい人たちもいます。それはもちろん、きちんと立証できる場合に限るのですが。もしかしたら、あなたたちは驚くかもしれませんが、いま生きている人びとはみんな、誉めるに値《あたい》するとわたしは思っています。彼らは、夏・殷・周の時代、正しく政治を行えばきちんとそれを理解して従っていた人びとの末裔《まつえい》なのです。彼らには、正しい政治に従う能力が備わっているはずなのです」

404 子曰く、吾は猶《な》お史《し》の（小善を記したる？）に及べり。馬ある者は人に借《か》してこれに乗らしめたり、と。今は亡きかな。

「宮廷で作られる歴史文書もすっかり変わってしまいました。昔は、小さな善行とでも呼ぶようなエピソードでも載っていました。たとえば、馬を持っている人が持っていない人に貸してあげて、おかげでその人が馬をひくことができた、というような小さな出来事です。そんな些事《さじ》を、と思うかもしれません。でも、歴史というものは、そのような目立たぬ、小さなエピソードでできています。ちょうどわたしたちの人生がそうであるように。そんな、人として持つべき正しい感覚を、かつての歴史文書は持っていたということなんですね」

405
子曰く、巧言は徳を乱る。小を忍ばざれば、則ち大謀を乱る。

「わたしがかつて、『巧言令色《こうげんれいしょく》には、鮮《すくな》いかな仁』といったのを覚えていますか。ただ口当たりがいいだけのことばを使いつづけていると……そういう人たちはほんとうに多いのですが……その人は内部から腐ってきます。ことばというものには、そういう力があるのです。この世の中には、つまらないことがたくさんあります。その一つ一つに怒りたくなることもあるでしょう。我慢がならないと。踏みとどまってください。あなたの力をそんなつまらないことで消費しないでください。あなたには、やるべきことが、ほんとうに怒らねばならぬことがあるはずなんですから」

406
子曰く、衆、これを悪《にく》むは、必ずこれを察し、衆、これを好むも、必ずこれを察す。

「気をつけてください、大衆に。いえ、わたしは、大衆を信じるなといっているのではありません。彼らこそ、わたしたちが働きかけなければならない唯一の存在なのですから。信用してはいけないのは、彼らがする『判断』です。なぜなら、彼らの判断は常に揺れ動き、また、感情に支配されているからです。彼らが怒り、憎む人がいたら、疑ってくださ い。そして、自分の目と心で判断してください。同じように、彼らが愛し、好み、喝采《かっさい》を送る人間にも気をつけてください。そこには危ういなにかがあるのです」

407
子曰く、人、能く道を弘《ひろ》む。道の人を弘むるには非ず。

「『真理』は自然に広がってゆくものではありません。人間を……あなたたちを通じて、この世界に広がってゆくものです」

408

子曰く、過《あやま》ちて改めず、是れを過ちと謂《い》う。

「わたしたちは誰でもまちがいます。よく聞いてください、それは悪いことではないのです。わたしたちは不完全な存在です。そして絶えずまちがえる。まちがえることによって、自分になにが足りないのかがわかるのです。だが、過ちがあっても、それに気づかぬふりをする人がいます。その人間が大切にしているのは、かわいそうに小さな自分の自我なのです。それを守るために、彼はまちがいに気づかぬふりをするのです。真の過ちとは、そのことです。もう一度いいます。過ちは大切です。過ちは、わたしたちを真理に連れてゆくパートナーなのです。どうか過ちに気づいてください。そして、気づいたら、自分を真理に向け直してください」

409

子曰く、吾れ嘗《かつ》て終日食らわず、終夜寝《い》ねずして、以て思うも益なし。学ぶに如《し》かざるなり。

「恥ずかしい話をしましょう。わたしがまだ若かった頃、一日、なにも食べず、また一晩中眠らず、ずっとあることを考えていたことがあります。それがどんなことなのかは重要ではありません。わたしはただひたすら考えていました。いっぱしの哲学者のように。いま思えば、わたしはただ酔っていたのです。なにかを『深く』考えている自分に、です。けれども、そこでわたしが得たものはなにもありませんでした。わたしが考えて届かなかった『真理』はみんな、本の中に書いてありました。わたしは、自分の小さな城、その迷宮の中をうろつくことを思索だと勘ちがいしていたのです」

410 **子曰く、君子は道を謀《はか》りて食を謀らず。耕すや、餒《いい》其の中に在り。学ぶや、禄《ろく》其の中に在り。君子は道を憂え、貧なるを憂えず。**

「わたしたち『真理』を極めようとする学徒は、衣食について心を惑わしてはいけません。もちろん、生きるためにはお金が必要です。わたしたちは人間であって仙人ではないのですから。けれども、最初に衣食があるのではありません。順番をまちがえてはならないのです。農民は、まず耕します。それが、彼らの生きる道だからです。そして、そののちに収穫があるのです。わたしたちもまた、まず学ぶのです。それがすべての始まりです。それ以外のすべては、そのあとに付いて来るのです。学ぶことの困難さを嘆いてください。どうか、自分の貧しさを嘆かないでください」

411 子曰く、知これに及ぶも、仁もてこれを守る能わざれば、これを得と雖も、必ずこれを失う。知これに及び、仁もて能くこれを守るも、荘にして以てこれに涖《のぞ》まざれば、民敬せず。知これに及び、仁もて能くこれを守り、荘にして以てこれに涖むも、これを動かすに礼を以てせざれば、未だ善からざるなり。

「政治家というものにとっても、もちろん、『知』は大切です。けれども、どんなに優秀な頭脳を持っていても、なんでも知っていても、思いやりや気配りに欠けていたら、その地位を失うでしょう。でも、優秀な頭脳と思いやりがあっても、どんなときにも変わらぬ強い信念がなければ、人びとの信頼を得ることはできないでしょう。明晰《めいせき》で思いやりがあり、しかも強い信念の持ち主でも、厳しいルールを守り、守らせることができないなら、優れた政治家とはいえないのです」
（センセイ、そんな政治家、現実に存在するんでしょうか……）

412
子曰く、君子は小知せしむべからずして、大受せしむべきなり。小人は大受せしむべからずして、小知せしむべきなり。

「なにごとも枝葉末節にこだわらないでください。ほんとうに大切なことはなんなのかを考えてください。そのためには、全体を見通さなければなりません。それはほんとうに難しいことです。あなたたちがやるべきなのは、そのことです。つまらぬことにこだわる人は他にたくさんいるのですから」

413
子曰く、民の仁におけるや、水火《すいか》よりも甚《はなは》し。水火は吾蹈《ふ》んで死する者を見る。未だ仁

を蹈んで死する者を見ざるなり。

「生きてゆくために、水や火は欠かすことができません。けれども、実は『仁』も同じように欠いてはならないものなのです。そして、水や火はときに危険なものになって、溺《おぼ》れて死ぬことがあり、焼かれて死ぬことがあります。『仁』はちがいます。どれほど多く与えられても、『仁』のせいで死んだ人間の例はありません」

414 **子曰く、仁に当りては師に譲らず。**

「『仁』を実践するとき、わたしに遠慮することはありません。これが『仁』だ、このような思いやりが必要なんだと思ったら、すぐに実行してください」

415 **子曰く、君子は貞《てい》にして諒《りょう》ならず。**

「信念を守ることは大切です。けれども、一度決めたことを変えられないような柔軟性を欠いた人間にはならないでください。もしかしたらそれはまちがっているのかもしれないのですから。筋道を通すことと頭が固いことはまったく別なのです」

416 **子曰く、君に事うるには、其の事を敬《つつ》しみて、其の食を後にす。**

「君主に仕えたら、まず、その仕事をきちんとすることを第一に考えてください。いくら大切だからといって、給料のことばかり考えないようにね！」

417 **子曰く、教えありて類なし。**

「いいですか、人間にとっていちばん大切なのは、学ぶことです。身分や人種で、人間の質が決まるわけではありません。いくら階級社会だといってもね。後に、ニッポンの福沢諭吉くんが『天は人の上に人を造らず人の下に人を造らず』と解してくれたのは、このことなんですよ」

418 **子曰く、道、同じからざれば、相い為に謀らず。**

「目指す道がちがう者の間では、残念なことに、有益な議論はできません」

419 **子曰く、辞は達するのみ。**

「ことばや文章は、相手にこちらのメッセージが伝われば、それで十分です。美しい文章、人を驚かせる文章を書く必要などありません」

420　師冕《しべん》、見《まみ》ゆ。階に及ぶ。子曰く、階なり。席に及ぶ。子曰く、席なり。皆な坐《ざ》す。子、これに告げて曰く、某《それがし》は斯《ここ》にあり、某は斯にあり、と。師冕出づ。子張問うて曰く、師と言うの道か。子曰く、然り。固より師を相《たす》くるの道なり。

目が不自由なミュージシャンで冕という人がセンセイの家を訪ねてきたことがある。センセイは、自ら冕さんをお迎えになり、手を引いて案内した。そして、階段の前に来ると、「そこは階段です」、座席の前に来ると、「そこに座席があります」と、丁寧に説明した。冕さんが席につくと、今度は、その席にいた人びとをひとりひとり、「あなたの横にいるのが××さんです」「その隣にいるのが○○さんです」と紹介していった。冕さんが退席すると、子張が訊ねた。

「感心しました。目の不自由な人には、あんなふうに対応しなければいけないのですね」

するとセンセイはこうお答えになった。

「子張、わたしは『対応』したのではないよ。目の不自由な人だから、ねぎらってさしあげただけです」

レッスン16

季氏

421

季《き》氏《し》、将《まさ》に顓臾《せんゆ》を伐たんとす。冉有《ぜんゆう》、季路《きろ》、孔子に見《まみ》えて曰く、季氏、将に顓臾に事あらんとす。孔子曰く、求《きゅう》や、乃《すなわ》ち爾《なんじ》は是れ過てることなきか。夫《そ》れ顓臾は、むかし先王、以《もっ》て東蒙《とうもう》の主となせり。且つ邦域《ほういき》の中にあり。是れ社稷《しゃしょく》の臣なり。何ぞ伐つを以て為さん。冉有曰く、夫子《ふうし》これを欲す。吾ら二臣の者は皆な欲せざるなり。孔子曰く、求や、周任《しゅうじん》言えるあり。曰く、力を陳《の》べて列に就き、能《あた》わざれば止む、と。危くして持せず、顚《くつが》えりて扶《たす》けずんば、将《は》た焉《いずく》んぞ彼の相《しょう》を用いん。且つ爾の言過てり。虎兕《こじ》、柙《こう》より出で、亀玉《ききょく》、櫝中《とくちゅう》に毀《やぶ》れなば、是れ誰の過ちぞ。冉有曰く、今夫れ顓臾は固《かた》くして費《ひ》に近し。今取らずんば、後世必ず子孫の憂えと為らん。孔子曰く、求や、君子は夫《か》のこれを欲すと曰うを舎《お》きて、必ずこれが辞を為すを疾《にく》む。丘《きゅう》や聞く、国を有《たも》ち家を有つ者は、寡《すくな》きを患《うれ》えずして均《ひと》しからざるを患え、貧しきを患えずして安からざるを患う、と。蓋《けだ》し、均しければ貧しきことなく、和すれば寡きことなく、安ければ傾むくことなし。夫れ是の如し。故に遠人服せざれば、文徳を脩《おさ》めて以てこれを来《きた》す。既にこれを来せば、則《すなわ》ちこれを安んず。今由《ゆう》と求や、夫子を相《たす》け、遠人服せずして、来すこと能わず。邦《くに》、分崩離《ぶんぽうり》析《せき》して守る能わざるなり。而《しこう》して干戈《かんか》を邦内に動かさんと謀《はか》る。吾れ恐らくは季孫の憂えは、顓臾にあらずして、蕭牆《しょうしょう》の内にあらん。

魯《ろ》の大臣の季氏が顓臾という国に戦争をしかけようとしたことがあった。当時、季氏の側近をしていた冉有と季路は、この問題についてセンセイのアドヴァイスを求めるためにやって来た。

「困ったことになりました。季氏が顓臾を討つといっているんですが……」

「これ、冉有、なんだね、その他人事みたいないい方は。季氏はあなたたちの上司なんでしょう。ということは、あなたたち当事者なんですからね。もっと深刻になってもらわなきゃ。だいたい、その討伐だか侵略だか知らないが、正当な理由なんかないじゃないですか。そもそも顓臾というところは、周の祖先が東蒙山を祭るために作ったクニですよ。確かに、ぐるりと周りを魯に囲まれているけれど、クニの独自のアイデンティティーである社稷を祭る権利を持っています。如何《いか》に属国とはいえ、これを攻める権利は魯にはありませんよ」

するとと冉有は、困った顔つきになり、こういった。

「うーん、そう怒られても、攻めるといってるのは、わたしたちの上司の季氏さんなんで、わたしたちはふたりとも反対してるんですよ」

それを聞くと、センセイはほんとうに怒りだした。

「なに、それ。ちょっと聞き捨てなりませんね。ほんとに、わたしのところで勉強したのかね、あなたたちは。昔の優れた役人であった周任は、こんなことをいっています。『全力を尽くして職務につけ、それができないなら、職を辞せ』って。足下がぐらついているときに支え、倒れそうになったときに助けるのが、部下の仕事です。それができないというなら、部下なんかいりません。あなたたちは、そのことをちゃんと理解していますか？わたしには、そうは思えませんね。さっきの話を聞いた限りでは、まるでわかってない。いいですか、たとえていうと、こういうことです。動物園の飼育係がですよ、つい油断して、虎や野牛やパンダが脱走して国立美術館の展覧会場に侵入し、たまたま飾ってあった、レオナルド・ダ・ヴィンチの『モナ・リザ』やピカソの『ゲルニカ』を破壊したとします。『ごめん』じゃすまないでしょう。あなたたちは、上司の季氏をお守りすると同時に、まちがった方向に向かわぬようチェックする必要があるんです」

「あの……おことばを返すようですが」

一方的に叱られるばかりだった冉有は明らかにむかついた表情になり、反論を始めた。

「いや、確かに、うちの上司に問題がないとはいいませんが、まるで根拠がなくて戦争を仕掛けようとしているわけではありません。そもそも、顓臾にはきわめて堅固な城があります。しかも、その場所はうちの上司の根拠地である費という町のすぐそばなんですよ。いまは向こうも反抗の意図はないかもしれませんが、いつか、何か野心を抱いたり、怨みを募《つの》らせたりするかもしれない。そのときになって対処しても遅いでしょう。やるなら、今！　ですよ」

「よく聞きなさい。センセイはあきれ果てて、なにもいいたくない気分です。でも、はっきりいいましょう。あなたたちのいってることは、まるで見当外れ。っていうか、めちゃくちゃです。『いつか危険になるかもしれないから』って、なんの理由にもなってないでしょ。本音をいいなさいよ。おかしな理屈をつけなさんな。そんなの君子の風上にもおけませんよ。いいですか、こんなことばがあります。『国を治める者が心配しなければならないのは、人口の少ないことではなく、富や物資をみんなが平等に受け取っているかだ、貧しさを心配するのではなく、みんなが平和な気持ちでいられるかを心配するものだ』。わたしは、このことばは正しいと思っています。富が平等に配分されていれば、そもそも貧困は発生しません。貧困は『格差』の問題なんですから。平和が続けば、人口も増えます。不安がなくなれば、国が没落することはありません。わかりますか。力ではなく、平和こそが、人びとを安心させ、国を豊かにしてくれるのです。この考え方は、他の国に対するときにも通用します。だから、どこか遠方の国と友好的な関係を結ぼうとするなら、こちらはまず国際ルールを守り、侵略など危険な意図はまるでなく、平和な手段で、向こうから、じゃあ友好関係を結んでもいいかな、と思ってもらえるぐらいでなきゃなりません。ところが、ですよ。さっきから話を聞いているとですね、あなたたちは、なにもやってません。というか、なにもやってないよりひどい。季氏大臣の部下として、顓臾の人たちに安心してもらって魯の国と友好関係を結んでもらうための努力をなにもしてません。自分たちの国が内部崩壊しそうなので、それを隠すために、隣の国に戦争を仕掛けているようにしか見えませんね。さあ、ここまでいえば、鈍感なあなたたちにもわかるはずです。ほんとうに怖いのは、外部の敵ではなく、内部の敵です。季氏さんにとっていちばんの敵は、顓臾ではありません。まちがった政策をとっている季氏さんを止めることができない、無能な部下、そう、あなたたちなんですよ」

(これ、『論語』で二番目に長い文章といわれているのですが、厳しいよね、センセイ。でも、卒業した後でも、これだけ叱ってくれるなんて、いい先生だと思いますが)

422
孔子曰く、天下に道あれば、礼楽征伐《れいがくせいばつ》、天子より出づ。天下に道なければ、礼楽征伐、諸侯より出づ。諸侯より出づれば、蓋し十世《じっせい》にして失わざること希《まれ》なり。大夫《たいふ》より出づれば、五世にして失わざること希なり。陪臣国命を執れば、三世にして失わざること希なり。天下に道あれば、政《まつりごと》、大夫にあらず。天下に道あれば、庶人《しょじん》議せず。

「きちんとした道理が行われているときには、天下は安定しています。それがどんなときなのかというと、王が政治・軍事の全権を握っているときです。しかし、国が乱れてくると、政治や軍事の実権は、王の下にいた諸侯たちの手に渡ります。そして、諸侯が実権を握ってしまった国では、王家はたいてい十代で滅びてしまうものです。では諸侯が実権を握った国がどうなるかというと、ここも国が乱れれば、やがて、その下の大臣がやはり政治や軍事の実権を握るようになりますね。そうなると、王家は僅《わず》か五代ほどで滅んでしまうものなんです。しかし、それで終わりではありません。国が乱れたままならば、大臣の実権も、その部下に奪われる。そうなってしまえば、王家は三代も持ちません。政治がきちんと行われている国では、大臣が実権を握ったりはしません。そんなふうに乱れきった国の民衆ほど、政治のゴシップに夢中になるでしょう。国民が政治の話ばかりしている国は、ほんとうの政治がない国なんです」

（いや、センセイ。なんかしみじみ聞き入ってしまいました！　でも、大名から家老へと実権が移っていった戦国時代でも生き延びた天皇家って、やっぱりスゴいってことですかね）

423　**孔子曰く、禄《ろく》の公室を去ること五世なり。政、大夫に逮《およ》ぶこと四世なり。故に夫の三桓《さんかん》の子孫微《び》なり。**

「魯の国の君主が実権を失って五代になります。そして、政治の実権を季氏が握ってからは四代になるわけです。あまり予言者みたいなことはいいたくないのですが、さっき（422）でわたしが説明した理論からいうと、大臣の家、桓公の系統の御三家がそろそろ衰えてくる頃ですね。お手並み拝見です」

424
孔子曰く、益する者に三友あり、損する者に三友あり。直《なお》きを友とし、諒《まこと》あるを友とし、多聞を友とするは益なり。便辟《べんぺき》を友とし、善柔《ぜんじゅう》を友とし、便佞《べんねい》を友とするは損なり。

「自分の為になる友人には三種類あります。それは、なんでもストレートにいってくれる人間、誠実な人間、そして、豊かな知識を持っている人間です。そういう友人は大切にしてください。逆に、為にならない友人にも三種類あります。それは、自己チュウな人間、権力や強者には弱い人間、そして、ただの口先男。そういう人間とは付き合わない方がいいと思いますね」

425
孔子曰く、益する者に三楽《さんごう》、損する者に三楽あり。礼楽を節するを楽《この》み、人の善を道《い》うを楽み、賢友多きを楽むは益あり。驕楽《きょうらく》を楽み、佚遊《いつゆう》を楽み、宴楽を楽むは損なり。

「友人の次に、今度は娯楽の話をします。娯楽は大切です。いつもマジメくさって勉強ばかりしていてはいけません。たまにはリラックスする必要があることぐらい、わたしにもわかっています。でも、どんな娯楽が自分の為になるかには注意してください。そういうわけで、センセイがお勧めの娯楽を紹介しましょう。まず、礼節と音楽で自分を高める楽しみです。音楽はともかく礼節が娯楽なの、と思うかもしれませんね。でも、礼節を学び身につけることは、一つのカルチャーを味わうことでもあるのです。次は、人がいいことをしたら、まるでわが事のように誉めて回る楽しみです。えっ、そんなの娯楽かよ。そう思うかもしれませんが、会話もまた、楽しみ、娯楽ではありませんか。単なるバカ話やゴシップではなく、人を正当に評価して、そんなテーマで喜べるような人間になってください。そして、最後は、賢い友だち、それがどんな人間なのかはさっきいいましたね、そんな友だちとまったり過ごすこと。それ以上に有益で豊かな時間はありません。では、逆に、やってはいけない娯楽です。まずは享楽。はっきりいって、ほとんどの娯楽がこれですよ。依存症になるやつ、といったらいいかもしれませんね。ギャンブル依存、ネット依存、セックス依存……。もはや、娯楽ではなく、欲望の従者になったということなんですよ。怖いですね。次は、遊楽。どこかへ行って遊ぶことです。ディズニーランド、鎌倉、温泉、海外旅行、その他もろもろ。競馬場へ行く場合は、享楽との掛け持ちになります。そして、最後は、とどめの宴楽。酒を飲んで騒ぐことです。そう、これが進行すると、合成麻薬や覚醒剤に移行します。そうなると、エンタテインメントの枠を超えてしまいますが。気をつけて！」

426
孔子曰く、君子に侍するに三愆《さんけん》あり。言いまだこれに及ばずして言う。これを躁《そう》と謂《い》う。言これに及びて言わず。これを隠と謂う。未だ顔色を見ずして言う。これを瞽《こ》と謂う。

「主人に仕える者としてやってはいけないことが三つあります。①主人がしゃべる前に先にしゃべってしまうこと。軽すぎます。②主人が話しかけているのに返事をしないこと。態度が悪すぎです。③返事をするのはいいけれど、主人がどういう気持ちなのか察することもできないのに思いついたことをしゃべること。これKY、いや空気が読めないってことですので。ほんとにやめてくださいね」

427
孔子曰く、君子に三戒《さんかい》あり。少《わか》き時は血気いまだ定まらず。これを戒むる、色にあり。

其の壮なるに及んでや、血気方《まさ》に剛なり、これを戒むる、闘《とう》にあり。其の老いるに及んでや、血気すでに衰う。これを戒むる、得るにあり。

「もう気がついたかもしれませんが、今日は、あなたたちにわかりやすいように、注意点を箇条書きにしています。さて、今回は、生涯にわたって注意すべき点です。これは、人として誰にでも当てはまることだとセンセイは思います。①青年時代は、情緒も安定していません。あらゆることに警戒しなければなりませんが、なんといっても、危険なのは異性関係です。いわなくてもわかりますよね。これで人生を棒に振った人間がどれほどいたことか……。いや、遠い目なんかしてませんよ。はい、次。②壮年時代は、気力も充実しています。というか充実しすぎて、なんにでも突っかかってゆくことが多いですね。闘争心があるのはけっこうなことですが、無駄な喧嘩《けんか》は止めてください。そして、最後。③年老いてくると、気力も体力も衰えます。けれども、それと反比例するように、名誉や権力や財産に執着するようになります。人間には、最後に執着心が残るのです。けれど、死んだあと、持ってゆけるものはなに一つありません。その妄執《もうしゅう》を捨てさること。それが、あなたたちの最後の仕事なのです」

428
孔子曰く、君子に三畏《さんい》あり。天命を畏《おそ》れ、大人《たいじん》を畏れ、聖人の言を畏る。小人《しょうじん》は天命を知らずして畏れざるなり。大人に狎《な》れ、聖人の言を侮《あなど》る。

「あなたたちが畏れ敬うべきものが三つあります。これも大事。まず、①わたしたちにはほんとうには理解できない、超自然的な神の意図、つまり『天命』です。それから、②その『天命』を理解することができるほど深く学び、人間性を身につけた立派な人物、つまり『大人』です。そして、最後が、③そのような『天命』についての、本質的な知識をわたしたちに教えてくれる古《いにしえ》の哲人たちが、経書《けいしょ》に書き残した偉大なことばです。でも、実際には、そのことを理解する人間は少ないですね。自分の知識の範囲でしかものを考えられない『小人』たちは、そもそも『天命』の存在を知らないから畏れ敬うこともしないし、『大人』の知識の価値がわからないから、ただからかうだけで、聖人のことばも、チンプンカンプン、豚に真珠といったありさまなのです」

429
孔子曰く、生れながらにしてこれを知る者は上《かみ》なり。学んでこれを知る者は次なり。困《くるし》

んでこれを学ぶは、又た其の次なり。困んで学ばず、斯《これ》に於いて下《しも》と為す。

「生まれつき『道』を、つまり、人間としての道理、正しい人間のあり方を知っている者がいます。それは、最良の人物であるといっていいでしょう。深く学ぶことによって『道』を理解する者もいます。これは、なかなか善き人というべきでしょう。さらに、現実の中で生きることを通じて、『道』を学ぶ者もいます。これもまた、善き人に入れてあげるべきでしょう。問題は、どんなに追い詰められても、そこから学ぼうとする気持ちが皆無の者です。そういう連中には、人間としての資格があるかどうか、わたしは疑います ね」

430 孔子曰く、君子に九つの思いあり。視るには明を思い、聴くには聡《そう》を思い、色は温を思い、貌《かたち》は恭を思い、言は忠を思い、事は敬を思い、疑いには問うを思い、忿《いか》りには難を思い、得るを見ては義を思う。

「三つが続いたので、今度は、3×3で、九つほどチェックポイントをあげてみます。あなたたちにふだんから心がけてもらいたいことです。①ものごとを見るときには、表面に誤魔化されず、本質を見るようにしてください。②人の話を聞くときには、偏見や先入観を持たず、そのままことばを受け入れてください。③人に接するときに、イヤな感じを与えてはいけません。表情はいつも穏やかでいてください。④同じく、人に接するとき、傲《ごう》慢《まん》な感じを与えないよう、謙虚な態度をとってください。⑤人に話すときは、真心をこめてください。口先だけの人間にならないでください。⑥仕事をするときには、それがどんな慣れた仕事であっても初めてのときのように慎重に、そして大切なものとしてとりかかってください。それが、仕事をルーチンワークにしない秘訣《ひけつ》でもあるのです。⑦わからないときには、恥ずかしがらずに質問してください。知らないままでいる方が遥かに恥ずかしいことなのですから。⑧腹が立ってもその苛立《いらだ》ちを直接ぶつけないでください。一時の激情ですべてを失うことだってあるのです。そして、最後。⑨おいしい話には気をつけてください。それを受け取る資格があるのか自分に訊ねてください。一度、受け取るべきではない報酬を得たときから、あなたは、『正しさ』から離れてゆくことになるのです」

431 孔子曰く、善を見ては及ばざるが如くし、不善を見ては湯に探るが如くす。吾れ其の人を見たり。吾れ其の語を聞けり。隠居して以て其の志《こころざし》を求め、義を行いて以て其の道を達す。吾れ其の語を聞けり。未だ其の人を見ざるなり。

「『いいことをしようとするチャンスがあれば、本能的に、いいことをしてしまう。悪いことをしそうになったら、まるで熱湯に手を突っこんだときのように慌てて、手をひっこめる』ということばがありますが、このような人に、実際、わたしは会ったことがあるし、こういう人がいるという話もよく聞きます。けれど『ひっそりと誰にも知られず暮らしながら、ひとりで人間としての道を極めつづける』ということばにあてはまるような人には会ったことがありません。噂《うわさ》では、そんな人がいるということなのですが。いるとしても、レアなケースじゃないでしょうか」

432 斉《せい》の景公《けいこう》には馬千駟《せんし》あり。死するの日、民、徳として称するなし。伯夷《はくい》、叔斉《しゅくせい》は首陽《しゅよう》の下に餓《う》う。民、今に到るまでこれを称す。其れ、斯の謂いか。

「『人の評価に富のあるなしは関係ない。もっと他に大切なことがある』ということばがあります。その通りだと思いますね。斉の景公は、馬を四千頭も所有するほど莫大《ばくだい》な財産の持ち主でしたが、死んだときには、その徳を誉めたたえる民はひとりもいませんでした。逆に、かの有名な、伯夷と叔斉は、首陽山の麓《ふもと》で餓死《がし》するほど貧しかったけれど、天下の人びとはいまに至るまで、彼らの徳と功績を讃《たた》えて止みません。最初にあげたことばは、そのことをいっているのでしょう」

433
陳亢《ちんこう》、伯魚《はくぎょ》に問うて曰く、子も亦《ま》た異聞あるか。対《こた》えて曰く、未だし。嘗《かつ》て独り立つ。鯉《り》、趨《はし》りて庭を過ぐ。曰く、詩を学びたるか。対えて曰く、未だし。（曰く）詩を学ばざれば、以て言うなし、と。鯉、退いて詩を学ぶ。他日又た独り立つ。鯉、趨りて庭を過ぐ。曰く、礼を学びたるか。対えて曰く、未だし。（曰く）礼を学ばざれば、以て立つなし、と。鯉、退いて礼を学べり。斯《こ》の二者を聞く。陳亢退き、喜んで曰く、一を問うて三を得たり。詩を聞き礼を聞き、又た君子の其の子を遠ざくるを聞けり。

あるとき、陳亢がセンセイの息子の伯魚にこんな質問をした。ずっと訊きたかった質問だったのだが、センセイがいるところではできなかったのである。

「あなたなら、センセイについて、わたしたち弟子が知らないようなエピソードをご存じじゃないですか？」

すると伯魚は困った様子で、こう答えた。

「別に、これといった特別なエピソードなんかありませんよ。そうですね、強《し》いていうなら、こんなことがありました。あるとき、父がぼんやり庭でたたずんでいましたので、これはきっとなにか考えていらっしゃるな、邪魔してはならないと、さっと通りすぎようとしました。すると、それに気づいた父が、わたしを呼び止めて、こういったのです。

『おまえは、詩を勉強したことがあるかい』

『まだです』

わたしがそう答えると、父は、こういいました。

『詩を学ばなければ、人とほんとうにコミュニケーションをとることはできないよ』

以来、わたしは、ひとりで詩の勉強をするようになったのです。そう、それから、こんなこともありました。あるとき、また父がぼんやり立っていたのです。前と同じように、邪魔をしないように通りすぎようとすると、やはり父がわたしを呼び止めたのです。

『ねえ、おまえは礼を学んだかい』

そう父がいったので、わたしは、こう答えました。

『まだです』

すると父は、こういいました。

『礼を学ばないと、世間では通用しないよ』

なので、わたしは、そのあと、自力で礼を勉強するようになったのです。こんなことぐらいでしょうか。お役に立たなくてすみません」

陳亢は、伯魚と別れたあと、すっかり喜んで、みんなにこういったそうだ。

「いやあ、伯魚さんに質問して、ほんとうに良かったよ。なにしろ、一つの質問で、三つの大切な知識をもらったのだから。一つは、詩を学ぶことの意義だろう。二つ目は、礼を学ぶことの意義だろう。そして、三つ目！　これがヤバいよ。センセイは、自分の息子には、直接教えないいんだ。アドヴァイスしかしないいんだね。自分で気づかせる、自分でやってもらう。でも、それが教育なのかも。いちいち教えられてる、おれたちってまずいのかもな」

434 **邦君《ほうくん》の妻は、君よりこれを称して夫人と曰い、夫人自らを称して小童《しょうどう》と曰い、邦人これを称して君《くん》夫人という。諸《これ》を異邦に称して寡小君《かしょうくん》と曰い、異邦人がこれを称するにも、亦た君夫人と曰う。**

「大したことではないんだけれど、なにかの役に立つかもしれないので覚えておいてください。君主が自分の妻を呼ぶときには『夫人』といいます。でも、奥方本人は自分のことを『小童』というんですね。それに対して、民衆は、奥方を『君夫人』というし、他国の人に説明するときには『寡小君』で、他国の人はどうかというと『君夫人』と呼んだんですね。ややこしいですが、これが正式のいい方なんです」

レッスン17

陽貨

435 陽貨《ようか》、孔子を見んと欲す。孔子見えず。孔子に豚を帰《おく》る。孔子其の亡きを時として往いて拝す。これに塗《みち》に遇《あ》う。孔子に謂《い》いて曰く、来《きた》れ、予《わ》れ爾《なんじ》と言わん。其の宝を懐《いだ》きて其の邦《くに》を迷わすは、仁《じん》と謂うべきかと曰わば、不可なりと曰わん。事に従うを好みて、亟《しばし》ば時を失うを、知と謂うべきかといわば、不可なりと曰わん。日月《じつげつ》は逝く、歳《とし》は我と与《とも》にせず、とあり。孔子曰く、諾《だく》、吾れ将《まさ》に仕えんとす。

魯《ろ》の大臣であった陽貨という人物は、どうしてもセンセイを家来にしたかった。まあ、ふつうそう思いますよね。そこで、陽貨さんは、まずセンセイに会いたいと申しこんだけれど、そもそも誰の家臣にもなりたくなかったセンセイはやんわりと断った。次に陽貨さんは、センセイに高価な豚の丸焼きをプレゼントした。前にも書いたことがあるけれど、センセイにプレゼント攻勢をかけても無駄なのだ。そういうことが嫌いだから。とはいえ、送り返すわけにもいかず、センセイは、わざわざ陽貨さんが家にいないときを見計らってお礼に出かけた。ところが！　センセイの行動パターンを陽貨さんはよく知っていたんですねえ。「留守」というのはウソで、道の途中で待ち構えていたのである。陽貨さんの家の人にお礼をいって帰宅途中だったセンセイは、びっくりした。

「あっ、センセイじゃないですか！　いやあ、すごい偶然だなあ。良かったあ。センセイをそのままお帰ししなくて。わたし、ちょっとお話があるんで、もう一度、家までご足労願えませんか？」

この人待ち伏せしてたな。センセイはそう思ったけれど、見つかったからには仕方ない。家までついてゆくと、なにを思ったのか、陽貨さんはこんなことをいいはじめた。

「センセイ、質問していいですか？」

「何でもどうぞ」

「高い理想や豊かな知識や見識を持っているだけではなく、それを実現する能力を持っている人がいるとします。その人が政治にたずさわれば、国民はまちがいなく助かる！　そして、当人もそのことをよく知っているとします。そういう人がどんなに乞われても、政治方面の仕事をやらない、つまり仕官しない、としたら、それ『仁』といえるでしょうか」

もちろん、センセイはこう答えるしかなかった。

「……いわないでしょう……」

すると、陽貨さんは、さらに追い打ちをかけるようにこういった。

「それどころか、ほんとうは政治という舞台で仕事をしてみたいと心の底から思っているのに、そういうチャンスが来ても結局やらない、というのは、ほんとうのインテリといえるでしょうか。現実が怖いんじゃないですかね」

「……うーん……そういわれても仕方ないですね」

陽貨さんは、もちろん、センセイのことをいっていたのである。いや、それにしてもうまいことをいう人だ。

「ところで、こんな格言がありますけど、センセイはご存じですか？　『時は過ぎ行く、歳月は人を待たない』って」

そこまでいわれると、さすがにセンセイは苦笑してこう答えるしかなかったのである。

「みなまでいうな、ですよ。はいはいわかりました。降参です。仕官します。あなたにお仕えします。ですから、もうこれ以上、責めないでくださいよ、ほんとに」

センセイを追いつめて、仕官にまで持ってゆくなんて、ほんと、陽貨さんスゴいです。

436

子曰く、性、相い近し。習い相い遠し。

「人間というものは誰だって、中身はほとんど変わりません。ただ、環境によって変わってしまうんですよ。なにもかも」

437 **子曰く、唯だ上知《じょうち》と下愚《かぐ》とは移らず。**

「人間の中身は変わらない、ただ環境で変わるだけなんだ、とさっきいいました。でも、正確にいうなら、少しちがいます。すごい天才はどんな環境においてもその能力を発揮できるし、反対に根っからのバカ者は、どこにいてもバカなままです。残念ながら」

（センセイ、けっこうキツいことといいますね……）

438 **子、武城《ぶじょう》に之《ゆ》き、弦歌《げんか》の声を聞く。夫子《ふうし》、莞爾《かんじ》として笑って曰く、鶏《けい》を割《さ》くに、焉《な》んぞ牛刀を用いん。子《し》游《ゆう》対《こた》えて曰く、昔は偃《えん》や、これを夫子に聞く。曰く、君子道を学べば人を愛し、小人道《しょうじん》を学べば使い易《やす》し、と。子曰く、二三子《にさんし》、偃の言是《ぜ》なり。前言は之《これ》に**

戯れしのみ。

センセイが、弟子の子游が町長を務めている武城という町に行ったときのことだ。町のあちこちから琴に合わせて歌う声が聞こえてきた。センセイは、案内してくれている子游に微笑《ほほえ》みながら、こういった。

「子游、なんてのどかな町なんだろうね。というか、のんびりしすぎているような気もするね。『ニワトリを料理するのに牛をさばく刀を使う』という文句を、わたしは思い出しましたよ」

どうも、センセイは、子游のような有能な弟子には、こんなのんびりした町のトップ程度ではもったいないと思って、そんなことをおっしゃったようだ。ところが、子游は、こんなふうに答えたのである。

「そうでしょうか、センセイ。センセイは、以前、わたしにこうおっしゃいました。『音楽というものはたいへん素晴らしい「道」なのだ。上に立つ者が、それを極めれば、人びとに対して優しくなれるし、人びとがそれを楽しめば、上の者に対して素直になれる』と。わたしは、センセイのおことばに従い、ここでも音楽を大切にしたまつりごとをしているだけです」

子游は、センセイが、自分を高く評価しておっしゃったことに気づいていたけれど、わざとまちがえて、「ニワトリを料理するのに牛をさばく刀を使う」ということの意味を、「こんな田舎では音楽などもったいない」ととって返事をしたのだろう。

やられた！　センセイは内心で舌を巻いた。わたしの愚かなまちがいを指摘せず、あえて知らんぷりをして、わたしが教えたことをわたし自身に向かって教えてくれるとは。センセイは、恥ずかしそうに、連れていた弟子たちにこういったのだ。

「子游のいう通りです。さっきいったことは取り消します！　ごめん」

(「過ちては改むるに憚《はば》かること勿《なか》れ」ですよね、センセイ。でも、センセイは嬉しかったんじゃないかな。弟子がすっかり成長したことがわかったんですからね)

439
公山弗擾《こうざんふつじょう》、費《ひ》を以て畔《そむ》き子を召す。往かんと欲す。子路《しろ》、説《よろこ》ばずして曰く、之《ゆ》く末《な》からんのみ。何ぞ必ずしも公山氏にこれ之かんや。子曰く、夫《そ》れ我を召す者は、豈《あ》に徒《いたず》らなるのみならんや。如《も》し我を用うる者あらば、吾は其れ東周《とうしゅう》と為さんか。

季氏の家臣で公山弗擾という者が、主家の季氏に反乱を起こし、費という町に立てこもり、センセイに助けを求めたことがある。センセイは、要請に応じて出かけようとした。子路は猛反対をした。

「マジですか、センセイ！　公山弗擾は主君に反逆したんですよ。忠臣愛国の精神からいって、そんなやつのところに応援に出かけるなんて、ありえないです！」

「そんなことは百も承知です。ただ助っ人が欲しいなら、わたしより力になる人間はいくらでもいます。なのに、『あえて』、仁や義や忠に誰よりも厳しいわたしのところに、応援を求めるなんて、なにか深い理由があるのかもしれないでしょ。もし、ほんとうに、わたしのいう通りにやってくれるなら、かつて西周で栄えた真の文化を、この東の地に再興してみせるのだけれどねえ」

（センセイ、けっこう、野心家だったんですね）

440
子張《しちょう》、仁《じん》を孔子に問う。孔子曰く、能《よ》く五者を天下に行うを仁と為す。これを請い問う。曰く、恭・寛《かん》・信・敏・恵なり。恭なれば侮られず。寛なれば衆を得。信なれば人、こ

れに任ず。敏なれば功あり。恵あれば以て人を使うに足る。


子張がセンセイにこう質問した。

「いつも同じことを訊いてばかりですいません。あの、『仁』とはなんでしょう。というか、どうすれば、『仁』を実現できたということになるのでしょうか」

「そうだね。簡単にいうと、五つのことが実現できたら、そのとき、『仁』を実現できた、すなわち、『仁者《じんしゃ》』といえるでしょうね」

「その五つについて教えてください」

「恭、寛、信、敏、恵、の五つです。まず、『恭』、うやうやしいことです。つまり、いつも、なにごとに対しても疎《おろそ》かにしないでいること。そういう態度をとっていれば、人からバカにされることはありません。次が、『寛』、寛容であることです。当たり前ですが、広い心を持った寛大な人間には、みんながついてくるということです。そして、『信』、他人から信頼される人間になりなさい、そのためには、常にことばに気を遣うこと。そうすれば、なんでも任せてもらえるようになります。それから、『敏』、すぐに動くこと。熟考は大切です。でも、ときに、人は直感で動かなければならないこともあります。それができないと大きな仕事はできません。そして、最後が『恵』、恵むことです。ケチケチせずに、あなたが持っているものをみんなに贈りなさい。『持っているもの』とは、物質的なものだけではありません。贈与こそわたしたちの行動の本質でなければなりません。そのとき、贈られた相手は、ほんとうに心の底からあなたのために働いてくれるでしょう。そのすべてができたとき、その人のことを『仁者』と呼んでもかまわないと思います」

（わかりやすっ！）

441

仏肸《ひっきつ》、子を召すに往かんと欲す。子路曰く、昔は由《ゆう》や、これを夫子に聞けり。曰く、親《みずか》ら其の身に不善を為す者には、君子は入らざるなり、と。仏肸、中牟《ちゅうぼう》を以て畔く。子の往かんとするや、これを如何《いかん》せん。子曰く、然《しか》り。是の言あるなり。堅きを曰わずや、磨《ま》すれども磷《すりへ》らず、と。白きを曰わずや、涅《ぬ》れども緇《くろ》まず、と。吾、豈に匏瓜《ほうか》ならんや。焉《いずく》んぞ能く、繫《かか》りて食われざらんや。

晋《しん》の人で、仏肸という者が、センセイを招いた。そこで、センセイはその招待を受け、出発しようとした。すると、子路が、前回の公山弗擾の件のときと同じように猛反対をした。

「センセイ！　また、ですか！　イヤになっちゃうなあ。センセイはこうおっしゃっていたではないですか。『余儀なくして、とか、仕方なく、ではなく、確信犯的に悪事をする者がいる。そういう連中の仲間にだけは絶対なってはいけません』と。なのに、どうです、仏肸は、謀叛《むほん》を起こし、中牟というところに立てこもっています。ワルの中のワルといっても過言ではありません。なのに、どうして、そんなやつのことばに従って、出かけようというのです。センセイの考えがまるでわからない……」

するとセンセイはこうおっしゃったのだ。

「子路、確かに、わたしはそういった。でも、一度いったからといって金科玉条《きんかぎょくじょう》にして、絶対変えちゃいけないということではないのですよ。おまえは、わたしが仏肸のことばに丸めこまれるんじゃないかと心配しているようだけど、こういうフレーズがあることを知っているかい。『いくら磨いても磨り《す》減らない、そういうものこそ堅いというべきだ』とか『いくら黒く染めようと思っても、まったく染まらない、そういうものこそほんとうに白いものなのだ』とか。つまり、真の君子は、どんなおかしなことばを耳にしても、影響されることはない、ということなんですよ。子路、わたしは、仏肸の招待を受け、彼の本心を聞いて、その上で、なるほどと思えば協力するし、おかしいと思えば正直にいうつもりです。どちらにせよ、現実に関与するべきだと考えているのです。どうか、わたしを、苦瓜《にがうり》のようにただぶら下がっているだけでなんの役にも立たないものにしないでおくれ」

（さきほどの、公山弗擾のときもそうだが、こういう事態に立ち至ったときの、センセイの振る舞いの柔軟さには驚くしかありませんね。「仁」原理主義というより、驚くほど、プラグマティックな考え方なんじゃないでしょうか。それが、センセイの考え方の本質なのかもしれませんね）

442

子曰く、由や、女は六言六蔽《なんじりくげんりくへい》を聞けるか。対えて曰く、未だし。（子曰く、）居れ、吾、女に語《つ》げん。仁を好んで学を好まざれば、其の蔽や愚。知を好みて学を好まざれば、其の蔽や蕩《とう》。信を好みて学を好まざれば、其の蔽や賊。直を好みて学を好まざれば、其の蔽や絞《こう》。勇を好みて学を好まざれば、其の蔽や乱。剛を好みて学を好まざれば、其の蔽や狂なり。

「由（子路）くんに訊くけど、おまえは、六つの美徳に実は六つの弊害《へいがい》があるってことを知っていますか？」

「いえ、センセイ、そんなの聞いたことありませんよ」

「簡単にいうと、なんにでもプラスの要素とマイナスの要素がある、ということなんですよ。じゃあ、教えてあげますね。いいですか、まず、『仁』。これは大事に決まってます。他のことばでいい換えると『愛』ってことでしょうか。けれど、そこに『学問』がないなら『愚』になる、つまり、考えるというプロセスが存在しないとするなら、感情に支配される愚か者になってしまうということです」

「なるほど！」

「はい、つぎは、『知』です。要するに、いろんなものを知ること、問題はなさそうでしょう。けれど、ただ表面的な知識を得るだけでは、単なる物知りにしかなれません。一度知ったことを、いったん学びほどくプロセスがないなら、ここでもまた、考えるということをしないなら、単なる知ったかぶりにしかなれない。その次が、『信』、なにかを信じることですね。これもまた、自分の頭で考えることがないなら、盲信《もうしん》になってしまう。カルト宗教にいれあげたりする人は、みんなこれです。マインドコントロールされてるわけですね。そして、『直』、これはなにごとに対しても、正直な人のことです。なんにでもすぐ文句をいう人がいるでしょう。こういうストレートな態度は一見良さそうに見えますが、世界は彼が考えるよりももっと複雑にできているのです。表面的な事実だけを見て、自分では『正直』に、悪を告発しているように思っているけれど、その単純さによって、結局は、人びとから嫌われてしまうのです。でもって、『勇』、勇気があることです。これのどこがいけないのかわからないでしょう？　これも『直』と同じで、深くものごとを考えた上での勇気と、イケイケドンドンの蛮勇《ばんゆう》では意味がちがいます。どんなときでも、『それ行け！』と突っこんでゆく乱暴者は迷惑です。そして、最後は『剛』、頑固であること、信念をまげないことです。ここまでいえばもうわかりますね。頑固さはけっこうなことですが、なにも考えないままそれを押し通す者は、単なる意地っ張りにすぎません。美徳の裏には悪徳が張り付いています。いちばん大切なことは、『考える』ことなんですよ」

（センセイ、了解しました！）

443
子曰く、小子《しょうし》、何ぞ夫《か》の詩を学ぶ莫《な》きや。詩は以て興《おこ》すべく、以て観るべく、以て羣《ぐん》す

べく、以て怨むべし。これを邇《ちか》くしては父に事《つか》え、これを遠くしては君に事え、多く鳥獣草木の名を識《し》る。

「おまえたちは『詩経《しきょう》』を読まないのかね。詩はとても大切なものです。いや、わたしたち人間にとって絶対必要なものですよ。詩は、わたしたちの感性を磨いてくれるし、世界の観方を教えてくれます。さらに、詩は、わたしたちがひとりではないことを教えてくれるし、正しい怒りを教えてくれる。つまり、真の寛容を教えてくれるのです。それだけではありません。詩は、家にあっては親の大切さを、大きく、社会や国家というものにあっては、君主に忠であることの意味さえ教えてくれるのです。詩の力は偉大ですね。まあ、読んでいるだけで、そこに出てくる鳥獣草木の名前を覚えることもできるわけですが。それは、おまけだね」

（どの解説書を読んでも、「怨む」には怒る、怨む、といったネガティヴな意味しか出てこない。詩を大切に考えるセンセイが、そんなことをおっしゃるわけがない。なので、これは「正しい怒り」という意味と考えるべきだ、という結論に達したのですけれど、センセイ、それでいいですよね？）

444 子、伯魚《はくぎょ》に謂いて曰く、女は周南《しゅうなん》・召南《しょうなん》を為《おさ》めたるか。人にして周南・召南を為めざれば、其れ猶《な》お正しく牆面《しょうめん》して立つがごときか。

センセイが息子の伯魚にこういった。

「『詩経』の『周南』と『召南』の部分は読んだかね？」

「いえ、まだ読んでません」

「ダメじゃん……いや、ダメだなあ。あれは、絶対読まなきゃ。人として終わってますよ。いいですか、ひとことでいうと『周南』と『召南』には、女性としてのあり方が書かれてるんですよ。だから、女の子のことを知るために必読の書といえるわけなんです。ほんとうに、女子のことはわからないからねえ」

（ちなみに、実はセンセイ、女性が苦手だったみたいです。なので、この本の中にも、女性はあまり出てきませんよね）

445 子曰く、礼と云い礼と云う、玉帛《ぎょくはく》を云わんや。楽《がく》と云い楽と云う、鐘鼓《しょうこ》を云わんや。

「『礼、礼、なんといっても礼は大切だよ』という人がいます。でも、その場合の『礼』とは、礼の儀式で使う小道具のことをいってるわけではありませんね。同じように、『音楽は大切、なんといっても音楽がなきゃ』といってる人だって、楽器が大切だといっているわけでありません。なんでも『中身』が大切に決まっています。いわれてみれば当たり前かもしれませんが、実は、小道具や楽器のことばかり気にしている、つまり形式にばかりとらわれていることが多いってことなんですよ」

446 **子曰く、色厲《はげ》しくして、内荏《やわら》かなるは、諸《これ》を小人に譬《たと》うれば、其れ猶お穿窬《せんゆ》の盗のごときか。**

「いいことはいうけれど、実際のところ、なにか事件が起こるとあたふたしてまともなことができない。そういう人は多いんですよ。そういう人は、こそ泥と同じ。陳腐で、論じるにも値《あたい》しません」

447
子曰く、郷原《きょうげん》は徳の賊なり。

「『郷原』は『八方美人』という意味です。要するに、嫌われるのを極端に恐れる人ですね。そのため、誰にでもいい顔をする。いうまでもありませんが、そういう人間がいちばんダメです！」

（了解しました、センセイ！　気をつけます、ぼくも「郷原」でした！）

448
子曰く、道すがら聴きて、塗《みち》すがら説くは、徳をこれ棄つるなり。

「いま聴いたことを、さも自分の考えであるかのように吹聴《ふいちょう》するなんて、最低です。でも、哀しいことに、そういう人は、すごく多いんです」

（はい……そうですね）

449
子曰く、鄙夫《ひふ》は与に君に事うべけんや。其の未だこれを得ざるや、これを得んと患《うれ》う。既にこれを得れば、これを失わんことを患う。苟《いやし》くもこれを失わんことを患うれば、至らざる所なし。

「心の卑しい人間と同僚になって、宮仕えすることだけは避けたいものです。どうしてかというと、望んだ地位を得ていない者は、その地位に昇ることだけを考えるし、いったん、その地位に就くと、あとはその地位を守ることしか考えない。そうなったらたいへん、保身のためになにをするかわからない。くれぐれも、そういう同僚には注意すること！」

450
子曰く、古《いにしえ》は民に三疾《さんしつ》ありき。今や或いはこれ亡きなり。古の狂や肆《し》なり、今の狂や蕩なり。古の矜《きょう》や廉なり、今の矜や忿戻《ふんれい》なり。古の愚や直《ちょく》なり、今の愚や詐《いつわ》れるのみ。

「昔の人たちにもたくさん欠点はありました。でも、欠点のありようが、いまとはだいぶちがうように思います。昔からクレイジーな人はいました。ただ好き勝手なことをいうだけですが、それでも昔の人には、一定の節度があったように思います。いまのクレイジーは、ただいいっぱなしです。『矜』といわれる自信家ですが、昔は、孤高を誇ったものでしたが、いまの『矜』は、ただ喧嘩《けんか》っぱやいだけの人ですね。昔から『愚』と呼ばれるお人好しはいました。でも、いまの『愚』は、愚かな上に性格も悪い。最低です。かつては欠点の中にも美点はあったのに、いまはもはや、欠点のみ。この調子で人間性の下落が続いていくのだとしたら……マズいですよね」

451
子曰く、巧言令色《こうげんれいしょく》には、鮮《すくな》いかな仁。

(これは、最初の方、レッスン1(3)に出てきた名言でしたが、『論語』の終わり近くになって読むと、実に身にしみることばだという感じがしませんか)

452
子曰く、紫の朱を奪うを悪《にく》む。鄭声《ていせい》の雅楽を乱すを悪む。利口の邦家《ほうか》を覆《くつが》えす者を悪む。

「気をつけてほしいことがあります。最近、目につくのが、公式行事の際、紫色を使うことです。実は、正式には朱色を使わなければなりません。正しい伝統が失われつつあるのです。それから、儀式で演奏される雅楽の一部に、鄭の国のポピュラー音楽が入りこんでいます。ほんとに信じられません。まだあります。口達者な人間が国家の要職に就いていることです。これはもう国家存亡の危機といっても過言ではありませんよ。一つ一つはとりたててどうということでもないことでも、それを見逃しているとどうなってしまうか。わかりますよね？」

453
子曰く、予れは言うこと無からんと欲す。子貢《しこう》曰く、子もし言わずんば、小子何をか述べん。子曰く、天何をか言わんや。四時行われ、百物《ひゃくぶつ》生ず。天何をか言わんや。

あるとき、子貢が他の弟子たちに向かって、自分のことばを解説しているのを聞いていたセンセイが、いきなりこんなことをおっしゃった。

「ああ、もう……おまえたちには、もう二度となにもしゃべりたくないです」

びっくりした子貢は、こういうしかなかった。
「センセイ！　そんなことをおっしゃらないでください。わたし、おかしなことをいったんでしょうか？　だったら、反省します。どこがまちがっていたんでしょう。センセイがなにもおっしゃらなくなったら、わたしがすることがなくなってしまいます」
「子貢、おまえは、根本的に誤解しているよ。わたしのいうことを、他の弟子たちにそのままいうだけではなんにもならないのですよ。真理というものはそういうものではありません。わたしがしゃべらなければ存在しないいんじゃない。ご覧、天を。天はなにもいいません。ただ黙っているのに、それでも、春夏秋冬は移り変わってゆくし、万物は生まれ育ってゆくものじゃないですか。わたし、ではなく、真理の方を見てしゃべりなさい」

454
孺悲《じゆひ》、孔子に見《まみ》えんと欲す。孔子、辞するに疾《しつ》を以てす。命《めい》を将《おこな》う者、戸を出づ。瑟《しつ》を取りて歌い、これをして聞かしむ。

魯の国の家臣で孺悲という者がセンセイを訪ねてきた。実は、魯国で高位の役人が亡くなったのだが、その地位の者にふさわしい葬儀のやり方を知っている者が宮廷にいなかったので、引退していたセンセイのところに教えを乞いにやって来たのである。ところが、センセイは「病気です」と偽って、面会を断った。そればかりか、取り次ぎの人間が部屋を出ると、すぐに、脇にあった琴を引き寄せ、鳴らしながら大声で歌い始めた。シンギング・センセイである。ちょっと、そんなことをしていいんだろうか、とみなさんも思われるだろう。だって、病気で面会を断ったのに、元気一杯歌ってみせるなんて。それを聞いた孺悲さんは、センセイの仮病《けびょう》を知り、ショックを受けたのではないか、と。違うのである。わたしも、この事件の背景を聞いて驚いたのだが、こういうわけがあったのだ。まず、孺悲さんは、魯国の国老であるセンセイのもとを訪れる際に当然とるべき礼をとらなかった。まず、主君の紹介状を持った使者が訪れ、かくかくしかじかの理由でお会いしたいのだがいつがよろしいでしょうか、と訊くとか。ところが、孺悲さんは、そんな儀礼を無視して、いきなり訪問したのである。国の儀礼を掌《つかさど》る役目の孺悲さんが、国の儀礼についての知識を伺いに来るのに、儀礼を無視したのである。それはダメですよ。なので、センセイは会わなかった。けれど、ただ会わないだけでは、孺悲さんにも理由がわからない。だから、「これは仮病です。でも理由があるわけですよ。もう一度そこのところを考えて出直していらっしゃい」というメッセージを送ったわけなんですねえ。直接、そういうとカドが立つから、あえて、遠回しに、琴をひきながら歌ってみせた。ただのシンギング・センセイではなかったのである。この事件、どうなったかというと、そのことに気づいた孺悲さんは、次に礼を尽くしてセンセイを訪問し、きちんと葬儀のやり方を聞いて戻ったのである。めでたしめでたし。

455
宰我《さいが》問う。三年の喪《も》は、期して已《すで》に久し。君子、三年礼を為さざれば、礼必ず壊《やぶ》れん。三年楽を為さざれば、楽必ず崩れん。旧穀既に没《つ》きて、新穀既に升《みの》る。燧《すい》を鑽《き》り火を改め、期にして已《や》むべし。子曰く、夫の稲を食い、夫の錦を衣《き》る、女において安きか。曰く、安し。(曰く) 女安ければこれを為せ。夫れ君子の喪に居るや、旨きを食えども甘からず、楽を聞けども楽しからず、居処して安からず、故に為さざるなり。今女安ければこれを為せ。宰我出づ。子曰く、予の不仁なるや。子生れて三年、然る後に父母の懐より免《まぬ》がる。夫れ三年の喪は天下の通喪《つうそう》なり。予や、其の父母において三年の愛あるか。

宰我がセンセイに質問をした。

「親が亡くなったら三年、喪に服しますね。それって、長くないですか？　たとえば、王様が三年も喪に服していたら、その間、礼式もやらないわけで、やり方がわからなくなったりするんじゃないですかねえ。それから三年も音楽をやらなかったら、素人に戻っちゃうかもしれませんよ。だって、ピアニストは一日練習しなかったら、元に戻るのに三日かかるっていいますからね。古米が終わる頃にはちょうど新米が出回るし、火を熾《おこ》すために使うスリコギだって一年ごとに取り替えます。そういうわけで、死を嘆き故人に思いをいたすのも大切ですけど、一年ぐらいでいいんじゃないでしょうか」

　すると、センセイはこうお答えになった。

「宰我、おまえは、親が亡くなって一年たったら、すぐに通常の生活、つまり、旨いものをたらふく食べ、オサレな恰好をする、そんな生活に戻っても、気にならない、というのですね」

「はい。別に」

「どこかの女優みたいなセリフだねえ……。まあ、おまえがなんとも思わないなら、それでいい。だがね、宰我、この服喪《ふくも》の習慣はただの形式じゃないんですよ。もともと、昔の君子は、喪の期間中は、旨いものを食べても味がせず、どんなに美しい音楽を聴いても心から楽しめなかった。なにか楽しもうとしても、落ち着かないものだから、服喪の形式を定め、始めからそういうことをしないようにしたのです。ところが、おまえは、すぐに通常の生活に戻れるようだ。だったら、好きにすればいいんです」

センセイに叱られたと思ったのか、宰我は黙って部屋から出ていった。

「あいつ……薄情な男だなあ……。子どもというものは生まれて三年たって、ようやく、ひとりで歩けるようになるのです。それまでは、全面的に親の庇護《ひご》、深い愛情に包まれて生きるのです。天下で行われる服喪三年という習慣は、そんな親の無条件の愛情に対する恩返しの意味もあるというのに、宰我には、そのことがわからないんですねえ……親の愛情への感謝の気持ちがないんでしょうか」

(服喪三年の意味、ぼくも知りませんでした。いまや儀式や形式にすぎないものでも、過去にははっきりした理由があったってことですね)

456 **子曰く、飽食して日を終え、心を用うる所なし。難《かた》いかな。博奕《はくえき》なるものあらずや。こ**

れを為すは猶お已むに賢《まさ》れり。

「腹一杯たべて、あとは一日中なにもせずぼんやりしている。ほんとに、人間として最低の生き方といわねばなりません。それくらいなら、ギャンブルでもしている方がいいですね。少なくとも、頭を使うだけマシですから」

（お勧めは競馬ですね。あと、マージャンとか。ちなみに、中国本土では最近になってやっと競馬が解禁になりましたが、馬券発売は禁止です。——もちろん香港は盛んです。ちなみに、ひとりあたりの馬券の売り上げ世界一が香港競馬——マージャンもかな。いったん、ギャンブルにはまるとたいへんなことを、中国共産党の指導者たちはよくわかっているみたいですね）

457 **子路曰く、君子は勇を尚《とうと》ぶか。子曰く、君子は義、もって上《かみ》と為す。君子、勇ありて義なければ乱を為し、小人、勇ありて義なければ盗を為す。**

子路がセンセイに訊ねた。

「センセイは勇気を大切なものだとお考えですか？」

「勇気は大切です。けれど、『義』はもっと大切だと思いますね。『義』とは、簡単にいうと、正義感、正しさの基準を持っている、ということです。やっていいこととやってはいけないことを区別できる能力といってもいいでしょう。この能力がなくて勇気だけがある状態はヤバいです。権力者がそうなら、権力争いばかりするようになるし、一般人がそうなら、泥棒にだってなるかもしれません」

458 **子貢曰く、君子も亦《ま》た悪むことあるか。子曰く、悪むことあり。人の悪を称する者を悪む。下流に居りて上を訕《そし》る者を悪む。勇にして礼なき者を悪む。果敢にして窒《ふさ》がる者を悪む。曰く、賜《し》や、亦た悪むことあるかな。徼《むか》えて以て知と為す者を悪む。不孫にして以て勇と為す者を悪む。訐《あば》いて以て直と為す者を悪む。**

子貢がセンセイに訊ねた。

「こんな質問をしていいものやら悩んだのですが、どうしても訊きたかったもので」

「どんな質問？」

「いや、センセイほどの方でも、人を憎んだりするかなあ……って。すいません！　ないですよね、そんなこと」

「そりゃ、あるよ」

「えええええっ！　そうなんですかあ」

「そうとも。人の悪口をいいふらす者、自分が劣っているのを棚にあげて、優れた才能をもっている者をけなす者、乱暴で礼儀に欠けている者、やるぞやるぞというけれどいざというときには逃げ出す者。そういった連中は、心の底から軽蔑《けいべつ》しています。憎んでいるといってもいいでしょう。おまえも、そういうことはあるだろう？」

「ありますとも！　いやあ、センセイも同じだとわかって嬉しいです。ぼくの場合は、人のアイデアをパクって頭がいいふりをするやつ、傲慢《ごうまん》であることを勇気があると誤解しているやつ、人の秘密を世間にさらすことがなにか立派なことだと思っているやつ。そんなやつらは、大嫌いです！　ほんと、死んでほしい！　あいつに、あいつに、あいつに、あいつ！　ああ、すっきりした。センセイ、サンキューです」

459 子曰く、唯だ女子と小人とは養い難しと為すなり。これを近づくれば不孫、これを遠ざくれば怨む。

「妾《めかけ》と奴隷《どれい》は、ほんとうに扱いにくい。優しくすればつけあがるし、かといって、邪険に扱うと、すねるしキレるからね」

（センセイの、この「女子と小人とは養い難し」発言、ポリコレ的にどうなのかと思ってました。こんなことといったら、炎上確定でしょう。でも、どうやら、この「女子」は、女性一般ではなく、「妾」説と、性格を含めた「気まぐれな女」説があるようです。いずれにせよ、センセイは、女性が苦手だったことは事実のようですね。というか、優れた女性哲学者や女性思想家と対話したらどんなことになったのでしょうか。センセイ対スーザン・ソンタグ、とかセンセイ対上野千鶴子さん、こんなの読んでみたいんですが）

460 子曰く、年四十にして悪まるるは、其れ終らんのみ。

「四十歳になっても、人から悪くいわれるようなことばかりやっている人間は、もはや、『終わってる』としかいいようがありませんね」

レッスン18

微子

461 微子《びし》はこれを去り、箕子《きし》はこれが奴《ど》と為り、比干《ひかん》は諫《いさ》めて死す。孔子曰く、殷《いん》に三仁《さんじん》ありき。

殷の紂王《ちゅうおう》はたいへんな暴君で庶民をひどく苦しめた。その惨状を見かねて、兄の微子は弟の紂王を諫めたが、紂王は聞く耳を持たなかった。落胆した微子は、国を見限り、亡命してしまった。見かねた叔父の箕子が、紂王を諫めたが、やはり怒りをかって、奴隷《どれい》にされてしまった。微子や箕子の姿を見た、また別の叔父の比干が、「あまりにひどい」と紂王を強く諫めたが、これまた激怒した紂王によって惨殺されてしまった。この、古代に起こった事件について話された後、センセイはこう付け加えた。

「この三人は、自分の身の安全よりも、国家が正しく運営されるかどうかの方に重きを置きました。彼らこそ真の『仁者《じんしゃ》』というべきでしょうね」

462 柳下恵《りゅうかけい》は士師《しし》と為り、三たび黜《しりぞ》けらる。人曰く、子は未だ以《もっ》て去るべからざるか。曰く、直道《ちょくどう》もて人に事《つか》えば、焉《いずく》んぞ往くとして三たび黜けられざらんや。枉道《おうどう》もて人に事えば、

何ぞ必ずしも父母の邦《くに》を去らん。

魯《ろ》の国に柳下恵という役人がいた。柳下恵は三度、裁判官に任命され、三度とも、不当な理由で罷免《ひめん》された。そんな柳下恵に、ある人が、こう訊ねた。

「あなたのような有能で正義感のある人を三度も不当な理由で辞めさせるような国に、どうして留まっているのですか？　あなたほどの能力があれば、他の国でもっといい地位に就けるではありませんか」

するとと、柳下恵はこう答えた。

「いまのご時世、宮仕えはたいへんです。だって、上からいわれれば文書は改ざんしなきゃならないし、それが発覚しても、自分でやったことにしなきゃならない。正義より忖度《そんたく》の方が大事なんだから。まともに公務員らしく仕事をしていたら、どの国に行っても、クビの連続ですよ。上のいいなりで道に反することをやってもオーケイと思えば、仕官なんかどこででもできますよ。だったら、生まれ故郷の魯の国から出てゆく理由なんかありませんね。なにをいわれたって大丈夫。自分がやっていることに自信があればね」

（よっ、公務員の鑑《かがみ》！）

463 斉《せい》の景公《けいこう》、孔子を待つに曰く、季氏《きし》の若《ごと》くするは、吾れ能《よ》くせず。季・孟《もう》の間を以てこれを待たん。曰く、吾れ老いたり。用うる能《あた》わざるなり、と。孔子行《さ》る。

これはセンセイが斉の国に滞在していた時の話だ。斉の景公がセンセイにこういった。

「あなたをぜひ召し抱えたい。そこで、待遇についてだが、魯の国の大臣・季氏ほどとはいかないが、長官の孟氏よりはいい条件、ということではどうだろうか」

悪くない条件だ、とセンセイは思った。ところが、しばらくして、景公がおかしなことを言い出した。

「ゴメン、センセイ。申し訳ないが、気が変わったんだ。なんかすっかり年とって、あなたみたいに有能な新人を使いこなす元気がないんだよ」

そういうわけで、センセイは、斉から立ち去ることになったのである。

(なんだかおかしな話ではありませんか。景公、急に心変わりするなんて。実は、このお話の裏には、センセイを召し抱えることに反発して、センセイを亡き者にしようとする陰謀があり、それを察知した景公が、あえて自分を悪者にすることによって、センセイの身に危険が及ばないようにした、という説もあるようだ。まあ、『論語』を読んでもそんな

ことはなにも書いていないので、これだけではチンプンカンプンだよね）

464 **斉人《せいじん》[*]、女楽《じょがく》を帰《おく》る。季《き》桓子《かんし》これを受け、三日朝《ちょう》せず。孔子行る。**

＊…P493参照

斉の国から魯の国へ、数十名の美女からなる歌舞団を送ってきた。歌い、踊る、若き美女たちである。最近、北朝鮮がやっているのと同じ種類の歌舞団、といえば想像できるだろう。理由はもちろん、カルチャーに乏しい農業国・魯の田舎者たちにショックを与える、というか、骨抜きにするためだった。もちろん、首相を務めていたセンセイは、斉の国の意図などハナからお見通しだったが、残念なことにセンセイの危惧《きぐ》は的中した。官房長官の季桓子や王様の定公は、三日にわたって、美女たちとの宴会に明け暮れ、その間、政務はお休みとなったのである。この様子を見て愕然《がくぜん》としたセンセイは、こうおっしゃった。

「ダメだ、こりゃ……」

センセイが魯の国を去り、亡命生活をおくるようになったのはこの事件のせいだったのである。歌舞団恐るべし。

465 楚《そ》の狂《きよう》、接輿《せつよ》、歌って孔子を過《よぎ》りて曰く、鳳《ほう》や鳳や、何ぞ徳の衰えたる。往きし者は諫むべからず、来《きた》る者は猶《な》お追うべし。已《や》まんのみ已まんのみ。今の政《まつりごと》に従う者は殆《あやう》し。孔子下りてこれと言わんと欲す。趨《はし》りてこれを辟《さ》け、これと言うを得ざりき。

楚の国に接輿という名の変わり者がいた。あるとき、接輿が歌を歌いながら、センセイが泊まっている宿の前を通りかかった。

「鳳凰《おおとり》よ、鳳凰よ、おまえは偉大な王様の治世に、それを祝して舞うため現れるそうではないか。いったい、なぜ、こんななにもかもが乱れた時代に現れたのか。すんでしまったことは、いまから嘆いても仕方ないが、これからのことなら、まだ間に合う。おまえに忠告しておこう。やめなさい、無駄なことはやめなさい。いま、政治に手を出しても、身を危うくするだけではないか」

センセイは、この歌を聴いて、すぐに、接輿が自分に忠告してくれているのだ、と気づいた。ぜひ話をしたいと、すぐに門の外に走り出てみたが、そのときにはもう、偉大な変わり者の姿はどこにも見えなかったのである。

（どちらもスゴい、ということですね）

466 長沮《ちょうそ》と桀溺《けつでき》と耦《ぐう》して耕す。孔子これを過り、子路《しろ》をして津《しん》を問わしむ。長沮曰く、夫《か》の輿《たづな》を執る者は誰とか為す。子路曰く、孔丘《こうきゆう》たり。曰く、是れ魯の孔丘か。曰く、是れなり。曰く、是れならば津を知れり。桀溺に問う。桀溺曰く、子は誰とか為す。曰く、仲《ちゆう》由《ゆう》たり。曰く、是れ魯の孔丘の徒か。対《こた》えて曰く、然《しか》り。曰く、滔滔《とうとう》たる者は、天下皆な是れなり。而《しか》して誰か以てこれに易《たが》わん。且つ而《なんじ》は其の人を辟くるの士に従わんよりは、豈《あ》に世を辟くるの士に従うに若《し》かんや、と。耰《ゆう》して輟《や》めず。子路行りて以て告ぐ。夫子《ふうし》憮然として曰く、鳥と獣とは与《とも》に羣《ぐん》を同じくすべからず。吾は斯《こ》の人の徒に非《あら》ずして誰と与にせん。天下道有らば、丘は与に易えざるなり。

隠者《いんじゃ》の長沮と桀溺が並んで、畑を耕しているところに、たまたま、馬車に乗ったセンセイ一行が通りかかったことがあった。センセイにはピンと来た。ただものではないな。そう思われたのである。そこで、センセイは、彼らのところに行って渡し場の場所を訊いてくるよう、子路に命じた。もちろん、渡し場の場所など、センセイは先刻ご存じであった。子路が渡し場の場所を訊ねると、長沮はちらりとセンセイの方を見てからこういった。

「あの、手綱を握っている人は、誰だね」

「孔丘というお方です」

「あの有名な魯国の孔丘かい」

「はい、そうです」

「では、教える必要はないだろう。あのお方なら教わらずともなんでも知っているはずだ」

そういうと長沮は、さっさと畑仕事に戻ってしまった。困惑した子路は、今度は、桀溺に訊ねた。

「あのう、渡し場の場所……」

すると、桀溺は子路に向かってこういった。

「ところで、あんた、誰？」

「仲由といいますけど、それがなにか？」

「あの、魯の孔丘の弟子の？」

なんだか誉められたみたいな気がして子路ははきはきとこう答えた。

「はい、そうです！」

「じゃあ、ちょっと、ぼくの話を聞いてください。滔々たる大河の流れ、っていうでしょう。社会というか世間というか、それも同じだと思うんですよね。その中にいると、自分が流されているのもわからない。世間の人たちはたいていそうです。流れには逆らわない。ところが、その中に、あえて逆らおうとするひねくれ者がいるんですねえ。あなたのお師匠さんもそのひとりだと思うんです。どうですかねえ、大河の流れに逆らうという一点では、あなたたちもわたしたちも変わらないと思うんです。それなら、わたしたちみたいにエコな生活をして、自然と共棲《きょうせい》して生きる方がいいんじゃないかなあ。どう？」

それだけいうと、桀溺は子路があまり乗り気ではなさそうなので、もういいわ、とばかり、いままでやっていた種まきを再開した。結局、どちらからも、渡し場の場所を聞き出せなかった子路は、すごすごとセンセイのもとにもどり、ふたりと交わした会話の中身を伝えた。

「やれやれ」

センセイはためいきをつくと、こうおっしゃった。

「人間から見ると鳥も獣も同じ種類に見えるが、実はまったく異なっていて、一緒に暮らすことはできません。あのふたりとわたしたちも同じですね。仲間になることはできないのです。だって、どんなに遠く離れているように見えても、わたしたちが共に生きてゆくのは、彼らがいう『流されてゆく人びと』なんですから。そんな人たちに『道』を伝えること、それは不可能に近いことなのかもしれないけれど、それだけが、わたしたちがやらなければならないことなのです。誰がなんといおうと、わたしたちは現実世界で生きてゆかねばならないのですから」

(センセイの目から見たら、長沮と桀溺は、安易な道を選んだ、ということになるのかもしれませんね)

467 **子路、従って後《おく》る。丈人《じょうじん》の杖を以て蓧《かご》を荷《にな》うに遇《あ》う。子路問うて曰く、子は夫子を見たるか。丈人曰く、四体ありて勤めず、五穀分たず、孰《たれ》をか夫子と為すや、と。其の杖を植《た》てて芸《くさぎ》る。子路拱《きょう》して立つ。子路を止めて宿せしめ、雞《にわとり》を殺し黍《きびめし》を為《つく》りて之《これ》に食わしめ、其の二子を見《まみえ》しむ。明日子路行り、以て告ぐ。子曰く、隠者なり、と。子路をして反《かえ》りてこれを見しむ。至れば則《すなわ》ち行れり。子曰く、仕えざるは義なし。長幼《ちょうよう》の節、廃すべからざるならば、君臣の義は、これを如何《いかん》ぞ其れこれを廃せん。其の身を潔《きよ》くせんと欲して大倫を乱る。君子の仕うるや、其の義を行わんとするなり。道の行われざるは、**

已《すで》にこれを知れり。

子路がセンセイのお供をしていて、とり残されたことがあった。子路は、慌てて、センセイのあとを追った。すると、途中で、杖に竹のカゴを引っかけて歩いている老人に会ったので、こう訊ねた。

「あの、つかぬことを伺います、人を追いかけているのですが、センセ……いや、わたしがセンセイとお呼びしているだけなんですけど……ちょっと、いかにも貫禄《かんろく》と威厳がありそうなおじさんを見かけませんでしたか？」

すると、老人は冷たい感じでこう答えた。

「センセイか……肉体労働をしたこともなく、五穀、米・黍《きび》・稗《ひえ》・粟《あわ》・麦の区別もできない、そんな人間をセンセイと呼ぶのかね。へー、変わってるね、あんた」

そういうと、その老人は、杖を立てて、あたりの草をむしり始めた。ははあ。子路は、すぐに、その老人はセンセイのことをよく知っているらしいぞ、と気づいた。そして、両手を組んで敬意を表しながら、少し立ち話をした。どうやら、機嫌を直したらしく、老人は子路に、家に泊まってゆきなさいよ、といった。そして、老人は、ニワトリを殺し、黍ご飯を炊いて、子路をもてなし、ふたりの息子にも紹介したのである。翌日、子路は老人宅を出て、センセイに追いつき、さっそく、一連の出来事について話をした。すると、センセイは、ひとことこうおっしゃった。

「隠者だね、その人」

そして、子路に、戻ってその人にもう一度会ってくるよう命じた。その人に伝えたいことがあったのである。けれど、子路が行ってみると、その人の姿はなかったのだ。では、センセイは、どんなことを伝えようと思ったのか。子路のメモによれば、センセイは、こういうことをおっしゃりたかったようだ。

「あなたは、宮仕えしない自分に誇りを抱いているようですが、失礼ながら、それは浅はかな考えだとわたしは思います。『長幼の節』というものがあります。目上の者、年上の者を尊ぶ礼儀です。あなたもそれは大切なものとお考えですね。だって、わたしの弟子、子路が年上であるあなたに敬意を表したことを善きことと考えられたから、その後、あなたの息子たちを紹介なさった。つまり、年上の子路に紹介して、敬意を表すよう計《はか》られたのではありませんか。あなたも大切になさっている『長幼の節』と同じように、君臣の間の礼儀も、この社会をまっとうにする儀礼、原理の一つだとわたしは思います。あなたは、たかだかあなたというひとりの人間が汚れていなければ、それで満足なのでしょう。確かに、あなたは間違ってはいません。世間や社会は、罪や欲望がうごめく場所です。そこから離れていれば、『汚染』されることはありませんからね。申し訳ありませんが、わたしの考えは異なっています。わたしひとりがどれほど心豊かになろうとも、世間の人びとが苦しんでいるなら、わたしの心は晴れません。人として生きる者の義務は、遠くの誰か、わたしたちが知らない誰かを無視できないところから生まれたのだと思います。わたしたちの理想はもしかしたら実現しないのかもしれません。けれども、誰かがそれをやらなければならないのです。若輩《じやくはい》者の考えではありますが」

468

逸民《いつみん》には、伯夷《はくい》、叔斉《しゆくせい》、虞仲《ぐちゆう》、夷逸《いいつ》、朱張《しゆちよう》、柳下恵《りゆうかけい》、少連《しようれん》あり。子曰く、其の志《こころざし》を降《くだ》さず、其の身を辱《はずか》しめざるは、伯夷、叔斉か。柳下恵、少連を、志を降し、身を辱しむるも、言は倫《みち》に中《あた》り、行いは慮《りよ》に中《あた》ると謂《い》うは、其れ斯のごときのみ。虞仲、夷逸を、隠居して放言す、身は清に中り、廃は権に中ると謂うは、我は則ち是れに異なる。可とする無く、不可とするも無し。

「世間から離れ、隠棲《いんせい》した賢人として有名どころをあげると、伯夷、叔斉、虞仲、夷逸、朱張、柳下恵、少連といったところになるでしょう。いずれ劣らぬ、隠者界のビッグネームです。とはいえ、隠者といっても、十把《じっぱ》一絡《ひとから》げにするわけにはいきません。もともと隠者になるぐらいだから、みんなキャラが立っています。まず、自分の理想を最後まで曲げず、その結果として、最後まで尊敬されていたのが、伯夷、叔斉のご両人でしょう。まことに、隠者界のツートップといっても過言ではありません。続くのは、柳下恵、少連のふたりではないでしょうか。このふたりは、ツートップに比べると、確かに、理想を最後まで曲げなかったわけでもなく、そのせいか、後々、悪くいわれたこともありました。けれども、いってることには筋道が立っていたし、なにより、行動とことばが一致していた、そういわれることが多いですね。センセイも同感です。その次に、虞仲と夷逸です。このふたりは、まあ悪口をいいたい放題だったので、評判は悪いのですが、生活態度が清廉《せいれん》で、隠者になったタイミングもたいへんよろしい、というのが世間一般の評価のようです。そうなんでしょうか。センセイの評価はビミョーです。このふたりを特に素晴らしいという必要はないいんじゃないでしょうか。簡単にいうと、フツーだと思いますよ、センセイは」

（あの、朱張は……）

469 **大師摯《たいしし》は斉に適《ゆ》き、亜飯干《あはんかん》は楚に適き、三飯繚《さんばんりよう》は蔡《さい》に適き、四飯缺《しはんけつ》は秦《しん》に適き、鼓方叔《こほうしゆく》は河《か》に入り、播鼗武《はとうぶ》は漢《かん》に入り、少師陽《しようしよう》、撃磬襄《げきけいじよう》は海《うみ》に入る。**

殷が滅びたときのことである。音楽の世界でも大きな出来事があった。当時、国王の食事の際には、宮廷音楽隊が演奏をする習慣があった。王様の食事にはＢＧＭがついていたのである。さて、殷が滅び、宮廷はてんやわんやの大騒ぎ。もちろん、宮廷音楽隊も逃げ出した。その逃亡先であるが、常任指揮者の摯は斉に、二度目の食事の際のソロ演奏者・干は楚に、三度目の食事の際のソロ演奏者・繚は蔡に、四度目の食事の際のソロ演奏者・缺は秦に、それぞれ逃れた。そして、ドラマーの方叔は黄河を渡り、リズム楽器担当の武は黄河を渡り、副指揮者の陽とリズム楽器担当の襄は海を渡って、逃げていったのである。

（これ、「大きな出来事」なんですかねえ）

470 **周公《しゆうこう》、魯公《ろこう》に謂いて曰く、君子は其の親を施《す》てず。大臣をして以《もち》いられざるを怨ましめず。故旧は大故なければ棄てざるなり。備わるを一人に求むることなかれ。**

周公は、息子の伯禽が魯に赴任するとき、次のように戒《いまし》めた。

「よく聞きなさい。どれも大切なことだから。ちょっと箇条書きっぽくなるけれど、その方がわかりやすいと思うから、そうしますね。

一つ目。親戚を大事にしなさい。いざというとき、ほんとうに頼りになるのは身内だから。

二つ目。だからといって、親戚ばかり重んじていると、身内以外の大臣の不満がつのります。古来、国の崩壊の大きな原因の一つが、大臣の不満です。気をつけてください。

三つ目。古くからの知り合いは、よほどのことがない限り、見捨てないように。この人たちも身内と同じように、あなたにとって頼りになるのです。

四つ目。以上から、どういう人間を大切にすればいいかわかると思います。その上で、最後に付け加えるなら、どんなに優秀でもただひとりの人間に全部まかせてはいけません。その人がダメになったり、裏切ったりしたら、それですべて終わり。リスクマネジメントが必要なんです」

471
周に八士あり。伯達《はくたつ》、伯适《はくかつ》、仲突《ちゆうとつ》、仲忽《ちゆうこつ》、叔夜《しゆくや》、叔夏《しゆくか》、季随《きずい》、季騧《きか》なり。

周の時代、ある一族に、八人の優れた人物がいた。ちょっとおもしろいのは、この人たちは、四組の双子であったことである。伯達、伯适が長男（たち）、仲突、仲忽が次男（たち）、叔夜、叔夏が三男（たち）、季随、季騧が四男（たち）。双子ばかり四度連続で生まれるなんてことがあるのだろうか。信じられないが、そう書いている人がいるのだから、仕方ないですね。

＊一般的に国の下に「人」がつく場合、「じん」ではなく「ひと」と読む慣習がある。ただし、本書が依拠した宮崎市定訳の訓読では「じん」を採用している。その論拠は明らかではないが、ここでは宮崎の訓読に従う。

レッスン19

子張

472
子張《しちょう》曰く、士は危きを見ては命《いのち》を致し、得るを見ては義を思い、祭《まつり》には敬を思い、喪《も》には哀を思う。其れ可なるのみ。

センセイの弟子の子張はこういっている。

「役人というものは、いざというときには、我が命を差し出す覚悟ができていて、高い地位につくとかお金になるとか、そういった利益になるような事態が生じたときには、これは社会正義の観点から正しいのだろうかと考え、国の祭事のときには常に敬虔《けいけん》な気持ちになり、人が亡くなったときには深い哀悼《あいとう》の意を表する、そういった人間でなければならないと思います」

473
子張曰く、徳を執ること弘《ひろ》からず、道を信ずること篤《あつ》からずんば、焉《いず》くんぞ能《よ》く有りと為し、焉んぞ能く亡しと為さん。

子張はこういっている。

「道徳的に振る舞うのは大切です。でも、視野が狭く、ほんとうにそれが道徳的なのかわからないのだとしたら、それは単なる自己満足で、やっても無意味だと思います。同じように、一つの道を信じるといいつつ、実は信念というほどのものなどもともとないのだとしたら、やはり、それも無意味だと思います」

474
子夏《しか》の門人、交わりを子張に問う。子張曰く、子夏は何とか云える。対《こた》えて曰く、子夏の曰えるは、可なる者はこれに与《くみ》し、其の不可なる者はこれを拒め、とあり。子張曰く、吾が聞ける所に異なり。君子は賢《けん》を尊んで衆を容れ、善を嘉《よ》みして不能を矜《あわれ》む、と。我の大賢《たいけん》なるか。人に於いて何の容れざる所ぞ。我の不賢なるか。人将《まさ》に我を拒まんとす。これを如何《いかん》ぞ其れ人を拒まんや。

ところで子夏もセンセイの弟子なのだが、その子夏の弟子のひとりが子張にこんな質問をした。
「どういう人と付き合えばいいのか、アドヴァイスしていただけますか？」

「いいですよ。でも、あなたの先生の子夏は、その問題についてどうおっしゃっていますか？」

「子夏先生は、『まともな人間と付き合い、愚かな人間は避けること』とおっしゃいました」

「そうかなあ。それでいいのかなあ。わたしたちのセンセイは、こうおっしゃいましたよ。『立派な人間を尊敬して近づくのもいいでしょう。けれども、そうではない市井《しせい》の人びとも交わりなさい。善き人と交際するのはもちろんけっこうなことですが、欠点の多い、不完全な人たちとも付き合ってみなさい。そこでもあなたはたくさんのことを学ぶでしょう。そもそも、あなたが、素晴らしい賢者であったなら、どんな人間でも受け入れることができるでしょうし、逆に、あなたが、愚か者であったなら、あなたが拒まずとも、向こうの方から断られてしまうでしょう』と。わたしもそう思います。誰にでも門戸を開いておけばいいと思いますよ」

475
子夏曰く、小道《しょうとう》と雖《いえど》も必ず観るべきものあらん。遠きを致すには泥《なず》まんことを恐る。是

を以《もっ》て君子は為さざるなり。

さて、おそらく、一つ前のエピソードで、子張に「誰とでも付き合えばいい」といわれた弟子に対して、子夏がいったのは、こんなことだったようだ（そのことを念頭に置いてお読みください）。

「そうだね。門戸を開くというのはもっともなことだ。たとえば、趣味について考えてみようか。それはなんでもかまわない。サーフィンでもダーツでもマージャンでも、パソコンのサヴァイヴァルゲームでも、ラップでも、コスプレでも。わたしも、趣味の優劣をいうのは無意味だと思う。付き合う人間に区別をつける必要がないように、どんな趣味を選んでもかまわないだろう。だが、気をつけることが一つある。それは、趣味というものは極めて魅力的で、心を奪われてしまうということだ。そうすると、本来するべきこと、おまえたちでいうなら、学生の本分であるところの勉強だが、そういうことが疎《おろそ》かになってしまいがちなのだ。だから、わたしとしては、趣味を、まだ未熟なおまえたちに勧めるわけにはいかないのだよ」

（というわけで、子張と子夏では、弟子への対応や考え方がちがうということのようで

す）

476 **子夏曰く、日にその亡き所を知り、月にその能くする所を忘るなし。学を好むと謂《い》うべきのみ。**

子夏は、こういっている。ここから、しばらく、子夏の名言が続きます。

「毎日、新しいなにかを知る、そして、一月《ひとつき》たって、その間に学んだことをきちんと理解しているか、忘れていないかを確認する。学ぶ、ということは、そこまでやることだ」

477 **子夏曰く、博《ひろ》く学んで篤く志《こころざ》し、切《せつ》に問いて近く思う。仁《じん》、其の中に在り。**

子夏名言集（続）。

「狭い分野に限定せず、広く学ぶこと。理想はいつも高く持つこと。深く疑問を探究すること。けれども、決して空理空論に走らず、自分自身、自分の周りの現実に根ざして考えつづけること。真理は、そうやった学びの果てにやって来る」

478
子夏曰く、百工《ひゃっこう》は肆《し》に居りて以て其の事を成し、君子は学んで以て其の道を致す。

子夏名言集（続）。
「職人たちは仕事場にいて彼らの目指すものを作る。同じように、きみたちもまた、きみたちの仕事場、真理を学ぶという場所で、きみたちの目指すもの、きみたちの生きる目標を作り上げなさい」
（なんか、センセイよりカッコいい、というか、キレがありますよね。子夏がセンセイの第一の弟子と呼ばれるのも無理はないのかも）

479
子夏曰く、小人《しょうじん》の過《あやま》ちや、必ず文《かざ》る。

子夏名言集（続）。

「人間は誤り得る存在だ。いや、失敗することによって人は成長してゆくのだ。だから、決して、つまらぬ言い訳だけはしてはならない。成長の可能性を自ら閉じてしまうようなものだからだ」

480 **子夏曰く、君子に三変あり。これを望めば儼然《げんぜん》、これに即《つ》けば温、其の言を聴けば厲《はげ》し。**

子夏名言集（続）。

「優れた思想家には際立った特徴がある。遠くから見ると、近寄りがたいほど威厳がある。けれども、実際に会ってみると、実におだやかで温かく、人当たりがいい。けれども、そのことばを読むと、真剣で切られるように厳しいのだ」

（いや、ほんとにそうです。わたしが実際にお会いした、吉本隆明さんも、鶴見俊輔さんも、上野千鶴子さんも、子夏さんが書かれた通りでしたね。子夏、もしかして、センセイのゴーストライターとかやってない？）

481 **子夏曰く、君子は信ありて後、其の民を労す。未だ信ぜられざれば、則《すなわ》ち以て己を厲《や》ましむと為すなり。信ありて後に諫《いさ》む。未だ信ぜられざれば、以て己れを謗《そし》ると為すなり。**

子夏名言集（続）。

「人の上に立つ仕事についたなら、まず、人びとから信頼を勝ち得なければならない。すべてはその後だ。焦って、いろいろ命令しても、人びとは迷惑なことだと思うだけだろう。君主に仕えるときにも、実は同じことがいえるのだ。まだ、十分に信頼されてもいないのに、正しく諫めようとしても、君主は、ただ悪口をいわれたと思うだけだろう」

482 **子夏曰く、大徳、閑《のり》を踰《こ》えざれば、小徳は出入すとも可なり。**

子夏名言集（続）。

「徳についてだが、細かいことは気にしないでいい。あまり気にするとメンタルをやられちまうぜ。どれが徳なのかわからなくなってしまうしね。根本的なところだけきっちり徳を守っていれば、後はまあ、だいたいでいい、ってことで」

483
子游《しゆう》曰く、子夏の門人小子《しょうし》は、洒掃《さいそう》、応対、進退に当りては可なり。抑《そもそ》も末なり。之《これ》を本《もと》つくるものは則ち無し。之を如何。子夏これを聞きて曰く、噫《ああ》、言游《ゆう》過てり。君子の道は孰《いず》れをか先にして伝え、孰れをか後にして倦《おこた》らん。これを草木に譬《たと》うれば、区して以て別たんや。君子の道は焉んぞ誣《し》うべけんや。始めあり、卒《お》わりある者は、それ惟《た》だ聖人か。

子游がいった。

「ちょっとひとことといっていいですか。子夏の弟子たちは、確かに、掃除や、応対や、立ち居振る舞いは、まあまあできるといっていいだろう。しかし、子夏は、そんな枝葉末節《しようまつせつ》のことばかり教えているの？　根本的なことがなにも教えられていないようなんだが、それでいいの？」

それを聞いた子夏は、明らかにカチンと来たようで、このようにはっきりいった。子夏先生、怒ると怖いんですね。

「子游、マジでそんなこといってるの？　なにもわかってないね、あいつ。じゃあ、教えてあげます。君子を育てるのにはどうしたらいいでしょう。そんなはっきりしたカリキュラムがあるんでしょうか。最初がこれ、次がこれ、その次がこれ、とか。そんなものありませんから。なに？　掃除を教えるより、根本を教えろ？　いったい、根本ってなんですか。子游のいってるのは、植物を根と葉に分けて、どちらが重要かとかいってるようなもんでしょう。あんた、根と葉を分けたら、植物、死んじゃいますから。君子の道を順序だてて教えることができるのは千人にひとりの聖人だけですよ。まあ、可能性があるとすれば、センセイぐらいでしょうね」

484

子夏曰く、仕えて優なれば学び、学びて優なれば仕う。

子夏名言集（続）。

「まずは官位について。しばらくしてなんとか余裕ができたら、その後でかねがねやりたいと思っていた学問を始めてみる。それもいいだろう。それから、逆に、まず学問に取り組んで、これなら力を発揮できそうだと思ってから仕官してみる。それもいいだろう。どちらにせよ、自分のいる場所で全力を尽くすことだ。それでいい」

485 **子游曰く、喪には哀《あい》を致して止《や》む。**

今度は、センセイの他の弟子、子游のことばです。

「葬式に出席するときの心構えで大切なのは、心から哀悼の意を表すこと。それ以外はなにも必要ありません」

486 **子游曰く、吾が友の張や、能くし難《がた》きを為す。然《しか》れども未だ仁ならず。**

これも子游のことばですね。

「わたしの学問上の同志でもある子張ですが、確かに、人のできないことをやる優れた能力の持ち主です。でも……失礼だけれど、最高の人格者である『仁者《じんしゃ》』には、まだまだ足りないですねえ」

（子夏も、どこかで、子張を批判していましたね。子張は、この、子夏・子游・曾子《そうし》という同世代グループの中では最年少。末っ子キャラで愛されたというより、突っ張って、自己主張が激しかった感じでしょうか）

487
曾子曰く、堂堂たるかな、張や。与《とも》に並んで仁を為し難し。

曾子がこういったことがある。

「いやあ、子張は、実に堂々としている、というか、態度がデカッ！　なので、あまり一緒に修行したいと思わないなあ」

（なんか、先輩たちが揃って、子張をディスってるみたいじゃないですか）

488 **曾子曰く、吾れはこれを夫子《ふうし》に聞く。人未だ自ら致す者あらざるなり。必ずや親の喪か、と。**

これも曾子がいったことばである。

「かつて、センセイがわたしにこんなことをいったことがある。『人間は、感情のすべてを露《あらわ》にすることなどできないものです。どこかでブレーキがかかってしまう。体面とか、あるいは、いつの間にか感情そのものが磨滅《まめつ》していて。もし例外があるとすれば、親の葬式のときだけでしょう。そのときには、自分の中にそんな激しい感情が眠っていたのかと驚いたりするものですよ』と。センセイは、冷静に見えて、実はその中に激しい感情を持っていらしたのだと思います」

489 **曾子曰く、吾れはこれを夫子に聞けり。孟荘子《もうそうし》の孝《こう》や、其の他は能くすべきなり。其の父の臣と父の政《まつりごと》とを改めざるは、是れ能くし難きなり、と。**

もう一つ、曾子のことばです。

「これもセンセイがおっしゃったことだ。『魯《ろ》の高官で孟荘子という人がいました。この人はたいへんな親孝行で知られていますが、まあ、真似できないことではありません。けれども、彼は、彼の父親の側近をそのまま用い、さらに父親の政治方針も引き継いだのです。さすがに、それは真似できませんね』と」

（とにかく、センセイは、親孝行へのポイントが非常に高いですよね）

490

孟氏《もうし》、陽膚《ようふ》をして士師《しし》たらしむ。曾子に問う。曾子曰く、上《かみ》、其の道を失い、民散ずること久し。如《も》し其の情を得んとせば、哀矜《あいきょう》して喜《この》むこと勿《なか》れ。

孟孫氏は曾子の弟子で陽膚という者を裁判官に任命した。任官するにあたって、陽膚は、師である曾子に裁判官としての心構えを訊ねた。

「おまえはたいへんな時期に着任することになる。よく肝に銘じておきなさい。いいですか、おまえの上司である孟孫氏は、実のところ、よい上司とはいえない。まともな政治ができず、その結果、人びとは一家離散の憂《う》き目《め》にあっているぐらいだ。人心は離反《りはん》しているといっても過言ではないだろう。こんな状況を改善しようとするなら、被告や容疑者に憐れみをかけることだ。人びとの気持ちを無視して、マシンのように無慈悲に裁いてはならないのだよ」

491 **子貢曰く、紂《ちゅう》の不善は、是の如くこれ甚《はなは》だしきにあらざりしなり。是を以て君子は下流に居ることを悪《にく》む。天下の悪、皆なこれに帰すればなり。**

子貢がいった。

「殷《いん》の紂王といえば、誰しも『暴政！』とか『最悪の独裁者』とか『古代中国のヒットラー！』とかと悪評甚だしい。だが、ほんとうに、伝えられているような悪逆非道な王だったのか。実際はそれほどでもなかったのに、いったん悪い評判が立つと、まるで汚水が下流に集まってくるように、悪評ばかりが伝わるようになったのだ。だから、きみたちも気をつけなさい。吹き溜まりのような場所には身を置かぬようにすることだ。一度、悪評が立つと、オートマティックに悪評ばかりが集まってくる。いわゆる『炎上』といわれる現象はきみたちも知っているでしょう？　あれですよ」

492 **子貢曰く、君子の過ちや、日月《じつげつ》の食の如し。過てば人皆なこれを見る。更《あらた》むれば人皆なこれを仰ぐ。**

子貢がいった。

「君子だって過ちをおかす。それは仕方のないことだ。だから、その際には、日食や月食のように行動してほしい。なんのことだかわかるだろうか。過ちをおかしても隠さないでほしいのだ。日食や月食のように誰にも見えるようにしてほしいということだ。そうすれば、過ちを改めたことも万人にわかる。そういう君子は尊敬されるものなんだ」

493 **衛《えい》の公孫朝《こうそんちょう》、子貢に問うて曰く、仲尼《ちゅうじ》は焉にか学べる。子貢曰く、文武の道、未だ地に**

墜ちず、人に在り。賢者は其の大なる者を識《し》り、不賢者は其の小なる者を識る。文武の道あらざることなし。夫子焉くにか学ばざるあらん。而《しこう》して亦《ま》た何の常師《じょうし》かこれ有らん。

衛の国の公孫朝が、子貢にこんな質問をした。

「お訊ねしたいのですが、あなた方のセンセイは、誰から学ばれたのでしょうか」

すると、子貢はこう答えた。

「誰か特定の師がいたわけではない、とお答えしておきましょう。それには理由があります。周の文王《ぶんおう》や武王《ぶおう》が残した偉大な道、それがセンセイが学ばれたかったことでした。では、その道は滅んでしまったのでしょうか。いえ、そんなことはありません。人びとの間に、さまざまな形で残されていたのです。確かに、それは見つけにくいものではあります。だから、愚かな者には、なかなかわからないでしょう。しかし、真の道、学ぶべき対象は、人びとが生きる社会の中に、生き生きしたものとして存在しているのです。センセイは、それを発見し、学んできたのです。ですから、特定の師の名前をあげることはできません」

494
叔孫武叔《しゅくそんぶしゅく》、大夫《たいふ》に朝《ちょう》に語りて曰く、子貢は仲尼よりも賢なり、と。子服景伯《しふくけいはく》以て子貢に告ぐ。子貢曰く、これを宮牆《きゅうしょう》に譬うれば、賜《し》の牆や肩に及ぶ。室家の好きを窺い見る。夫子の牆は数仞《すうじん》なり。其の門を得て入るにあらざれば、宗廟《そうびょう》の美、百官の富を見ず。其の門を得る者、或いは寡《すく》なしと、夫子の云える、亦た宜《うべ》ならずや。

魯の国の高官である叔孫武叔が、他の高官たちと話したとき、子貢の方がセンセイよりも優秀だ、といった。そのことを、やはり魯の高官の一人であった子服景伯が、子貢の耳もとで囁《ささや》いたのである。すると、子貢ははっきりこういった。

「滅相《めっそう》もない！　とんでもないことをいう人がいるものですね。ちょっと、大きな屋敷の垣根の譬えで説明してもいいですか。たとえばですね、わたしなんか、肩ぐらいの高さの垣根だと思ってください。誰でも、垣根越しに、いくらでも屋敷の中が見えます。なので、けっこう便利だなあと思われるわけです。しかし、センセイはちがいます。センセイという垣根は高さ数メートルもある。なので、垣根越しにはなにも見えません。中を見ようと思ったら、門から入らなきゃならない。そうしないと、奥深くにある先祖を祭った霊廟《れいびょう》の荘厳《そうごん》な美しさも、屋敷の奥に蓄えられた巨万の富も、見ることも知ることもできないのです。かつて、センセイは、その門から入ることは難しいとおっしゃいました。わたしもまったく同感です。センセイと比べるなんておこがましい、というか、センセイのスケールの大きさをまるでわかってないと思いますね」

495 **叔孫武叔、仲尼を毀《そし》る。子貢曰く、以て為すなきなり。仲尼は毀るべからざるなり。他人の賢者は丘陵《きゅうりょう》なり。猶《な》お踰ゆべきなり。仲尼は日月なり。得て踰ゆるなし。人自ら絶たんと欲すと雖も、其れ何ぞ日月において傷《やぶ》らんや。多《まさ》に其の量を知らざるを見《あらわ》すのみなり。**

これもまた叔孫武叔なのだが（センセイに怨みでもあったのではなかろうか）、センセイのことをひどいことばで罵《ののし》ったことがあった。それを聞いた子貢は、また叔孫武叔かよ、と思ったが、冷静に、こういったのである。

「バカなことをいうのはやめた方がいいと思います。どうしてかというと、センセイは悪口をいったり、誉めたり、感心したり、まあ、そんな世間一般で評価するやり方が通用しないお方だからです。いいですか、いわゆる賢者と呼ばれる人は、まあ小さな山、というか丘みたいなものです。誰だって、歩いて乗り越えることができます。しかし、センセイはちがいます。太陽や月みたいな存在なんです。誰が乗り越えることができるでしょう。そもそもたどり着けやしないじゃないですか。そればかりじゃありません。太陽や月の光を拒むことはできません。いつだって、降り注いでいます。こちらで拒んだからといって、太陽や月には何の関係もない。むしろ、拒んだ方が、身の程知らずであることがわかるだけです。無駄な抵抗はやめた方がいいと思います。ほんとに」

496
陳子禽《ちんしきん》、子貢に謂いて曰く、子は恭を為すなり。仲尼は豈《あ》に子よりも賢ならんや。子貢曰く、君子は一言、以て知と為し、一言、以て不知と為す。言は慎まざるべからざるなり。夫子の及ぶべからざるや、猶お天の階して升《のぼ》るべからざるがごときなり。夫子にして邦家を得たらんには、所謂《いわゆ》る、これを立つれば斯《ここ》に立ち、これを道《みちび》けば斯に行き、これを綏《やす》んずれば斯に来《きた》り、これを動かせば斯に和《やわ》らぐ。其の生くるや栄《はえ》あり、其の死するや哀しまる。これを如何ぞ其れ及ぶ可《べ》けんや。

またしても、「子貢の方がセンセイよりエラい」、案件である。これでは、子貢、センセイの代理人みたいですね。

後輩の陳子禽が子貢にこんなことをいった。

「先輩は謙遜《けんそん》がすぎると思うな。センセイがいくら優れた能力の持ち主といっても、先輩ほどじゃないんじゃないかな」

子貢は、またかよ、と思ったが、それは心の中におさめ、冷静にこう答えた。

「ただひとことで、頭いいなあと思われたり、逆にアホかいなと思われたりすることがあるから、注意した方がいいと思うよ。はっきりいって、いまのひとこと、完全にアウトだよ、陳子禽。おれのことを評価してくれてるのはけっこうだけど、おまえ、センセイのこと、ぜんぜん理解してないよね。センセイがどれほどグレートな存在なのか、たとえていうと、天の高さに届く梯子《はしご》をかけてのぼってゆくことができないようなものだろ。そんな高さに届く梯子はありませんから！　センセイは、それぐらいの高みにいらっしゃるんだよ。それがわからないのは、センセイがその実力を発揮されていないからなんだよね。もし、センセイが一国の支配者になられたなら、ある古いことばにあるような事態になるとおれは自信をもっていえるね。そう、『その国では、さあなにかをしようと提案すると、誰もがその気になり、こういう方向に国を持ってゆこうとすると、みんながそれに従う、安心できる場所を作ると、みんなはこぞってやって来る、みんなでなにかをしようと行動をうながすと、いつの間にか連帯の和ができている。そんな国だ。そして、なにより、みんな生きているうちは楽しく、死んだときには、誰からも心の底から哀しんでもらえる。そんな国だ』という、ユートピアのような世界を実現されたはずだ。どうして、おれなんかと比べることができるんだよ」

レッスン20

堯日

497
堯《ぎょう》は曰く、咨《ああ》、爾舜《なんじしゅん》、天の暦数、爾の躬《み》にあり。允《まこと》に其の中を執れ。四海困窮《しかいこんきゅう》せば、天《てん》禄《ろく》永く終らん、と。舜も亦《ま》た以《もっ》て禹《う》に命ず。（湯《とう》は）曰く、予小子履《われしょうしり》、敢《あえ》て玄牡《げんぼ》を用いて、敢て昭《あき》らかに、皇皇たる后帝《こうてい》に告ぐ。罪あるは敢て赦《ゆる》さず。帝臣蔽《おお》わず。簡《えら》ぶこと帝の心にあり。朕《わ》が躬に罪あらば、万方《ばんぽう》を以てするなかれ。万方に罪あらば、罪は朕が躬にあり、と。周《しゅう》に大いなる賚《たまもの》あり。善人に是れ富めり。周親ありと雖《いえど》も、仁人《じんじん》に如《し》かず。百姓過《ひゃくせいあやま》ちあらば、予一人にあり。権量を謹み、法度を審《つまび》らかにし、廃《すた》れたる官を修め、四方の政《まつりごと》行わる。滅びたる国を興《おこ》し、絶えたる世を継ぎ、逸民を挙げ、天下の民、心を帰せり。民に重んずる所は食、喪《そう》、祭《さい》なり。寛《かん》なれば衆を得、信あれば民任ず。敏《びん》なれば功あり、恵あれば説《よろこ》ぶ。

政治の原理については、このように伝えられています（これは、センセイの講義録と考えればいいだろう）。

「すべての政治の原理の始原である、最初で最高の君主・伝説の王・堯は、その位を舜に禅譲《ぜんじょう》するとき、このようにいった。

『ああ我が舜よ、よく聞きなさい。これからは天が定めた運命はおまえのものだ。その宇宙の原理をしっかり握って手放さぬようにしなさい。この世界の人びとが苦しむようなことになったりすれば、天からおまえにくだった幸運は去り、二度と戻ってはこないだろう。心しておきなさい』

そうやって、訓示を受けた舜は、自分もまた禹に禅譲するときには、同じことばを、禹への訓示としたのである。

時代が変わり、夏《か》の桀王《けつおう》を破り覇権を奪った殷《いん》の湯王は、天の帝に向かって、こんなふうに誓いを立てた。

『ふつつか者でございますが、わたくし履は、ここに黒牛を捧げて、偉大なる天帝にお誓いします。わたしは夏の桀王の罪を赦すことができませんでしたが、これからも罪ある者には厳しく対処してまいります。けれども、わたしは、あなた、偉大なる天帝の奴隷《どれい》にすぎません。いっさい隠し立てはいたしません。すべてはあなたの御心《みこころ》に委《ゆだ》ねます。わたしに罪があるとしたら、決して、人びとに害がないようにお願いします。わたしひとりを罰してください。また、人びとに罪があるときには、その責任はわたしにあります。ですから、わたしひとりを罰してください』

さて、また時代が変わり、周の武王《ぶおう》が殷の紂王《ちゅうおう》を討伐した。そのとき、武王は、湯王と同じように天帝に向かって誓いを立てたのである。

『周には大きな財産があります。それは、善人がたくさんいることであります。善人がたくさんいることは、親族がたくさんいるよりも、素晴らしいことです。この素晴らしい人たちに過《あやま》ちがあるとしたら、それは、わたしの咎《とが》であり、わたしひとりを罰してください』

このように、偉大な君主たちはいずれも同じような誓いを立てた。また、いずれも同じような政治を行った。それは、どんなものであったのか。

まず、すべての基準となるような度量衡《どりようこう》を厳密に定めた。これがなければ経済についても社会についてもはっきりした数値がわからないからである。次に、法律制度を明確なものにした。これがなければ、どんな尺度で人びとが裁かれるかわからないからである。次に、廃《すた》れていた優れた官僚システムを再興し、ヴァージョンアップし、人びとに大いに役立つものにした。古いシステムにも優れたものがあるからである。次に、滅びた国を再建し、途絶えた家に新しく相続する者をおくり、市井《しせい》に埋もれている有能な隠者《いんじや》を探し出してその能力にふさわしい役職に登用した。どれも、人びとに勇気を与えることだからである。ここにあげた政策の根本に流れる政治の原理は、人びとにとって大切なものは、食べもの、葬儀、日々の細やかな儀式である、と理解することにある。人間は、生まれ、食の心配なく生活し、日々、さまざまな形で社会と交わり、そして、死んでゆく。すべての人びとの、そんな日々を、背後から無言で支えるのが政治なのである。彼ら、真の君主たちは、よく知っていたのだ。寛容であればなにもいわずとも人びとは従うだろうし、信用できると思われればなんでも任せてもらえるし、なにごとかがあったときにすぐに対応すれば人びとに喜ばれ、公平に接すれば不満など生まれないことを」

（すべての政治家たちに捧げる、センセイからの魂のメッセージです）

498
子張《しちょう》、孔子に問うて曰く、何如《いか》なれば斯《これ》に以て政に従うべきか。子曰く、五美を尊び、四悪を屛《しりぞ》くれば、斯に以て政に従うべし。子張曰く、何をか五美と謂《い》う。子曰く、君子は恵んで費さず。労して怨まれず。欲して貪《むさぼ》らず。泰《たい》にして驕《おご》らず。威《い》あって猛からず。子張曰く、何をか恵んで費さずと謂う。子曰く、民の利とする所に因《よ》ってこれを利す。斯《こ》れ亦た恵んで費さざるにあらずや。労すべきを択《えら》んでこれを労す。又た誰をか怨まん。仁《じん》を欲して仁を得。又た焉《いずく》んぞ貪らん。君子は衆寡《しゅうか》となく、小大となく、敢て慢《あなど》るなし。

斯れ亦た泰にして驕らざるにあらずや。君子は其の衣冠を正しくし、其の瞻視《せんし》を尊《たか》くす。儼然《げんぜん》として人望んでこれを畏《おそ》る。斯れ亦た威あって猛からざるにあらずや。子張曰く、何をか四悪と謂う。子曰く、教えずして殺す、これを虐《ぎゃく》と謂う。戒めずして成るを視る、これを暴《ぼう》と謂う。令を慢《みだ》りにして期を致す、これを賊《ぞく》と謂う。これを猶《ひと》しく人に与うるなり。出納《すいとう》の吝《やぶさ》かなる、これを有司《ゆうし》と謂う。

子張がセンセイに訊ねた。

「センセイ、政治というものはどのように実行すればよろしいでしょうか」

すると、センセイは以下のように詳しく答えた。今日こそはいうべきことをいう、そんなつもりがあったのであろうか。そんな気がする。

「いいでしょう。子張、よく聞いてください。政治にたずさわるとき、絶対忘れてはならないのは、五つの善きことと四つの悪《あ》しきことです」

「五つの善きこととはなんですか?」

「上に立つ者が心がけることが五つあります。一つ目は、人びとのためになることをしなければならないが、浪費があってはならない、ということです。二つ目は、人びとに働いてもらわなければならないが、そのことで怨みをかってはならない、ということです。三つ目は、政治を行う者も人間ですから欲望はあります、けれども、それが貪欲になってはならない、ということです。四つ目は、なにごとにも泰然《たいぜん》としているけれど、それが驕りになってはならない、ということです。そして、最後の五つ目が、威厳は必要だけれど、それが過ぎて人びとが恐怖を抱くようになってはいけない、ということです」

「センセイ、もう少し詳しく、そうですね、具体的に説明してもらえますか。若干わかりにくくって」

「わかりました。もう少し、わかりやすく説明しますね。一つ目なんだけれど、たとえば、防潮堤を作るとか、土地を開墾《かいこん》するとか、そういう工事は人びとに直接役立つでしょう。文句をいう人はいないと思うんですね。でも、ほとんど誰も乗客がいないところに、それが選挙区の中にあるからといって、政治的な理由だけで新幹線の駅を作るとしたら、そういうのは浪費になるわけです。人びとは、それが誰のための工事なのか、よく見ているんですよ。二つ目についていうと、洪水が多発する河の周辺整備のために駆り出されても、人びとは文句をいわないし怨まないでしょう。だって、それは、彼らにとっても必要な工事なんですからね。三つ目についていうとですね、政治家の目標は仁政を行うことなんですよ。そのために政治家になったんだから。ですから、善き政治を行い、それで人びとが幸福になったら、目標は達成したようなものです。それ以上のものを求め、貪る必要なんかないはずなんですね。それから、四つ目なんですが、政治家というものは、人口の多さや国土の大きさ、あるいは豊かさで、その国の善し悪しを判断したりはしないものです。どんな国にもそれぞれに、すぐには見えない良さがあるわけですからね。これが、泰然としていて驕らない、ということだと思います。そして、最後、五つ目だけど、これは政治家として当然の態度のことです。政治家、いや、センセイとしては、もう少し広い概念で、君子と呼んでいるのですが、そういう人間は、服装をきちんと整え、何事にも悠然《ゆうぜん》として臨むので、その結果、自然に尊敬されるようになります。それが、威厳は必要だが、人びとが恐怖を抱くようになってはいけない、ということなんですね」

「センセイ、せっかくですから、四つの悪しきこと、というやつの説明もお願いします」

「了解です。きちんとした教育をせずに放置し、その結果、罪を犯した者を死刑にする。ほんとうは社会も責任をとらなきゃならないのに、知らんぷりをする。これが、虐という悪です。次。ふだんは放任しているのに、いったん事あれば、文句をいう。これが、暴という悪です。原発事故なんかそうじゃないですか。誰も気にしていなかったのに、事故が起こった後はみんなで責任を追及していましたよね。次。ゆっくりでいいよといっておきながら、いざとなると、なんでやってないの、となる。これが、賊という悪です。ゆとり教育、ゆとり教育といっておきながら、実際には成績が落ち込み、あちこちから批判が殺到すると、いきなりやめてしまう、あれですね。そして、最後。どうしても払わなきゃならないとなると、出すときに渋ること。これが、有司という悪です。現代語に翻訳すると、官僚主義ということになりますかね。これはもう、宿痾《しゅくあ》、役所にとって死に至る病というべきでしょう。税金も年金も、とにかく取り立てるのはうるさいほど徹底的にやるのに、支払うときには、いくつもの関門があって、なかなかもらえない。生活保護とかそうでしょう。出すものは、舌だって出したくないんですよ。これこそ、政治というものに潜む、最大の悪でしょう」

（センセイ、もっといって！）

499
子曰く、命《めい》を知らざれば、以て君子と為すなきなり。礼を知らざれば、以て立つなきなり。言を知らざれば、以て人を知るなきなり。

「最後にひとことといわせてください。天が命じる使命を知らなければ君子とはいえません。礼というものの本質を知らなければ、真に独立した個人とは呼べません。ことばというものを理解しなければ、ほんとうに人間を理解することはできないのです」

（センセイがたどり着いた最後の結論は、「ことば」であった。ことばを理解すること、それこそが、人間の究極の目標だったのである。そして、それがたやすいことでないことは、『論語』全巻を読み終えた読者のみなさんにもおわかりのことと思う）

おわりに

これで「一億三千万人のための『論語』教室」はおわりです。

最後まで読んでくださってありがとう。

長い思索の旅の果て、499番目のメッセージで、センセイがたどり着いた結論は、「ことばを理解しなければ、人間を理解することはできない」というものでした。

ことばを理解すること、それが、人間の究極の目標だったのです。でも、それがほんとうに困難であることは、『論語』全巻を読み通した読者のみなさんにもおわかりのことと思います。

二十年間通った、センセイの教室ともこれでお別れです。たぶん、センセイの弟子の中でも、ぼくはもっとも出来が悪い者のひとりでしょう。けれども、どの弟子よりも真剣に、センセイのことばを理解しようと努力したと自負しています。

若くして亡くなった天才ジャズ・ミュージシャン（アルト・サックスやフルートやバ

ス・クラリネットの奏者でした）エリック・ドルフィーの遺作となったアルバム『ラスト・デイト』では、すべての演奏が終わった後、こんな、彼の短いモノローグが付け加えられます。

「When music is over, it's gone in the air. You can never capture it again」（演奏が終わると、その音楽は空中に消え去り、もう二度と取り戻すことはできない）

確かに、目の前で演奏された音楽は二度と聞くことはできません。けれど、その空中に消え去った音楽を永遠に残すための録音の中で、なぜ、彼はそんなことをいったのでしょうか。

演奏は残る。記録は残る。ことばも残る。けれど、かけがえのない、その人の身体も精神も戻って来ません。本の中に、映像の中に、録音の中、そして、さまざまなものの中に、誰かの刻印は確かに残る。けれども、それを産み出した誰かは消え去ってどこにもいない。その喪失の深い哀しみについてエリック・ドルフィーは語っているように、ぼくには思えるのです。どんなに素晴らしい演奏やことばも、その誰かが持っていた無限の可能性のほんの一部なのかもしれないのですから。

もしかしたら、ぼくは、『論語』というレコードを繰り返し聴きながら、そこで演奏しているセンセイに会ってみたかったのかもしれません。録音を聴くだけじゃイヤだ、本物の、生きているセンセイに直接、話を聞いてみたかったのです。

そんなことが不可能だとはわかっています。でも、やらずにはいられなかったのです。そうぼくは、本物の、生きているセンセイに会えたような気がしたのです。みなさんもそうだったらいいな。

最後に、二十年前に始まり、細々とつづけられていたこの「教室」に、「文藝」という晴れがましい場所を提供していただき、最後の仕上げとしてこの本の完成に尽力していただいた尾形龍太郎さんにお礼を申し上げます。ありがとうございました。

参考文献

宮崎市定『論語の新研究』（岩波書店）
同　『現代語訳　論語』（岩波現代文庫）
同　『論語の新しい読み方』（岩波現代文庫）
同　『宮崎市定全集・4　論語』（岩波書店）
同　『中国文明論集』（岩波文庫）
同　『科挙史』（東洋文庫）
金谷治訳注『論語』（岩波文庫）
井波律子『完訳　論語』（岩波書店）
加地伸行『論語　増補版』（講談社学術文庫）
澁澤榮一『論語講義』（二松學舍大學出版部）
渋沢栄一『「論語」の読み方』（三笠書房）
木南卓一『論語集註私新抄』（明徳出版社）
貝塚茂樹訳注『論語』（中公文庫）
諸橋轍次『論語の講義』（大修館書店）
子安宣邦『仁斎論語「論語古義」現代語訳と評釈』上・下（ぺりかん社）
同　『思想史家が読む論語――「学び」の復権』（岩波書店）

高野大造『論語解説』（「論語に学ぶ会」ホームページ）
同　『書いて味わう人生応援歌「論語」』（四季社）
小倉紀蔵『新しい論語』（ちくま新書）
宇野哲人『論語新釈』（講談社学術文庫）
安冨歩『生きるための論語』（ちくま新書）
山本七平『論語の読み方』（祥伝社ノン・ポシェット文庫）
福田晃市『萌訳☆　孔子ちゃんの論語』（総合科学出版）
井上靖『孔子』（新潮文庫）
酒見賢一『陋巷に在り』（新潮文庫）　白川静『孔子伝』（中公文庫ＢＩＢＬＩＯ）
諸星大二郎『孔子暗黒伝』（集英社文庫・コミック版）
Ｗｅｂ漢文大系

＊多くの本を参考にして、この本は書かれた。ここにあげたものはその一部である。

河出新書 012

一《いち》億《おく》三《さん》千《ぜん》万《まん》人《にん》のための『論《ろん》語《ご》』教《きょう》室《しつ》

二〇一九年一〇月三〇日 初版発行
二〇二〇年 二 月 四 日 6刷発行

著者 高橋《たかはし》源《げん》一《いち》郎《ろう》

発行者 小野寺優
発行所 株式会社河出書房新社
〒一五一－〇〇五一 東京都渋谷区千駄ヶ谷二－三二－二
電話 〇三－三四〇四－一二〇一［営業］／〇三－三四〇四－八六一一［編集］
http://www.kawade.co.jp/

マーク tupera tupera
装幀 木庭貴信（オクターヴ）
印刷・製本 中央精版印刷株式会社

Printed in Japan ISBN978-4-309-63112-7

町山智浩・春日太一の日本映画講義

戦争・パニック映画編

町山智浩　春日太一
Machiyama Tomohiro　Kasuga Taichi

映画は知ってから見ると
百倍、面白くなる!
日本の映画語りを牽引する二人が
『人間の條件』『兵隊やくざ』
『日本のいちばん長い日』
『日本沈没』『新幹線大爆破』など
必見名画の魅力と見方を教えます!

ISBN978-4-309-63111-0

河出新書
011

愛国という名の亡国

安田浩一
Yasuda Koichi

愛国のラッパが鳴り響く。
敵を見つけろ、敵を追い出せ、敵を吊るせ、と。
『ネットと愛国』から七年、さまざまなヘイトの
現場を取材してきた著者が
劇的にすすむ日本社会の極右化の
実態をえぐる渾身の力編。

ISBN978-4-309-63108-0

河出新書
010

東大流
「元号」でつかむ日本史

山本博文
Yamamoto Hirofumi

古来より日本人の祈りが込められた「元号」。
そのひとつひとつには、
懸命に生きた人々の濃密なドラマがあった。
「大化」から「令和」までを
一気に読みとく!
東大名物教授による超・日本史講義。

ISBN978-4-309-63110-3

河出新書
009

町山智浩・春日太一の日本映画講義

時代劇編

町山智浩 春日太一
Machiyama Tomohiro Kasuga Taichi

映画は知ってから見ると
百倍、面白くなる!
日本の映画語りを牽引する二人が
『七人の侍』『宮本武蔵』『子連れ狼』
『竜馬暗殺』『人斬り』など
必見時代劇の魅力と見方を教えます!

ISBN978-4-309-63109-7

河出新書
008

「学校」をつくり直す

苫野一徳
Tomano Ittoku

「みんな一緒に」「みんなで同じことを」は、
もう終わり。
未来の社会をつくる子どもを育てる
学校が変わるために、私たちには何ができるだろうか。
数多の“現場”に携わる、
教育学者による渾身の提言!

ISBN978-4-309-63105-9

河出新書
005

進化の法則は北極のサメが知っていた

渡辺佑基
Watanabe Yuuki

2016年、北極の深海に生息する謎の巨大ザメ、
ニシオンデンザメが400年も生きることがわかり、
科学者たちの度肝を抜いた。
彼らはなぜ水温ゼロ度という過酷な環境で
生き延びてこられたのか?
気鋭の生物学者が「体温」を手がかりに、
生物の壮大なメカニズムに迫る!

ISBN978-4-309-63104-2

河出新書
004

歴史という教養

片山杜秀
Katayama Morihide

正解が見えない時代、
この国を滅ぼさないための
ほんとうの教養とは――?
ビジネスパーソンも、大学生も必読!
博覧強記の思想史家が説く、
これからの「温故知新」のすすめ。

ISBN978-4-309-63103-5

河出新書
003

考える日本史

本郷和人
Hongo Kazuto

「知っている」だけではもったいない。
なによりも大切なのは「考える」ことである。
たった漢字ひと文字のお題から、
日本史の勘どころへ——。
東京大学史料編纂所教授の
新感覚・日本史講義。

ISBN978-4-309-63102-8

河出新書
002

アメリカ

橋爪大三郎　大澤真幸
Hashizume Daisaburo　Ohsawa Masachi

日本人はアメリカの何たるかを
まったく理解していない。
日本を代表するふたりの社会学者が語る、
日本人のためのアメリカ入門。
アメリカという不思議な存在。
そのひみつが、ほんとうにわかる。

ISBN978-4-309-63101-1

河出新書
001